みんなが欲しかった！
簿記の教科書

3 企業結合会計・連結会計 ほか 編

滝澤ななみ [監修]
TAC出版開発グループ

日商 **1** 級

商業簿記
会計学

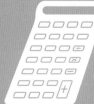

はしがき

「教室講座と書籍の両方の強みを取り入れた本を作ろう」という企画のもとスタートした「独学で日商簿記検定に合格するためのテキスト」である『簿記の教科書・簿記の問題集2級・3級』は刊行直後から、「わかりやすい」「仕方なく丸覚えしていたところが理解できた！」と非常に好評をいただきました。はやくも本シリーズで合格しましたというお声や、1級シリーズ刊行へのご希望もいただくようになり、1級を刊行する運びとなりました。

本書は2級・3級と同様、**「これならわかる」「ひとこと」**というコーナーを設け、一読しただけではわかりづらい項目について詳細に解説したり、補足的な説明により知識を補完するなど、スムーズに理解が進むような工夫をしています。また、講師が授業で使用する板書のイメージをそのまま**「図解」**として掲載しています。これはテキストの内容を視覚的にまとめたもので、復習にも役立つことと思います。

簿記検定は教科書を読むだけでは、得点を取れるまでには至りません。問題を解いて、解法手順を身につけてこそ、安心して試験にのぞむことができるのです。本書では、インプットした知識がきちんと使えるまでになっているかがすぐに確認できる**「基本問題」**を各CHAPTERの終わりに掲載しておりますので、本文を読んだら基本問題を解いて、知識の確認をしてみてください。なお、答案用紙は巻末の別冊に入っていますが、ダウンロードサービスもありますので、ご利用ください。

学習内容が非常に広く、複雑になり、挫折率がもっとも高いといわれる1級において、いちばんわかりやすく挫折しない**『簿記の教科書』**ができたと自負しております。

本書を利用して、一日もはやく合格し、試験勉強で得た知識をもって社会にはばたいてください。皆様の合格を心よりお祈り申し上げます。

● **第9版刊行にあたって**

本書は、『簿記の教科書 日商1級 商業簿記・会計学3 第8版』につき、最近の試験傾向に対応するために、改訂を行っています。

2021年10月
TAC出版 開発グループ

「簿記の教科書・問題集」で合格するためには？

ここでは、日商簿記の効果的な勉強方法を紹介します。

Step1 『簿記の教科書』をしっかりと読み込む！

　　　最低2回は読みましょう。実際に勘定科目を書きながら読み進めると効果的です。

Step2 『簿記の教科書』の章末にある基本問題を繰り返し解く！

　　　こちらも最低2回は解きましょう。1回目は教科書を見ながらでも構いません。2回目以降は何も見ずにスラスラ解けるようになるまで繰り返しましょう。

Step3 『簿記の問題集』（別売り）の個別問題を解く！

　　　教科書の基本問題がすべて解けるようになったら、問題集にとりかかります。教科書で身につけた知識を、本試験で活用できるレベルまで上げていきます。わからないところは、教科書の関連CHAPTERに戻り、しっかりと復習しましょう。

Step4 『簿記の問題集』（別売り）の模擬試験問題を2回分解く！

　　　本試験形式の問題を解くことで、**Step1**〜3の知識がしっかり定着しているかを確認することができます。
　　　また、過去問題集を解くこともオススメいたします。
　※　模擬試験は「簿記の教科書・問題集1級商会1〜3」の内容にもとづき、横断的に出題されています。

※TAC出版刊行の過去問題集…「合格するための過去問題集」

『簿記の教科書』の効果的な使いかた

❶ まずは日商１級で学習する範囲を確認しましょう。

日商簿記１級商業簿記・会計学で学習する内容がひと目でわかります。学習するうえで非常に重要なので、しっかりと頭に入れておきましょう。

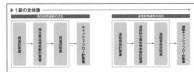

❷ 本文を読み込みましょう。

❸ 図解 をみて、重要事項を記憶に刷りこみましょう。

本文の内容を視覚的にまとめた最重要ポイントです。最重要ポイントがまとめられているので、試験直前に図解部分だけを流し読みすることも効果的です。

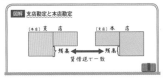

❹ これならわかる!! で「なぜ、どうして」のモヤモヤを解消！

受験生がつまずきそうなモヤモヤポイントについては、身近な例を使いながら、解説しています。

❺ ひとこと を確認して、さらに納得！

補助的な知識を説明した箇所です。さらに理解が深まります。

❻ 基本問題 で知識を万全に！

簿記検定試験合格のために必要なこと、それは問題を繰り返し解いて、解法手順を身につけることです。インプットした知識がきちんと使える知識になっているか「基本問題」で確認しましょう。

さらに…こだわりポイント

● RIRON ～理論～（本書別冊部分）

　教科書で登場する重要な理論は、別冊のRIRONでまとめました。取り外していつでもどこでも利用することができます。

　なお、このうち、理論問題「重要論点○×カード」はスマホ学習に対応しています。

　スマホ学習用PDFをTAC出版書籍販売サイト「サイバーブックストア」からダウンロードして、理論学習にお役立てください。

● CHAPTER02 企業結合・事業分離

「取得」と判定された企業結合は、持分プーリング法によって会計処理を行う。

×
取得における会計処理は、パーチェス法による。
「企業結合に関する会計基準　17」

重要論点○×カード

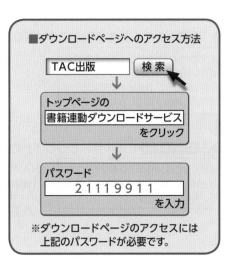

■ダウンロードページへのアクセス方法

　TAC出版　｜検 索｜

　↓

トップページの
｜書籍連動ダウンロードサービス｜
をクリック

　↓

パスワード
2 1 1 1 9 9 1 1
を入力

※ダウンロードページのアクセスには
上記のパスワードが必要です。

日商簿記検定試験について

受験資格	なし
試 験 日	年3回（1級は年2回） 6月（第2日曜日）／11月（第3日曜日）／2月（第4日曜日） ※2月は1級試験の実施はありません。
申込方法	試験の約2か月前から開始。申込期間は、各商工会議所によって異なります。
受 験 料 （税込）	1級 8,800円 ／ 2級 5,500円 ／ 3級 3,300円 ※一部の商工会議所およびネット試験では事務手数料がかかります。
試験科目	1級　商業簿記・会計学・工業簿記・原価計算 2級　商業簿記・工業簿記 3級　商業簿記
試験時間	1級 3時間 ／ 2級 90分 ／ 3級 60分
合格基準	1級　70点以上　ただし、1科目ごとの得点は10点以上 2級　70点以上 3級　70点以上

　刊行時のデータです。最新の情報は、商工会議所の検定試験ホームページ（https://www.kentei.ne.jp/）をご確認ください。

　なお、2020年12月より、2級・3級に関して、従来の試験方式（ペーパーで行う統一試験方式）に加え、ネット試験が実施されています（2級90分、3級60分）。また、簿記入門者向けに簿記初級が、原価計算入門者向けに原価計算初級がネット試験（40分）にて実施されています。

 # 本試験の出題傾向（1級商業簿記・会計学）

　1級の本試験問題は、商業簿記・会計学、工業簿記・原価計算からなり、それぞれ1時間30分ずつで試験が行われます。商業簿記・会計学の出題内容は下記のとおりです。

商業簿記	損益計算書の作成、貸借対照表の作成、本支店合併財務諸表の作成、連結財務諸表の作成など、通常、総合問題の形式（1問形式）で出題されます。配点は25点です。
会 計 学	会計学は2問から4問の小問形式で出題され、通常、このうち1問が理論問題（正誤問題や穴埋め問題）、残りが計算問題です。配点は25点です。

簿記の教科書 日商1級 商業簿記・会計学3

目 次

特別企画 1 「日商簿記1級(商業簿記・会計学)スタートアップ講義」… 14
2 「いまさら聞けない算数の基本をおさらい!」…… 19

1級の全体像…… 2

CHAPTER 01 本支店会計 ——— 4
1 本支店会計とは …… 5
2 本支店間の取引 …… 6
3 本支店合併財務諸表の作成 …… 17
4 帳簿の締切 …… 22
基本問題 …… 29

CHAPTER 02 企業結合・事業分離 ——— 36
1 企業結合と「取得」…… 37
2 合 併 …… 40
3 吸収合併の会計処理 …… 42
4 交付株式数の算定 …… 46
5 株式交換 …… 50
6 株式移転 …… 52
7 事業分離 …… 55
基本問題 …… 60

CHAPTER 03 連結会計Ⅰ ———————————— 66

1 連結財務諸表 ……………………………… 67
2 連結財務諸表の作成方法 ………………… 74
3 支配獲得日の連結 ………………………… 76
4 支配獲得日後1年目の連結 ……………… 90
5 支配獲得日後2年目以降の連結 ………… 99
基本問題 ……………………………………… 106

CHAPTER 04 連結会計Ⅱ ———————————— 118

1 段階取得 …………………………………… 119
2 支配獲得後の追加取得 …………………… 122
3 子会社株式の一部売却 …………………… 126
基本問題 ……………………………………… 133

CHAPTER 05 連結会計Ⅲ ———————————— 146

1 連結会社間取引の相殺消去 ……………… 147
2 内部取引高・債権債務の相殺消去 ……… 148
3 貸倒引当金の修正 ………………………… 151
4 手形の割引 ………………………………… 156
5 未実現損益の消去 ………………………… 158
6 繰延税金資産・負債の表示 ……………… 175
7 連結会計の総合問題の解き方 …………… 176
基本問題 ……………………………………… 187

CHAPTER 06　持分法 ———————————— 206

1　持分法 ……………………………………………… 207

2　株式取得時の処理 ………………………………… 209

3　投資差額の償却 …………………………………… 212

4　当期純利益の計上 ………………………………… 212

5　受取配当金の修正 ………………………………… 213

6　開始仕訳 …………………………………………… 214

7　株式の売却損益の修正 …………………………… 215

8　未実現損益の消去 ………………………………… 217

基本問題 ……………………………………………… 223

CHAPTER 07　外貨換算会計 ———————————— 228

1　外貨換算会計とは ………………………………… 229

2　輸入時・輸出時の会計処理 ……………………… 229

3　決算時の換算 ……………………………………… 235

4　外貨建有価証券の換算 …………………………… 238

5　為替予約 …………………………………………… 247

6　在外支店の財務諸表項目の換算 ………………… 252

7　在外子会社の財務諸表項目の換算 ……………… 258

基本問題 ……………………………………………… 267

CHAPTER 08	**キャッシュ・フロー計算書**	── 282
1	キャッシュ・フロー計算書 ……………………………	282
2	キャッシュ・フロー計算書の表示 ……………………	285
3	営業活動によるキャッシュ・フロー（直接法）………	287
4	営業活動によるキャッシュ・フロー（間接法）………	294
5	投資活動によるキャッシュ・フロー ………………	302
6	財務活動によるキャッシュ・フロー ………………	305
7	その他の項目 …………………………………………	307
基本問題	……………………………………………………	312

CHAPTER 09	**連結キャッシュ・フロー計算書**	── 318
1	連結キャッシュ・フロー計算書 ………………………	318
2	原則法・直接法による連結キャッシュ・フロー計算書…	321
3	簡便法・間接法による連結キャッシュ・フロー計算書…	330
4	連結キャッシュ・フロー計算書のひな形 …………	334
基本問題	……………………………………………………	336

CHAPTER 10	**包括利益**	── 344
1	包括利益とは …………………………………………	345
2	その他の包括利益 ……………………………………	347
3	その他の包括利益累計額 ……………………………	348
4	連結包括利益計算書の表示 …………………………	348
5	包括利益の内訳の付記 ………………………………	352
6	組替調整額 ……………………………………………	357
7	組替調整額の注記 ……………………………………	359
基本問題	……………………………………………………	363

CHAPTER 11　参　考 ───────── 366

　1　独立処理 ………………………………………… 366
　2　予定取引をヘッジ対象とする振当処理 ………… 368
　3　外貨建荷為替手形 ……………………………… 370
　4　償却性資産を保有する子会社の連結 …………… 372
　5　子会社がその他有価証券を保有していた場合 …… 378
　6　連結会計における取得関連費用 ………………… 387
　7　株式交換の連結上の処理 ……………………… 393
　8　株式移転の連結上の処理 ……………………… 396
　9　事業分離の連結上の処理 ……………………… 399
　10　持分法適用会社から連結子会社への移行 ……… 408
　11　連結財務諸表における退職給付会計 …………… 410
　12　概念フレームワーク …………………………… 422

索引 ………………………………………………… 432

特別企画 **1**

日商簿記の最高峰、1級へのチャレンジ方法をみていきましょう
- 日商簿記1級に合格するには
- 商業簿記・会計学3で学習する内容

日商簿記1級（商業簿記・会計学）
スタートアップ講義

日商簿記1級に合格するには

経営コンサルタント
日商簿記1級

南野　星子

日商簿記1級は、日商簿記検定の中でも最高峰の資格です。
合格者はさまざまな企業で経理のプロとして活躍するほか、その知識を活かしてコンサル業務に携わるなど、昇進・就転職に大いに役に立つ資格です。

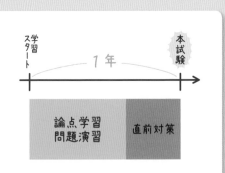

学習スタート

本試験

1年

論点学習
問題演習

直前対策

学習期間は平均約1年。この期間で、商業簿記・会計学、工業簿記・原価計算の4科目の学習をします。全体の流れとしてはまず、論点学習と問題演習を進め、直前対策へと進むことになります。

論点学習では、インプットしたらすぐに基本問題を解いておくようにしましょう。このとき、過去問題までみておくと、その後の学習が楽になります。余裕があればがんばってみましょう。

① 時間を計って解くこと！

90分 時間内に解けないと意味ないからね

② 復習すること！

とにかくやるべし！

直前対策では、本試験と同じ、1回分の問題を解いていくことになります。この時のポイントは①時間を計ること②復習をすることです。本試験までには、時間内に解き終われるように練習を重ねましょう。

基本を大切に！

カンペキ！
基礎的な論点

あれ…?
基礎的な論点
難しい論点

○ よい例　　　× ダメな例

また、日商簿記1級の合格率は平均10%。
なかなかの難関試験に思えますが、合格のポイントは、「みんなができている基礎的な論点は落とさないこと！」です。
直前期になればなるほど難しい論点が気になると思いますが、基礎的な論点があやふやなままでは元も子もありません。
がんばりましょう！

商業簿記・会計学3で学習する内容

かつて2級の合格者にとって、1級は非常に高い山でしたが、最近の試験制度改定で1級と2級の差は狭まってきています。

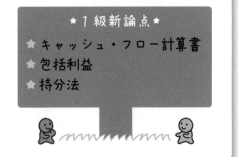

とはいえ、1級で新たに加わる論点はあります。
3冊目では、「キャッシュ・フロー計算書」「包括利益」「持分法」などですが、これらを、ザックリとみていきましょう。

キャッシュ・フロー計算書とは、一会計期間における資金の収入と支出の状況を活動区分別に報告するための財務諸表をいいます。

16

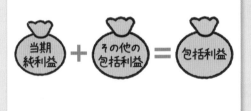

続いて、包括利益とは、現在では連結会計のみで導入されているもので、当期純利益に対して、「その他の包括利益」を加えて、求められます。

重要なその他の包括利益は4つ!

・その他有価証券評価差額金
・繰延ヘッジ損益
・為替換算調整勘定
・退職給付に係る調整額

ここで、その他の包括利益とは、「その他有価証券評価差額金」、「繰延ヘッジ損益」、「為替換算調整勘定」、「退職給付に係る調整額」などです。

連結損益計算書
︙
︙
当　期　純　利　益

連結包括利益計算書
︙
︙
当　期　純　利　益
その他有価証券評価差額金
包　括　利　益

その他の包括利益も含めて包括利益を求める

例えば、「その他有価証券評価差額金」は当期純利益には含めませんが、包括利益には含められます。

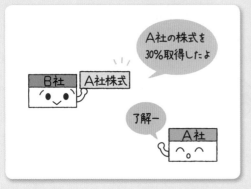

最後に持分法とは、子会社として実質支配している（50%超の株を保有ほか）わけではないが、そこそこ（20%以上50%以下。会社にとって重要性が乏しいときは適用しなくてもOK）持っているときに使う処理です。

具体的には、A社が当期純利益を計上したり、A社から配当金を受け取ったりしたときには、A社株式の帳簿価額を増やしたり減らしたりします。

また、2級ですでにおなじみの、連結会計や外貨換算会計でも、これまでに学習しなかった新たな処理が加わりますが、詳しくは本編でお会いしましょう！

特別企画 2

日商簿記検定では、数字を扱いますが、その計算式はどれも基本的なもの。とはいえ、最後に学んでからだいぶ時間が経ってしまった…なんて人は「分数の掛け算って、何をどうするんだっけ?」なんてこともあるやもしれません。ここでは、日商簿記で必要となる数式の解き方をまとめました。もちろん、覚えていらっしゃる方は読み飛ばしていただいて構いません。

いまさら聞けない
算数の基本をおさらい!

1 分数

I 分数の足し算と引き算

① 分母が同じ分数同士のときは、分子同士をそのまま加算・減算します。

例1
$$\frac{3}{7} + \frac{2}{7} \leftarrow \text{分母が同じなので}$$

$$= \frac{3+2}{7} \leftarrow \text{分子をそのまま足す}$$

$$= \frac{5}{7}$$

例2
$$\frac{3}{7} - \frac{2}{7} \leftarrow \text{分母が同じなので}$$

$$= \frac{3-2}{7} \leftarrow \text{分子の引き算をする}$$

$$= \frac{1}{7}$$

② 分母が違う分数同士のときは、分母の数を揃えてから（通分）、分子同士を加
算・減算します。

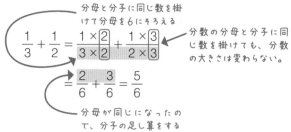

Ⅱ 分数の掛け算

分数同士の掛け算は、分母同士、分子同士を掛ける。

$$\frac{1}{3} \times \frac{2}{5} = \frac{1 \times 2}{3 \times 5} = \frac{2}{15}$$

分母は分母と、分子は
分子と掛け算をする

Ⅲ 分数の割り算

割り算は、割る数の逆数（分子と分母を入れ替えた分数）を掛ける。

$$\frac{1}{3} \div \frac{2}{5} = \frac{1}{3} \times \frac{5}{2} = \frac{1 \times 5}{3 \times 2} = \frac{5}{6}$$

後ろの分数の
分子と分母を
入れ替える（逆
数にする）

分母は分母と、分子は
分子と掛け算をする

2 歩合と百分率

割合を表す単位として、歩合や百分率などがあります。

Ⅰ 歩合

通常、試合の勝率などを「〇割〇分〇厘」のように表しますが、これを歩合といいます。

「割」は分数で10分の1（小数で0.1）、「分」は100分の1（0.01）、「厘」は1,000分の1（0.001）を表します。

具体的には、試合の勝率で「5割4分1厘」を小数で表すと0.541となります。

Ⅱ 百分率

百分率とは、％（パーセント）のことをいい、もとになるものを100等分した場合の割合を表したものをいいます。

たとえば、空気中に含まれる窒素の割合はおよそ78％ですが、これは、もとになる空気を100等分したうちのおよそ78の割合が窒素であることを表します。空気を1としたとき、窒素の割合を小数で表すと、およそ0.78となります。

Ⅲ 小数、分数、歩合、百分率の関係

小数、分数、歩合、百分率を表にすると以下のようになります。

小数	0.1	0.25	0.5
分数	$\dfrac{1}{10} = \dfrac{10}{100}$	$\dfrac{1}{4} = \dfrac{25}{100}$	$\dfrac{1}{2} = \dfrac{5}{10} = \dfrac{50}{100}$
歩合	1割	2割5分	5割
百分率	10%	25%	50%

3　一次方程式

　一次方程式とは、わからない数（x）を含む等式*で、xの次数が1のものです。最終的に左辺をxだけにすることで、xの数を求めることができます。

＊　等式とは、イコール（＝）で結ばれた式のことです。

例1　$\underline{25}x\ \underline{-50}=75$

　　　　　左辺を×だけにするには、この2つが邪魔

| Step 1 | 左辺の「－50」を右辺に移項する。このとき、符号の「－」は「＋」に変わる。 |

$$25x-50=75$$

これは両辺に50を加算することと同じ。
$25x-50+50=75+50$

$$25x=75+\underline{50}$$
$$25x=125$$

| Step 2 | 両辺を25で割って、xを求める。 |

$$25x\div25=125\div25$$
$$x=5$$

例2　$\underline{4}-x=3\,(2\ \underline{-x})$

　　左辺を×だけにす　　あと、右辺にある
　　るには、これが邪　　×を左辺に持って
　　魔　　　　　　　　　こないといけない

| Step 1 | 右辺のカッコ（　）をはずす。 |

$$4-x=3\,(2-x)$$

かける
かける

$$4-x=3\times2-3\times x$$
$$4-x=6-3x$$

Step 2 | 右辺の− 3 xを左辺に移項する。

$$4 - x + 3x = 6$$
$$4 + 2x = 6$$

Step 3 | 左辺の 4 を右辺に移項する。

$$2x = 6 - 4$$
$$2x = 2$$

Step 4 | 両辺を 2 で割って、xを求める。

$$2x \div 2 = 2 \div 2$$
$$x = 1$$

日商 1 級 商業簿記・会計学 3

簿記の教科書

よーし！モヤモヤ
解消するぞー!!

▶ 1級の全体像

個別財務諸表の流れ

損益計算書 → 株主資本等変動計算書 → 貸借対照表 → キャッシュ・フロー計算書

▶ 1級で学習する内容

教科書3

本支店会計
本支店会計
　　　　　　　　　　CHAPTER 01

企業結合
企業結合・事業分離
　　　　　　　　　　CHAPTER 02

連結会計
連結会計
　　　　　CHAPTER 03・04・05
持分法　　　　　　　CHAPTER 06
包括利益　　　　　　CHAPTER 10

その他の論点
外貨換算会計　　　　CHAPTER 07
キャッシュ・フロー計算書
　　　　　　　　　　CHAPTER 08
連結キャッシュ・フロー計算書
　　　　　　　　　　CHAPTER 09

連結財務諸表の流れ

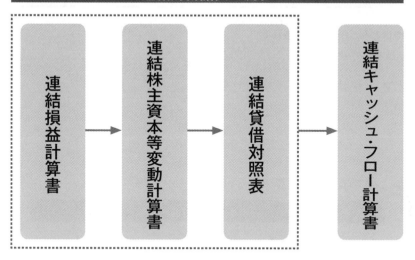

連結損益計算書 → 連結株主資本等変動計算書 → 連結貸借対照表 → 連結キャッシュ・フロー計算書

教科書1・2

教科書 1

CH 01 会計学の基礎知識
CH 02 損益計算書の基礎
CH 03 収益の認識基準
CH 04 工事契約（建設業会計）
CH 05 一般商品売買
CH 06 特殊商品売買Ⅰ（割賦販売）
CH 07 特殊商品売買Ⅱ（委託販売）
CH 08 特殊商品売買Ⅲ（試用販売）
CH 09 会計上の変更・誤謬の訂正
CH 10 貸借対照表の基礎
CH 11 現金預金
CH 12 金銭債権・貸倒引当金
CH 13 有価証券
CH 14 デリバティブ取引

教科書 2

CH 01 有形固定資産
CH 02 資産除去債務
CH 03 リース会計
CH 04 固定資産の減損会計
CH 05 無形固定資産と繰延資産
CH 06 研究開発費とソフトウェア
CH 07 引当金
CH 08 退職給付会計
CH 09 社債
CH 10 純資産Ⅰ
CH 11 純資産Ⅱ
CH 12 税効果会計

CHAPTER 01

本支店会計

◆ほとんどが、2級の復習です。

本支店会計は2級ですでに学習済みの論点です。

1級では、内部利益を学習します。本支店会計一巡の取引でわからないところがあったら、2級の範囲に戻って復習しましょう。

▶ 1級で学習する内容 ─────────────────●

本支店会計

2級までに学習済み →	1級で学習する内容

本支店会計一巡の取引

本支店間の取引

支店間の取引

総合損益勘定の作成

内部利益の控除

本支店合併財務諸表の作成

1 本支店会計とは

会社の規模が拡大すると、会社は各地に支店を設けるようになります。このように、本店と支店があるときの会計制度を**本支店会計**といいます。

支店の取引を記録する方法は2つあります。1つは、本店のみに帳簿をおき、支店で行った取引も本店の帳簿に記入する**本店集中会計制度**。もう1つは、本店と支店それぞれに帳簿をおき、支店で行った取引は支店の帳簿に記入する**支店独立会計制度**です。

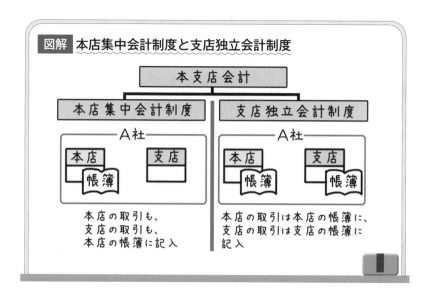

図解 **本店集中会計制度と支店独立会計制度**

本店集中会計制度と支店独立会計制度では、支店独自の業績を明らかにできるという点で支店独立会計制度のほうが優れています。また、本試験でも支店独立会計制度がよく出題されているため、本書では支店独立会計制度を前提として説明していきます。

本支店会計では、本店と支店の間で取引（本支店間取引）が行われた場合、本店では**支店勘定**を、支店では**本店勘定**を用いて処理します。そして、本店の**支店勘定**の残高と支店の**本店勘定**の残高は必ず貸借逆で一致します。

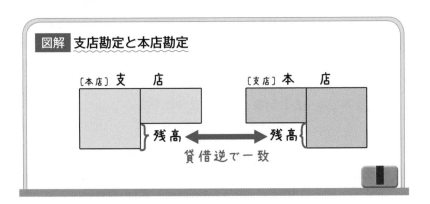

図解 支店勘定と本店勘定

〔本店〕支　店　〔支店〕本　店

残高 ⟷ 残高

貸借逆で一致

I 送金取引の処理

本店が支店に現金を送付したとき、本店では現金の減少として、支店では現金の増加として処理します。

▼例1 ———————————————————————— 送金取引の処理

本店は支店に現金500円を送付し、支店はこれを受け取った。

例1の仕訳　本　店

| （支 店） | 500 | （現 金） | 500 |

支　店

| （現 金） | 500 | （本 店） | 500 |

[本店]　支　店　　　　　　　　　　[支店]　本　店

| 例1 500 | 残高 500 |　| 残高 500 | 例1 500 |

貸借逆で一致

Ⅱ 債権・債務の決済取引の処理

次に本店が支店の売掛金の決済として現金を受け取った場合の処理をみていきましょう。

▶ 例2 ─────────── 債権・債務の決済取引の処理

本店は支店の売掛金100円を現金で受け取った。

例2の仕訳　本　店

| (現　　　　金) | 100 | (支　　　　店) | 100 |

支　店

| (本　　　　店) | 100 | (売　　掛　　金) | 100 |

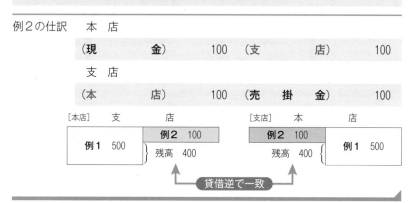

貸借逆で一致

ひとこと

本店が支店の売掛金の回収を行った際に、その旨が支店へまだ伝わっていない場合、支店は取引があったことを知らないので、支店では取引の仕訳が行われません。このような場合、支店勘定と本店勘定が貸借逆で一致しなくなってしまいます。そこで、本支店会計では決算整理を行う前に支店勘定と本店勘定のズレを修正する処理が行われる場合があります。

Ⅲ 振替価額による商品の送付の処理

本支店間で商品を送付するとき、本店、支店それぞれの経営成績を把握するために、原価に一定の利益を加算した**振替価額**で商品を発送することがあります。

たとえば、本店が支店へ振替価額で商品を送付したとき、この取引は本支店間の取引なので、外部との仕入や売上と区別し、本店では**支店へ売上勘定**、支店では**本店より仕入勘定**を用いて処理します。

なお、本店の**支店へ売上勘定**の残高と支店の**本店より仕入勘定**の残高は、必ず貸借逆で一致します。

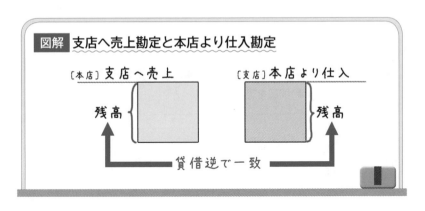

　具体的に本店が支店に商品を送付したときの処理をみていきましょう。

▶ 例3 ━━━━━━━━━━━━ 振替価額による商品の送付の処理
　本店は商品（原価500円）に20%の利益を加算して支店へ送付し、支店はこれを受け取った。

例3の仕訳　　本　店

| （支　　　　店） | 600 | （支 店 へ 売 上） | 600* |

支　店

| （本 店 よ り 仕 入） | 600* | （本　　　　店） | 600 |

*　500円＋500円×20%＝600円　または　500円×$\frac{1.2}{1＋20\%}$＝600円
　　　　　　　加算された利益

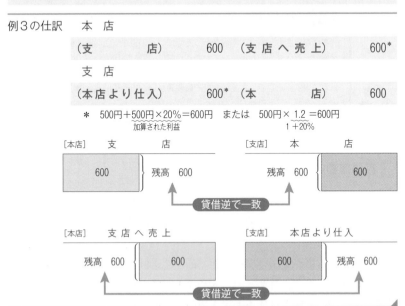

8

Ⅳ 為替手形取引の処理

本支店会計において、債権・債務の決済の際に自己受為替手形（自己指図為替手形）や自己宛為替手形を振り出すことがあります。

1 自己受為替手形

本店が支店を指図人（受取人）として為替手形を振り出したとき、本店と支店は同じ会社なので、本支店会計においては手形の振出人と指図人が同じになります。このように、自己（振出人＝本店）を指図人（受取人＝支店）として振り出した手形を自己受為替手形といいます。

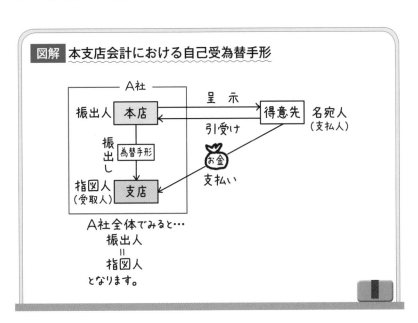

図解 **本支店会計における自己受為替手形**

　本店は得意先甲商店の売掛金1,000円を回収するために、支店を指図人とする為替手形を振り出し、甲商店の引受けを得た。

例4の仕訳	本　店							
	（支		店）	1,000	（売	掛	金）	1,000
	支　店							
	（受	取	手 形）	1,000	（本		店）	1,000

2 自己宛為替手形

　本店が支店を名宛人（支払人）として為替手形を振り出したとき、本店と支店は同じ会社なので、本支店会計においては手形の振出人と名宛人が同じになります。このように、自己（振出人＝本店）を名宛人（支払人＝支店）として振り出した手形を自己宛為替手形といいます。

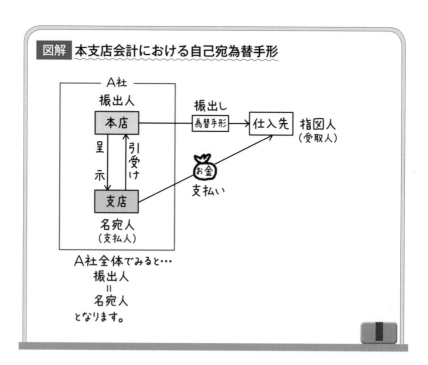

図解 本支店会計における自己宛為替手形

▼ 例5 ━━━━━━━━━━━━━━━━━━━━ 自己宛為替手形

本店は仕入先乙商店に対する買掛金500円を支払うために、支店を名宛人とする為替手形（引受済み）を振り出した。

例5の仕訳	本 店				
	（買　掛　金）	500	（支　　　店）	500	
	支 店				
	（本　　　店）	500	（支　払　手　形）	500	

Ⅴ 支店が本店の仕入先から商品を直接仕入れたときの処理 (振替取引①)

通常は本店から仕入れている商品を、支店が直接、本店の仕入先から仕入れることがあります。このような場合、処理の一貫性から、本店がいったん商品を仕入れ、それを振替価額で支店が仕入れたとみなして処理をします。

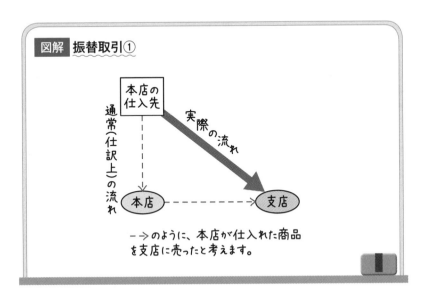

図解　振替取引①

本店の仕入先

通常（仕訳上）の流れ

実際の流れ

本店 ─ ─ ─ → 支店

－→のように、本店が仕入れた商品を支店に売ったと考えます。

例6 ──────────────────────────── 振替取引①

支店は、本店を通じて仕入れている商品を、直接本店の仕入先から500円で掛けにより仕入れ、本店にこの旨を報告した。なお、本店は支店へ商品を送付する際、原価に20%の利益を加算している。

例6の仕訳　本　店

(仕 入)	500	(買 掛 金)	500
(支 店)	600	(支 店 へ 売 上)	600*

支　店

(本 店 よ り 仕 入)	600*	(本 店)	600

＊　500円×（1＋0.2）＝600円

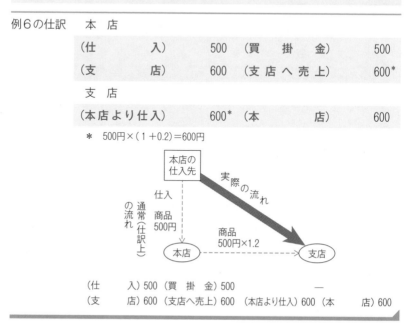

(仕 入)500	(買 掛 金)500		―	
(支 店)600	(支店へ売上)600	(本店より仕入)600	(本 店)600	

Ⅵ 本店が支店の得意先に商品を直接売り上げたときの処理 （振替取引②）

通常、支店へ送付している商品を、本店が支店の得意先へ直接販売することがあります。このような場合、処理の一貫性から、支店がいったん商品を本店から仕入れ、それを外部に販売したとみなして処理をします。

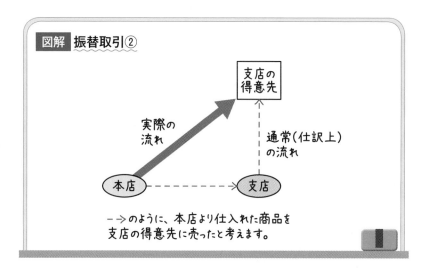

図解 振替取引②

→のように、本店より仕入れた商品を
支店の得意先に売ったと考えます。

例7 ――――――――――――――――――――――― **振替取引②**

本店は、支店に送付している商品を、直接支店の得意先に1,000円（原価500円）で掛けで販売し、支店にこの旨を報告した。なお、本店は支店へ商品を送付する際、原価に20%の利益を加算している。

例7の仕訳　本　店

（支　　　店）	600	（支 店 へ 売 上）	600*

支　店

（本店より仕入）	600*	（本　　　店）	600
（売　掛　金）	1,000	（売　　　上）	1,000

* 500円×（1＋0.2）＝600円

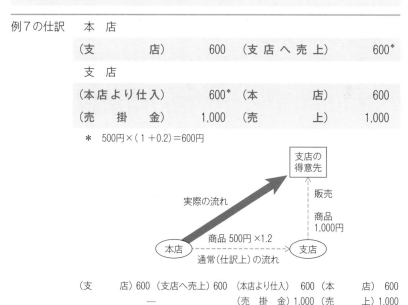

（支　　店）600	（支店へ売上）600	（本店より仕入）600	（本　　店）600
―		（売 掛 金）1,000	（売　　上）1,000

Ⅶ 支店が複数ある場合の処理

　ここまで、支店が1つの会社について、本店・支店間の取引をみてきました が、支店が複数ある場合には、支店相互間でも取引が行われることがあります。

　支店相互間で行われる取引に関する処理には、**支店分散計算制度**と**本店集中計算制度**の2つの方法があります。

1 支店分散計算制度

　支店分散計算制度は、支店相互間の取引を、本店を通さず、各支店で相手の支店名を勘定科目として用いて処理する方法です。

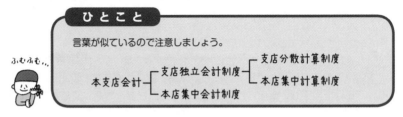

ひ と こ と

言葉が似ているので注意しましょう。

本支店会計 ┬ 支店独立会計制度 ┬ 支店分散計算制度
　　　　　　│　　　　　　　　　└ 本店集中計算制度
　　　　　　└ 本店集中会計制度

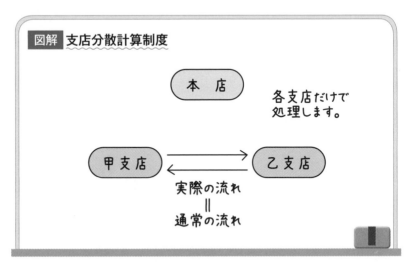

図解 支店分散計算制度

本　店

各支店だけで
処理します。

甲支店　⇄　乙支店

実際の流れ
＝
通常の流れ

2 本店集中計算制度

　本店集中計算制度は、支店相互間の取引を、本店と各支店の取引とみな

14

して処理する方法です。したがって、各支店に本店勘定が設置され、本店に各支店勘定が設置されます。

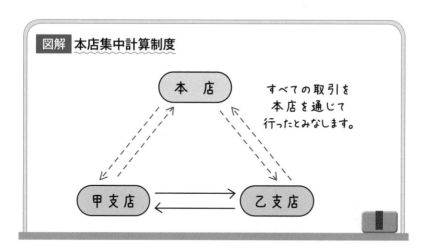

図解 **本店集中計算制度**

本 店

すべての取引を
本店を通じて
行ったとみなします。

甲支店 ⟶ 乙支店

例8 ━━━━━━━━━━━━━━━ **支店が複数ある場合の処理**

大阪支店は、福岡支店に対して原価1,000円の商品に20%の利益を加算して送付した。(1)支店分散計算制度、(2)本店集中計算制度による場合の東京本店、大阪支店、福岡支店の仕訳を示しなさい。

例8の仕訳 (1) 支店分散計算制度

東京本店:		仕 訳 な し		
大阪支店:	(福 岡 支 店)	1,200*	(福岡支店へ売上)	1,200
福岡支店:	(大阪支店より仕入)	1,200	(大 阪 支 店)	1,200

* 1,000円×(1+0.2)=1,200円

(2) 本店集中計算制度

東京本店:	(福 岡 支 店)	1,200	(大 阪 支 店)	1,200
大阪支店:	(東 京 本 店)	1,200	(東京本店へ売上)	1,200
福岡支店:	(東京本店より仕入)	1,200	(東 京 本 店)	1,200

(1)　支店分散計算制度

（福 岡 支 店）1,200 （福岡支店へ売上）1,200 （大阪支店より仕入）1,200 （大 阪 支 店）1,200

(2)　本店集中計算制度
　　　(仕　　　　入) 1,200　（大阪支店）1,200 …大阪支店から商品を仕入れた
　　　（福岡支店）1,200　(仕　　　　入) 1,200 …大阪支店から仕入れた商品を
　　　　　　　　　　　　　　　　　　　　　　　　　　そのまま福岡支店に送付した

（東 京 本 店）1,200 （東京本店へ売上）1,200 （東京本店より仕入）1,200 （東 京 本 店）1,200

16

3 本支店合併財務諸表の作成

I 本支店合併財務諸表の作成（全体像）

　期中において、別々に記帳している本店と支店の帳簿の金額を、決算時に合算した会社全体の金額を表す財務諸表を**本支店合併財務諸表**といいます。

　本支店合併財務諸表は、次の手順で作成します。

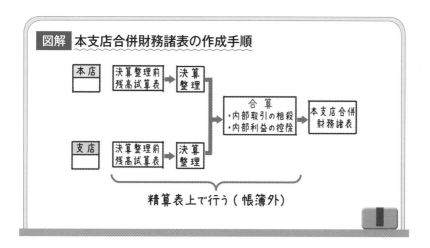

Ⅱ 内部取引の相殺

本支店合併財務諸表には、会社の外部との取引高のみを計上するため、会社の内部取引である本支店間の取引を表す**支店勘定**と**本店勘定**、**支店へ売上勘定**と**本店より仕入勘定**は相殺して消去します（本支店合併財務諸表には計上しません）。

▶ 例9 ━━━━━━━━━━━━━━━━━━━━━━━━━━ 内部取引の相殺

次の資料にもとづいて、本支店合併損益計算書を作成しなさい。なお、期首商品棚卸高および期末商品棚卸高は0円である。

[資 料]

			決算整理前残高試算表		（単位：円）	
借　　方	本　店	支　店	貸　　方	本　店	支　店
支　　　店	1,300	－	本　　　店	－	1,300
仕　　　入	2,000	300	売　　　上	6,000	2,000
本店より仕入	－	1,800	支店へ売上	1,800	－

例9の解答

本支店合併損益計算書		（単位：円）
Ⅰ　売　上　高		8,000*¹
Ⅱ　売　上　原　価		
1．期首商品棚卸高	0	
2．当期商品仕入高	2,300*²	
合　　　計	2,300	
3．期末商品棚卸高	0	2,300
売上総利益		5,700

　＊1　6,000円＋2,000円＝8,000円（「支店へ売上」は加算しません）
　＊2　2,000円＋300円＝2,300円（「本店より仕入」は加算しません）

Ⅲ 内部利益の控除

内部利益とは、本店から支店に商品を送付する際に原価に加算した利益のことをいいます。

内部利益は会社の内部取引で生じた利益なので、本支店合併財務諸表を作成するときには控除します。

なお、内部利益は次の計算式で求めます。

$$内部利益 = 内部利益を含んだ商品の金額 \times \frac{内部利益率}{1 + 内部利益率}$$

▼ **例10** ━━━━━━━━━━━━━━━━━━━━━━━━━ **内部利益の控除**

次の資料にもとづいて、本支店合併損益計算書を作成しなさい。なお、本店は支店に商品を送付する際、原価に20%の利益を加算している。

[資　料]

決算整理前残高試算表　　　　　（単位：円）

借　　方	本　店	支　店	貸　　方	本　店	支　店
支　　　店	1,300	－	本　　　店	－	1,300
仕　　　入	2,000	300	売　　　上	6,000	2,000
本店より仕入	－	1,800	支 店 へ 売 上	1,800	－

	本　　　店	支　　　店
期首商品棚卸高：	600円	210円（うち60円は本店より仕入分）
期末商品棚卸高：	800円	620円（うち120円は本店より仕入分）

例10の解答

本支店合併損益計算書　　　　　（単位：円）

Ⅰ　売　上　高		8,000*¹
Ⅱ　売　上　原　価		
1．期首商品棚卸高	800*³	
2．当期商品仕入高	2,300*²	
合　　　計	3,100	
3．期末商品棚卸高	1,400*⁴	1,700
売上総利益		6,300

＊1　6,000円＋2,000円＝8,000円（「支店へ売上」は加算しません）

＊2　2,000円＋300円＝2,300円（「本店より仕入」は加算しません）

＊3　内部利益：60円 $\times \frac{0.2}{1+0.2}$ ＝10円

　　　期首商品棚卸高：600円＋210円－10円＝800円

＊4　内部利益：120円 $\times \frac{0.2}{1+0.2}$ ＝20円

　　　期末商品棚卸高：800円＋620円－20円＝1,400円

Ⅳ 内部利益が付された商品の棚卸減耗費と商品評価損

期末における棚卸減耗費や商品評価損の計算は、内部利益を控除したあとの仕入原価を用います。

▶ 例11 ── 内部利益が付された商品の棚卸減耗費と商品評価損

支店の期末商品棚卸高は資料のとおりである。本店は支店に商品を送付する際、原価に20%の利益を加算している。本店の期末商品はないものとしたとき、本支店合併損益計算書に計上する期末商品棚卸高、棚卸減耗費、商品評価損、および本支店合併貸借対照表に計上する商品の金額を計算しなさい。

[資　料]
(1) 帳簿棚卸高
　　　外部仕入分：25個（原価@20円）
　　　本店仕入分：10個（本店の原価@10円、振替価額@12円）
(2) 実地棚卸高
　　　外部仕入分：22個（時価@15円）
　　　本店仕入分：8個（時価@9円）

例11の解答　　期末商品棚卸高：600円
　　　　　　　棚　卸　減　耗　費：80円
　　　　　　　商　品　評　価　損：118円
　　　　　　　貸借対照表の商品：402円

〈解説〉
①外部仕入分

＊1　期末商品棚卸高：
　　　@20円×25個＝500円
＊2　棚卸減耗費：
　　　@20円×（25個－22個）＝60円
＊3　商品評価損：
　　　（@20円－@15円）×22個＝110円

②本店仕入分

* 4 　期末商品棚卸高：
　　　　@10円×10個＝100円
* 5 　内部利益：
　　　　(@12円－@10円)×10個＝20円
* 6 　棚卸減耗費：
　　　　@10円×(10個－8個)＝20円
* 7 　商品評価損：
　　　　(@10円－@9円)×8個＝8円

期末商品棚卸高：500円＋100円＝600円
棚卸減耗費：60円＋20円＝80円
商品評価損：110円＋8円＝118円
貸借対照表の商品：330円＋72円＝402円

●本支店合併財務諸表の作成手順のまとめ

決算整理前残高試算表
　　① 　決算整理
　　② 　勘定ごとに金額を合算する 　　　　　精算表上（帳簿外）で行う
　　　　　　　・内部取引の相殺
　　　　　　　・内部利益の控除
本支店合併財務諸表

ひ と こ と

　決算日の直前に本店から支店へ商品を発送した場合、決算日後に商品が到着することがあります。この場合、支店の期末商品棚卸高には決算日時点で到着していない商品の金額は含まれていません。そこで、決算日時点で到着していない商品については、到着したものとして扱い、期末商品棚卸高に含める必要があります。

Ⅰ 帳簿の締切（全体像）

次期に備えて本店と支店の帳簿を締め切ります。

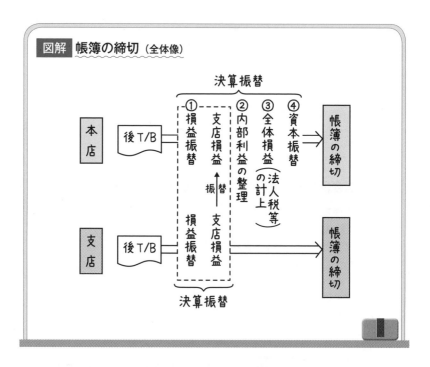

図解 **帳簿の締切**（全体像）

本支店会計における帳簿の締切は、①損益振替、②内部利益の整理、③法人税等の計上、④資本振替の順で行います。

Ⅱ 損益振替

1 本店・支店独自の損益の計算

決算整理が終わった後、まず、本店・支店独自の業績を評価するために、それぞれの帳簿において、収益・費用項目を損益勘定に振り替え、本店・支店独自の当期純損益を計算します。

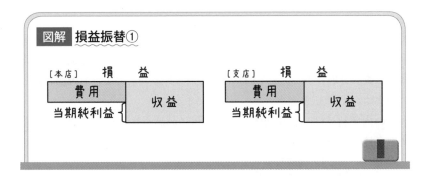

図解 損益振替①

2 会社全体の損益の計算

次に、支店の損益を本店勘定に振り替えて会社全体の業績を把握します。会社全体の損益は、本店に**総合損益勘定**を設置し、本店・支店の損益をここに振り替えます。

ただし、本店と支店では、帳簿が異なるため、単純に振り替えることはできません。そこで、照合勘定（本店勘定と支店勘定）を用いて、支店の損益を本店勘定に振り替え、本店の支店勘定を経由して総合損益勘定に振り替えます。

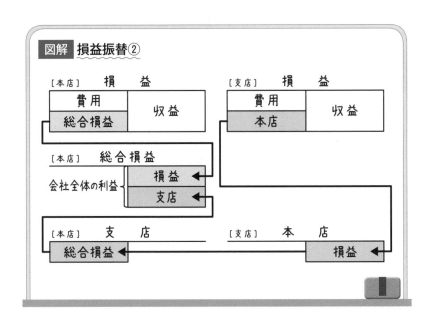

図解 損益振替②

Ⅲ 内部利益の整理

　本支店間において、一定の利益を加算した振替価額で商品を送付した場合に、決算日現在手許にある商品に含まれている利益のことを**内部利益**といいます。

　この内部利益は、会社全体で見ると単に商品を移動したにすぎないため、会社全体の純損益を計算する際には控除する必要があります。

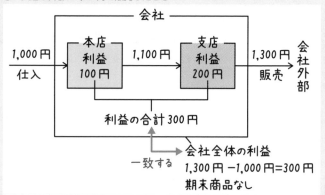

これならわかる!!

　なぜ、内部利益を控除しなければならないのでしょうか。簡単な数値を使ってみてみましょう。

　本店が外部から1,000円で買ってきた商品を支店に1,100円で送付したとします。この場合において、①支店が外部に（1,300円で）販売したときと、②販売せずに期末までその商品が残っていたときについて考えてみましょう。

① 支店が外部に1,300円で販売したとき

　このとき、本店は支店に商品を送付した際に加算した100円の利益、支店は外部に販売した際に得た200円の利益、合計300円の利益を得たことになります。

　これを会社全体で考えると、1,000円で仕入れた商品を1,300円で販売し、300円の利益を得たことになります。

　このように、期末において商品が残っていないときには、本店・支店の利益の合計と会社全体の利益は一致し、内部利益はありません。

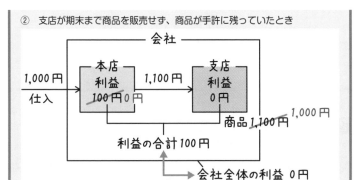

このときの利益はどうでしょうか。

まず、本店は支店に商品を送付した際に加算した100円の利益を得ていますが、支店は商品を販売していないので利益0円で、合計すると100円の利益となります。

一方、会社全体では1,000円で仕入れた商品をそのまま期末まで持っているので利益は0円で、本店・支店の利益の合計と一致しません。

つまり、この100円が内部利益で、会社全体の利益と本店・支店の利益の合計を一致させるために、この100円を控除する必要があるのです。

1 期末商品に含まれる内部利益の整理

本店では、会社全体の損益を計算するために、繰延内部利益控除勘定を用いて内部利益の整理をします。そして、決算時に繰延内部利益控除を総合損益勘定に振り替えます。

▶例12 ─────────── 期末商品に含まれる内部利益の整理

本店は、原価1,000円の商品を支店に1,100円（振替価額）で送付したが、支店は決算日現在、販売していない。(1)内部利益の整理をするとともに、(2)総合損益勘定へ振り替える仕訳を示しなさい。

例12の仕訳　(1)　期末商品に含まれる内部利益の整理

（繰延内部利益控除）	100	（繰延内部利益）	100
利益のマイナス		期末商品に含まれる内部利益	

(2)　繰延内部利益控除の総合損益勘定への振替え

（総合損益）	100	（繰延内部利益控除）	100

```
[本店]      総 合 損 益
繰延内部利益控除  100円 |      損益
                    |_____
                    |      支店
```

2 期首商品に含まれる内部利益の整理

　期首商品に含まれている内部利益は、当期において販売されたことで実現したと仮定し、前期末に繰り延べた繰延内部利益を当期の利益として戻し入れます。そして、決算時に繰延内部利益戻入を総合損益勘定に振り替えます。

▼ 例13 ━━━━━━━━━━━━ 期首商品に含まれる内部利益の整理

　支店は、前期に本店から仕入れた商品（原価1,000円、振替価額1,100円）を、当期に1,300円で販売した。(1)内部利益の整理をするとともに、(2)総合損益勘定へ振り替える仕訳を示しなさい。

例13の仕訳　(1)　期首商品に含まれる内部利益の整理

（繰 延 内 部 利 益）	100	（繰延内部利益戻入）	100
期首商品に含まれる内部利益		利益のプラス	

(2)　繰延内部利益戻入の総合損益勘定への振替え

（繰延内部利益戻入）	100	（総 合 損 益）	100

```
        [本店]      総 合 損 益
        繰延内部利益控除  |      損益
                       |_____
                       |      支店
会社全体の利益 <        |_____
                       | 繰延内部利益戻入  100円
```

Ⅳ 法人税等の計上

　総合損益勘定に集計された会社全体の利益に税率を掛けて法人税等の金額を計算し、法人税等の計上の処理をした後、法人税等を総合損益勘定に振り替えます。

例14 ─────────────────────────────── 法人税等の計上

当期の法人税等の金額は40円であった。(1)法人税等を計上するとともに、(2)総合損益勘定へ振り替える仕訳を示しなさい。

例14の仕訳　(1)　法人税等の計上

（法　人　税　等）　　40　（未払法人税等）　　40

(2)　法人税等の総合損益勘定への振替え

（総　合　損　益）　　40　（法　人　税　等）　　40

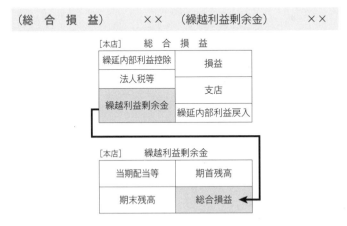

[本店]	総　合　損　益	
繰延内部利益控除	損益	
法人税等　40円	支店	
	繰延内部利益戻入	

Ⅴ 資本振替

1 総合損益勘定から繰越利益剰余金勘定への振替え

総合損益勘定で計算した会社全体の損益は繰越利益剰余金勘定に振り替えます。

（総　合　損　益）　　××　（繰越利益剰余金）　　××

[本店]	総　合　損　益	
繰延内部利益控除	損益	
法人税等	支店	
繰越利益剰余金	繰延内部利益戻入	

[本店]	繰越利益剰余金	
当期配当等	期首残高	
期末残高	総合損益	

2 各勘定の締切

最後に、本店・支店の資産・負債・純資産の各勘定を締め切り、次期に

繰り越します。

次の資料にもとづいて、本店・支店それぞれの損益勘定および総合損益勘定を完成させなさい。なお、決算日は×1年3月31日、会計期間は1年である。

［資料1］本支店決算整理前残高試算表

決算整理前残高試算表　　　　（単位：円）

借　　方	本　店	支　店	貸　　方	本　店	支　店
現 金 預 金	285,000	220,000	支 払 手 形	335,600	145,000
受 取 手 形	214,000	195,000	買 掛 金	513,000	284,000
売 掛 金	572,000	334,000	貸 倒 引 当 金	8,000	6,000
繰 越 商 品	106,000	84,000	繰 延 内 部 利 益	4,000	–
建 物	440,000	350,000	建物減価償却累計額	118,800	94,500
備 品	176,000	120,000	備品減価償却累計額	79,200	81,000
支 店	400,000	–	本 店	–	400,000
仕 入	1,166,000	249,000	資 本 金	500,000	–
本店より仕入	–	320,000	資 本 準 備 金	35,000	–
販売費及び一般管理費	284,500	23,900	利 益 準 備 金	54,000	–
支 払 利 息	11,500	2,100	繰越利益剰余金	45,000	–
			売 上	1,562,400	887,500
			支 店 へ 売 上	320,000	–
			受 取 家 賃	80,000	–
	3,655,000	1,898,000		3,655,000	1,898,000

［資料2］決算整理事項

1．期末商品棚卸高は次のとおりである。

(1) 本店

帳簿棚卸高240個　単価500円（原価）

(2) 支店

支店の期末棚卸高は98,000円、うち外部からの仕入分は帳簿数量100個、単価440円（原価）である。

(3) 本店から支店への商品の振替価額は、原価に対し毎期20%の利益を付加した価格で行っている。

2．貸倒引当金は、売上債権の期末残高に対して２％を差額補充方式により設定する。

3．減価償却については本支店とも次の条件で行う。

建物：残存価額10％、耐用年数30年、定額法

備品：残存価額10％、耐用年数８年、定額法

4．税引前当期純利益に対して40％の法人税等を計上する。

解答

本店の損益勘定

損	益	(単位：円)	
繰 越 商 品	106,000	売　　　　上	1,562,400
仕　　　　入	1,166,000	(支 店 へ 売 上)	320,000
販売費及び一般管理費	284,500	繰 越 商 品	120,000
貸倒引当金繰入	7,720	受 取 家 賃	80,000
減 価 償 却 費	33,000		
支 払 利 息	11,500		
(総 合 損 益)	473,680		
	2,082,400		2,082,400

支店の損益勘定

損	益	(単位：円)	
繰 越 商 品	84,000	売　　　　上	887,500
仕　　　　入	249,000	繰 越 商 品	98,000
(本 店 よ り 仕 入)	320,000		
販売費及び一般管理費	23,900		
貸倒引当金繰入	4,580		
減 価 償 却 費	24,000		
支 払 利 息	2,100		
(本　　　　店)	277,920		
	985,500		985,500

本店の総合損益勘定

総 合 損 益		(単位：円)	
(繰延内部利益控除)	9,000	(損　　　　益)	473,680
(法 人 税 等)	298,640	(支　　　　店)	277,920
(繰越利益剰余金)	447,960	(繰延内部利益戻入)	4,000
	755,600		755,600

〈解説〉
1. 決算整理事項
(1) 売上原価の計算
答案用紙より、本問は損益勘定で行います。
(2) 貸倒引当金の設定

本店:(貸倒引当金繰入)　　7,720^{*1}（貸倒引当金）　　7,720
支店:(貸倒引当金繰入)　　4,580^{*2}（貸倒引当金）　　4,580

＊1　(214,000円＋572,000円)×2%－8,000円＝7,720円
＊2　(195,000円＋334,000円)×2%－6,000円＝4,580円

(3) 減価償却費の計算

本店:(減価償却費)　　33,000　（建物減価償却累計額）　13,200^{*3}
　　　　　　　　　　　　　　　（備品減価償却累計額）　19,800^{*4}
支店:(減価償却費)　　24,000　（建物減価償却累計額）　10,500^{*5}
　　　　　　　　　　　　　　　（備品減価償却累計額）　13,500^{*6}

＊3　440,000円×0.9÷30年＝13,200円
＊4　176,000円×0.9÷8年＝19,800円
＊5　350,000円×0.9÷30年＝10,500円
＊6　120,000円×0.9÷8年＝13,500円

2. 決算振替
(1) 売上原価の計算
答案用紙より、本問は損益勘定で行います。

本店:(損　　　　益) 1,272,000　（繰越商品）　　106,000
　　　　　　　　　　　　　　　　（仕　　入） 1,166,000
　　　(繰越商品)　　120,000　（損　　　益）　　120,000
支店:(損　　　　益)　653,000　（繰越商品）　　84,000
　　　　　　　　　　　　　　　　（仕　　入）　　249,000
　　　　　　　　　　　　　　　　（本店より仕入）　320,000
　　　(繰越商品)　　98,000　（損　　　益）　　98,000

(2) 売上原価以外の損益勘定への振替え

本店:(損　　　　益)　336,720　（販売費及び一般管理費）284,500
　　　　　　　　　　　　　　　　（貸倒引当金繰入）　7,720
　　　　　　　　　　　　　　　　（減価償却費）　33,000
　　　　　　　　　　　　　　　　（支払利息）　11,500
　　　(売　　　上) 1,562,400　（損　　　益）1,962,400
　　　(支店へ売上)　320,000
　　　(受取家賃)　　80,000
支店:(損　　　　益)　54,580　（販売費及び一般管理費）23,900
　　　　　　　　　　　　　　　　（貸倒引当金繰入）　4,580
　　　　　　　　　　　　　　　　（減価償却費）　24,000
　　　　　　　　　　　　　　　　（支払利息）　2,100
　　　(売　　　上)　887,500　（損　　　益）　887,500

(3) 本店の当期純利益の振替え

損益勘定の貸借差額で計算した当期純利益を総合損益勘定に振り替えます。

本店：（損　　　　　益）　473,680　（総合損益）　473,680

(4) 支店の当期純利益の振替え

損益勘定の貸借差額で計算した当期純利益を本店勘定に振り替えます。

支店：（損　　　　　益）　277,920　（本　　　　　店）　277,920

次に、本店の支店勘定を経由して本店の総合損益勘定に振り替えます。

本店：（支　　　　　店）　277,920　（総 合 損 益）　277,920

(5) 内部利益の整理

① 期首商品に含まれる内部利益の戻入れ

本店：（繰 延 内 部 利 益）　4,000　（繰延内部利益戻入）　4,000

② 期末商品に含まれる内部利益の控除

本店：（繰延内部利益控除）　9,000^{*7}　（繰 延 内 部 利 益）　9,000

③ 総合損益への振替え

本店：（繰延内部利益戻入）　4,000　（総 合 損 益）　4,000

（総 合 損 益）　9,000　（繰延内部利益控除）　9,000^{*7}

$$*7 \quad (98,000円 - @440円 \times 100個) \times \frac{0.2}{1.2} = 9,000円$$

(6) 法人税等の計上

総合損益勘定の貸借差額で税引前当期純利益を計算し、税率を掛けて法人税等を計上します。

本店：（法 人 税 等）　298,640^{*8}　（未 払 法 人 税 等）　298,640

（総 合 損 益）　298,640　（法 人 税 等）　298,640

$$*8 \quad (473,680円 + 277,920円 + 4,000円 - 9,000円) \times 40\% = 298,640円$$

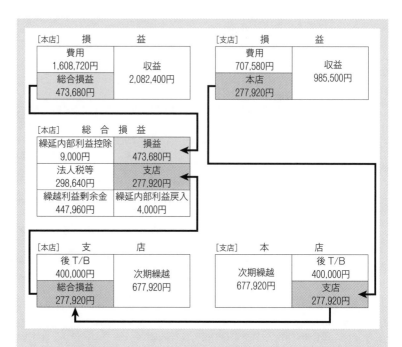

CHAPTER 02
企業結合・事業分離

◆取引の実態から会計処理を判断しよう！

　企業結合と事業分離は、苦手とされる方が多い論点の一つです。

　しかし、取引の実態を把握し、その図を書いてイメージすれば、対応することができます。単純に仕訳を暗記するのではなく、取引の実態を考えながら理解していきましょう。

▶ 1級で学習する内容

企業結合	
2級までに学習済み　➡	1級で学習する内容

合併

株式交換

株式移転

事業分離

会社分割

1　企業結合と「取得」

Ⅰ　企業結合とは

　企業結合とは、ある企業（またはその事業）と他の企業（またはその事業）が1つの報告単位に統合されることをいいます。具体的には、**合併**や**株式交換**、**株式移転**などの取引が該当します。

Ⅱ　企業結合の分類

　企業結合は、その実態から以下の3つに分類されます。なお、企業結合にかかわる企業を**結合当事企業**といいます。

> ●**企業結合の分類**
>
> ◆取得
>   ある企業が他の企業またはその事業に対する支配を獲得すること
> ◆共同支配企業の形成
>   契約にもとづいて、複数の独立した企業により共同で支配される企業を形成する企業結合
> ◆共通支配下の取引
>   企業結合の前後で同一の株主により支配され、かつその支配が一時的ではない企業結合

　1級では、「取得」がもっとも重要になりますので、本書では「取得」を中心に説明します。
　なお、取引が「取得」に分類される場合、他の企業またはその事業を取得する側の企業を**取得企業**、取得される側の企業を**被取得企業**といいます。

> **ひとこと**
>
>
>
> 「共同支配企業の形成」は契約にもとづいて合弁企業を設立する場合、「共通支配下の取引」はある企業の子会社同士が合併する場合などで、このどちらにも該当しない企業結合は「取得」と判定されます。

Ⅲ 「取得」の会計処理

「取得」と判定された企業結合は、**パーチェス法**によって処理します。パーチェス法とは、被取得企業から受け入れた資産および負債の取得原価を、対価として交付する現金および株式等の時価（公正価値）とする方法をいいます。

この取得原価は、被取得企業から受け入れた資産および負債のうち、企業結合日において識別可能（時価を把握することができる）なものに対して配分します。

また、取得原価が、受け入れた資産および負債に配分された純額（受け入れた純資産額）を上回る場合には**のれん**、下回る場合には**負ののれん**として処理します。

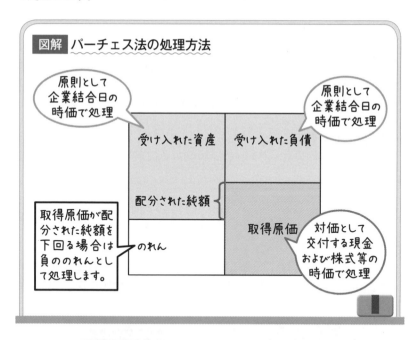

図解 パーチェス法の処理方法

原則として企業結合日の時価で処理

原則として企業結合日の時価で処理

受け入れた資産　受け入れた負債

配分された純額

取得原価

取得原価が配分された純額を下回る場合は負ののれんとして処理します。

のれん

対価として交付する現金および株式等の時価で処理

Ⅳ 取得に要した支出額の会計処理

取得関連費用（外部のアドバイザー等に支払った特定の報酬・手数料等）は、発生した事業年度の費用として処理します。

Ⅴ のれんの会計処理

のれんは、発生時に資産として計上後、20年以内で償却します。これに対して、負ののれんは、負ののれんが生じた事業年度の利益として**負ののれん発生益勘定**で処理します。なお、のれんの金額に重要性が乏しい場合には、のれんが生じた事業年度に全額費用処理することもできます。

> ● 「のれん」および「負ののれん」の表示
>
> ◆のれん：B/S 無形固定資産
> ◆のれん償却額：P/L 販売費及び一般管理費
> ◆負ののれん発生益：P/L 特別利益

これならわかる!!

「負ののれん」とは、取得原価が、受け入れた資産および受け入れた負債に配分された純額を下回る場合における差額のことです。

この負ののれんが発生する状況としては、受け入れた識別可能資産および負債の測定を誤っている可能性や、バーゲン・パーチェス（売却側に当該事業を時価よりも低い価格で処分せざるをえない事情があり、割安に購入できたという、通常では起こりにくい状況）の可能性があります。

要するに、負ののれんは、「普通では生じないはずのものだけど、たまたま生じてしまったもの」ということです。そこで、負ののれんは、（負債として計上せず）発生した事業年度の利益（特別利益）として処理するのです。

モヤモヤ解消

次の場合のＡ社における企業結合日の仕訳を示しなさい。

(1) Ａ社はＢ社を取得した。

(2) 対価としてＢ社株主に割り当てるＡ社の株式数は100株であった。

(3) 企業結合日におけるＡ社の株価は150円であった。

(4) 増加する払込資本は全額、資本金とする。

(5) Ｂ社の識別可能資産および負債は以下のとおりであった。

現　　金（帳簿価額4,000円、時価4,000円）

有価証券（帳簿価額3,200円、時価2,900円）

土　　地（帳簿価額10,000円、時価12,000円）

借　入　金（帳簿価額6,000円、時価6,000円）

例1の仕訳	（現　　　金）	4,000	（借　入　金）	6,000
	（有 価 証 券）	2,900	（資　本　金）	15,000[*1]
	（土　　　地）	12,000		
	（の　れ　ん）	2,100[*2]		

＊1　150円×100株＝15,000円

＊2　(150円×100株)－(4,000円＋2,900円＋12,000円－6,000円)＝2,100円
　　　または貸借差額

2 合　併

I 合併の形態

　合併とは2つ以上の会社が合体して1つの会社になる取引をいい、合併の形態には**吸収合併**と**新設合併**の2つがあります。

　吸収合併とは、ある会社が他の会社を吸収する合併をいい、吸収された会社は消滅します。

　また、新設合併とは、合併当事会社すべてが消滅し、新しい会社を設立する合併をいいます。

　これらの合併により消滅する会社を**消滅会社**（被合併会社）、存続する会社および新設される会社を**存続会社**（合併会社）といいます。

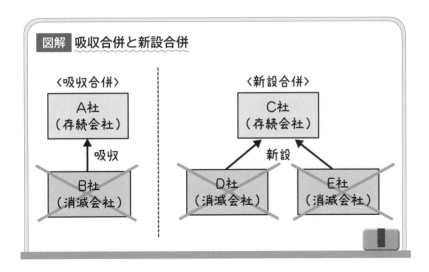

図解　吸収合併と新設合併

〈吸収合併〉

A社
（存続会社）

↑吸収

~~B社
（消滅会社）~~

〈新設合併〉

C社
（存続会社）

新設

~~D社
（消滅会社）~~　　~~E社
（消滅会社）~~

Ⅱ　吸収合併の流れ

　吸収合併では、消滅会社の株主が所有する消滅会社株式を存続会社が受け取るかわりに、対価を交付することによって合併が行われます。

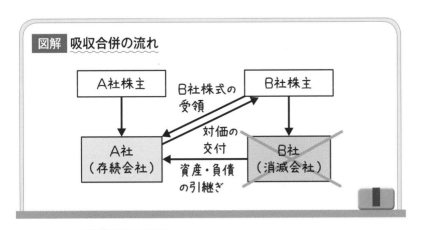

図解　吸収合併の流れ

A社株主　　　　　　B社株式の　　　　B社株主
　　　　　　　　　　受領

A社
（存続会社）　　対価の
　　　　　　　　交付　　　　　~~B社
　　　　　　　資産・負債　　　（消滅会社）~~
　　　　　　　の引継ぎ

ひとこと

　上の図解において、交付される対価がA社の株式の場合、B社の株主は、吸収合併後にA社の株主になります。

3 吸収合併の会計処理

I 対価として新株を交付する場合

　吸収合併において存続会社が消滅会社を取得し、存続会社が取得企業、消滅会社が被取得企業であると判断された場合、パーチェス法で処理します。

　取得の対価として新株を交付する場合、取得原価である交付株式の時価を払込資本（資本金・資本準備金・その他資本剰余金）の増加として処理します。

> **ひとこと**
>
> 　資本金、資本準備金、その他資本剰余金の内訳は問題文の指示にしたがってください。

▶ **例2** ──────────── **対価として新株を交付する場合**

次の場合のA社における企業結合日の仕訳を示しなさい。

(1) A社はB社を吸収合併した。なお、A社を取得企業とする。

(2) 対価としてB社株主にA社の新株100株を交付した。

(3) 企業結合日におけるA社の株価は150円であった。

(4) 増加する払込資本のうち2分の1ずつを資本金と資本準備金とする。

(5) B社の識別可能資産および負債は以下のとおりであった。

　　現　　　金（帳簿価額4,000円、時価4,000円）

　　有価証券（帳簿価額3,200円、時価2,900円）

　　土　　　地（帳簿価額10,000円、時価12,000円）

　　借　入　金（帳簿価額6,000円、時価6,000円）

例2の仕訳	（現　　　　　金）	4,000	（借　入　金）	6,000
	（有　価　証　券）	2,900	（資　本　金）	7,500*1
	（土　　　　　地）	12,000	（資　本　準　備　金）	7,500*1
	（の　　れ　　ん）	2,100*2		

＊1　150円×100株÷2 ＝7,500円

＊2　（150円×100株）−（4,000円＋2,900円＋12,000円−6,000円）＝2,100円
　　　または貸借差額

Ⅱ 対価として自己株式を処分した場合

　対価として株式を交付する場合、新株を発行せずに、自己株式（金庫株）を処分して交付することがあります。

　この場合、処分した自己株式を含む交付株式の時価により取得原価を計算し、計算した取得原価から自己株式の帳簿価額を控除した額を払込資本として処理します。

▶ 例3 ——————— 対価として自己株式を処分した場合

次の場合のA社における企業結合日の仕訳を示しなさい。
(1)　A社はB社を吸収合併した。なお、A社を取得企業とする。
(2)　A社は、合併の対価として新たに発行した600株（株価200円）および自己株式400株（帳簿価額60,000円）を交付した。
(3)　B社の識別可能資産および負債の時価は、諸資産が850,000円、諸負債が680,000円であった。
(4)　増加する払込資本のうち2分の1ずつを資本金と資本準備金とする。

例3の仕訳	（諸　資　産）	850,000	（諸　負　債）	680,000
	（の　れ　ん）	30,000*2	（資　本　金）	70,000*1
			（資本準備金）	70,000*1
			（自　己　株　式）	60,000

* 1　{200円×（600株＋400株）－60,000円}÷2＝70,000円
* 2　{200円×（600株＋400株）}－（850,000円－680,000円）＝30,000円
　　　または貸借差額

ひ と こ と

　合併の対価として自己株式を処分した場合、自己株式処分差益（損）は発生しません。この点は、企業結合以外で自己株式を処分する場合の処理（教科書2参照）と異なるので、混同しないようによく確認しておいてください。

Ⅲ 段階取得の場合

　合併する以前から存続会社が消滅会社の株式の一部を所有している場合（**抱合株式**がある場合）があります。このように、取得が結果として複数の取引により達成された場合を**段階取得**といいます。

　段階取得の場合、存続会社が所有する抱合株式に対しては、取得の対価を交付しません。

　したがって、取得原価は抱合株式の帳簿価額に、交付する株式等の時価を合算した金額となります。

$$取得原価 = \frac{存続会社}{株式の時価} \times 交付株式数 + \frac{存続会社が所有}{する消滅会社株式の帳簿価額}$$

例4　　　　　　　　　　　　　　　　　　　　　　　　　段階取得の場合

次の場合のA社における企業結合日の仕訳を示しなさい。
(1)　A社はB社を吸収合併した。なお、A社を取得企業とする。
(2)　A社は過去にB社株式を3,000円で購入しており、投資有価証券としている。なお、評価差額は発生していない。
(3)　A社はB社株主（A社を除く）に対して新たに発行した1,000株（株価250円）を交付した。
(4)　B社の識別可能資産および負債の時価は、諸資産が750,000円、諸負債が560,000円であった。
(5)　増加する払込資本のうち2分の1ずつを資本金と資本準備金とする。

例4の仕訳	(諸　　資　　産)	750,000	(諸　　負　　債)	560,000
	(の　れ　ん)	63,000*²	(投資有価証券)	3,000
			(資　　本　　金)	125,000*¹
			(資　本　準　備　金)	125,000*¹

* 1　250円×1,000株÷2 ＝125,000円
* 2　(250円×1,000株＋3,000円)－(750,000円－560,000円)＝63,000円
　　または貸借差額

これならわかる!!

　吸収合併のうち、①対価として新株を交付する場合、②対価として自己株式を処分した場合、③段階取得の場合の3つのケースを紹介しました。これらは混乱しがちですが、3つとも仕訳の流れは共通しています。
　仕訳の流れはいずれも次のようになります。
　　Ⅰ　取得原価の計算
　　Ⅱ　時価による資産・負債の受入れ
　　Ⅲ　のれんの計上
　　Ⅳ　取得原価の内訳の決定
　このうち、①〜③で異なるのはⅠとⅣだけで、ⅡとⅢ、そして全体の流れはどのケースにおいても共通する部分ですので、①〜③の異なる部分に着目し、①〜③を関連付けておさえておきましょう。

ひとこと

　以上の吸収合併の処理についてまとめると、次のようになります。各取引のポイントをおさえておきましょう。

	取得原価	払込資本
①対価として新株を交付する場合	交付株式の時価	交付株式の時価
②対価として自己株式を処分した場合	処分した自己株式を含む交付株式の時価	取得原価－自己株式の帳簿価額
③段階取得の場合	抱合株式の帳簿価額＋交付株式の時価	交付株式の時価

Ⅳ 合併相殺仕訳

　合併当事会社間に債権債務（貸付金と借入金、売掛金と買掛金）がある場合、相殺消去する必要があります（**合併相殺仕訳**）。

▌例5 ─────────────────────────────────── 合併相殺仕訳

次の場合のA社における合併相殺仕訳を示しなさい。
(1) A社はB社を吸収合併した。なお、A社を取得企業とする。
(2) B社の貸付金のうち10,000円はA社に対するものであり、この貸付金に
　　対して200円の貸倒引当金が設定されていた。

例5の仕訳	（借　　入　　金）	10,000	（貸　　付　　金）	10,000
	（貸　倒　引　当　金）	200	（繰越利益剰余金）	200

ひとこと

　債権に対して貸倒引当金を設定している場合は、これを減額修正する必要が
あります。しかし、貸倒引当金繰入は前期に発生した費用なので、当期に費用
を取り消すことはできません。そのため、繰越利益剰余金を通じて調整します。

4　交付株式数の算定

　合併の際に消滅会社の株主に交付する交付株式数は、①企業評価額の算
定、②合併比率の算定、③交付株式数の算定という流れで計算します。

Ⅰ　企業評価額の算定

　まず、交付株式数を算定する前に、企業評価額を適切に算定する必要が
あります。

ひとこと

　会計基準によって規定されていないので、さまざまな方法が考えられます。
そこで、本書では、代表的なものを説明していきます。

1　純資産額法
　純資産額法とは、企業の純資産額で企業を評価する方法です。

$$企業評価額 = 総資産 - 総負債$$
$$= 純資産額$$

ひとこと

純資産額法は、時価で計算する場合と帳簿価額で計算する場合がありますので、本試験では問題文の指示にしたがってください。

2 収益還元価値法

収益還元価値法とは、企業の収益力によって評価する方法で、企業の過去数年間の平均利益額を資本還元率で割って求めた価額（**収益還元価値**）によって企業を評価します。

$$企業評価額＝\underbrace{自己資本×自己資本利益率}_{平均利益額}÷資本還元率$$
$$＝収益還元価値$$

ひとこと

収益還元価値法の自己資本に関しても、時価で計算する場合と帳簿価額で計算する場合がありますので、問題文の指示にしたがうようにしてください。

3 株式市価法

株式市価法は株式の市場価格に注目して評価する方法であり、株式の時価総額によって企業評価額を計算します。

$$企業評価額＝1株あたりの時価×発行済株式総数$$

4 折衷法

折衷法とは複数の方法で計算された企業評価額の平均値を企業の評価額とする方法です。

▶ 例6 ━━━━━━━━━━━━━━━━━━━━━━━ 企業評価額の算定

(1) A社の諸資産の時価は30,000円、諸負債の時価は12,000円である。
(2) A社の自己資本利益率は10%、資本還元率は5%である。
(3) A社の発行済株式総数は500株、株価は60円である。

　このとき、①時価による純資産額法、②時価による収益還元価値法、③株式市価法、④純資産額法と収益還元価値法の折衷法による場合の企業評価額をそれぞれ求めなさい。

例6の解答　① 時価による純資産額法：**18,000円**[*1]

　　　　　　② 時価による収益還元価値法：**36,000円**[*2]

　　　　　　③ 株式市価法：**30,000円**[*3]

　　　　　　④ 折衷法：**27,000円**[*4]

　　　＊1　30,000円－12,000円＝18,000円
　　　＊2　18,000円×10%÷5%＝36,000円
　　　＊3　60円×500株＝30,000円
　　　＊4　(18,000円＋36,000円)÷2＝27,000円

Ⅱ 合併比率の算定

　合併比率は、消滅会社の株式と存続会社の株式の交換比率であり、企業評価額を発行済株式総数で割って求めた1株あたりの企業評価額にもとづいて計算します。

$$合併比率＝\frac{消滅会社の1株あたりの企業評価額}{存続会社の1株あたりの企業評価額}$$

> **ひ と こ と**
>
> 合併比率は1株あたりの価値の比率であるということを覚えておいてください。

Ⅲ 交付株式数の算定

交付株式数は、消滅会社の発行済株式総数に合併比率を掛けて計算します。

交付株式数＝消滅会社の発行済株式総数×合併比率

例7 ──────────────────────── 交付株式数の算定

(1) A社はB社を吸収合併した。なお、A社を取得企業とする。

(2) 収益還元価値法により、A社の企業評価額は600,000円、B社の企業評価額は80,000円であると算定された。

(3) A社の発行済株式総数は3,000株、B社の発行済株式総数は500株であった。

① 取得の対価として、B社株主に対して新たにA社株式を交付する場合の、交付株式数を算定しなさい。

② A社の株価が300円、B社の株価が250円であった場合の、当該合併の取得原価を算定しなさい。

例7の解答 ① 交付株式数：**400株**[*1]

② 取得原価：**120,000円**[*2]

* 1 消滅会社の1株あたりの企業評価額：80,000円÷500株＝160円
  存続会社の1株あたりの企業評価額：600,000円÷3,000株＝200円
  合併比率：$\dfrac{160円}{200円}＝0.8$
  交付株式数：500株×0.8＝400株

* 2 交付するのはA社株式なので、A社の株価を使います。
  300円×400株＝120,000円

5 株式交換

Ⅰ 株式交換とは

株式交換とは、株式会社がその発行済株式の全部を他の会社に取得させる手法のことです。

株式交換により、既存の会社同士は**完全親会社**と**完全子会社**という関係になり、完全子会社となる会社の株主は、完全親会社となる会社の発行する**株式の割当て**を受け、完全親会社の株主となります。

> **ひとこと**
>
> 完全親会社とは、他の会社の発行済株式のすべてを保有する会社を、完全子会社とは、他の会社に発行済株式のすべてを保有されている会社をいいます。

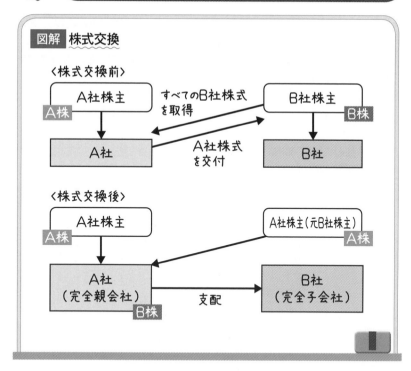

図解 株式交換

〈株式交換前〉

A社株主 ── A株 ── A社

すべてのB社株式を取得

A社株式を交付

B社株主 ── B株 ── B社

〈株式交換後〉

A社株主 ── A株 ── A社（完全親会社）── B株

A社株主（元B社株主）── A株

A社（完全親会社）── 支配 → B社（完全子会社）

Ⅱ 株式交換の会計処理

株式交換において完全親会社が取得企業、完全子会社が被取得企業であると判断される場合は**パーチェス法**によって処理し、完全子会社株式の取得原価は、交付する完全親会社株式の時価となります。

ひとこと

なお、株式交換比率の計算方法は、合併比率の計算方法と同じです。

例8 ──────────────────────── 株式交換の会計処理

次の場合のA社における株式交換日の仕訳を示しなさい。

(1) A社とB社は株式交換を行い、A社が完全親会社となった。

(2) 交換比率は0.8であり、A社およびB社の発行済株式総数はそれぞれ100株および80株であった。

(3) 株式交換日におけるA社の株価は100円であった。

(4) 増加する払込資本のうち2分の1ずつを資本金と資本準備金とする。

例8の仕訳	(子会社株式)	6,400	(資 本 金)	3,200*
			(資本準備金)	3,200*

* 100円×80株×0.8÷2＝3,200円

ひとこと

払込資本の内訳については、問題文の指示にしたがいましょう。

Ⅲ 対価として自己株式を処分した場合

合併の場合と同様に、新株を発行せず自己株式を処分して交付することがあります。

この場合、処分した自己株式を含む交付株式の時価により取得原価を計算し、計算した取得原価から自己株式の帳簿価額を控除した額を払込資本として処理します。

例9 ──────────────── 対価として自己株式を処分した場合

次の場合のA社における株式交換日の仕訳を示しなさい。

(1) A社とB社は株式交換を行い、A社が完全親会社となった。

(2) A社は、株式交換の対価として新たに発行した500株（株価100円）および自己株式300株（帳簿価額15,000円）を交付した。

(3) 増加する払込資本のうち2分の1ずつを資本金と資本準備金とする。

例9の仕訳	（子 会 社 株 式）	80,000*1	（資　　本　　金）	32,500*2
			（資 本 準 備 金）	32,500*2
			（自 己 株 式）	15,000

＊1　100円×（500株＋300株）＝80,000円
＊2　{100円×（500株＋300株）－15,000円}÷2＝32,500円

ひ と こ と

株式交換の対価として自己株式を処分した場合、自己株式処分差益（損）は発生しません。これは合併の場合と同様ですので、あわせて確認しましょう。

6 株式移転

I 株式移転とは

株式移転とは、株式会社がその発行済株式の全部を新たに設立する会社に移す手法のことです。

株式移転により、既存の株式会社は**完全子会社**となり、新たに設立する株式会社が**完全親会社**になります。また、完全子会社となる会社の株主は、完全親会社となる会社の発行する株式の割当てを受け、完全親会社の株主となります。

ひ と こ と

つまり株式移転とは、「会社設立」と「株式交換」という2つの手続きを同時に行う手法といえます。

52

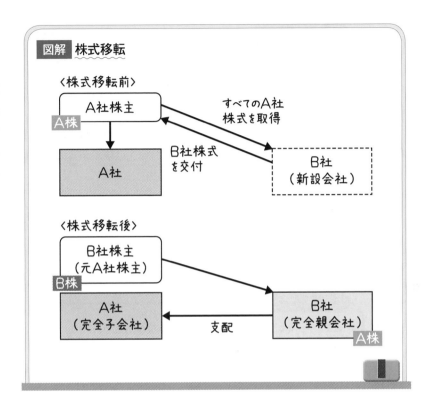

これならわかる!!

　現実に「○×ホールディングス」といった会社が存在しますが、この中には、株式移転によって新設されたものが多くあります。これは、株式移転により持株会社「○×ホールディングス」を設立して、他の企業を完全子会社化したものです。

Ⅱ 株式移転の会計処理

　完全親会社は、株式移転により設立されるため、株式移転時に完全親会社の株式の時価は存在しません。そのため、株式移転によって完全子会社となる会社のいずれかが、他の企業を取得したと仮定して処理します。

ひ と こ と

どの会社が取得企業となるかは、完全子会社となる株主の議決権比率の大きさなどから判断します。

　また完全親会社が取得する子会社株式のうち、取得企業の株式は取得企業の株主資本の額（帳簿価額）とし、被取得企業の株式は取得企業の株式の時価にもとづいて計算します。

> **子会社株式（取得企業）の取得原価＝取得企業の株主資本の額（帳簿価額）**

> **子会社株式（被取得企業）の取得原価＝取得企業の株式の時価×交付株式数**

ひ と こ と

なお、株式交換比率の計算方法は、合併比率の計算方法と同じです。

例10　　　　　　　　　　　　　　　　株式移転の会計処理

次の場合のC社における株式移転日の仕訳を示しなさい。
- (1)　A社とB社は株式移転を行い、完全親会社C社を設立した。取得企業はA社と判定された。
- (2)　交換比率は0.8であり、A社の株主にはA社株式1株あたりC社株式1株が、B社の株主にはB社株式1株あたりC社株式0.8株が交付された。なお、A社およびB社の発行済株式総数はそれぞれ100株および80株であった。
- (3)　株式移転日におけるA社の株価は100円であった。
- (4)　増加する払込資本のうち2分の1ずつを資本金と資本準備金とする。
- (5)　A社の純資産額は、資本金10,000円、資本剰余金5,000円であった。

例10の仕訳	（A　社　株　式）	15,000*1	（資　　本　　金）	10,700*3
	（B　社　株　式）	6,400*2	（資 本 準 備 金）	10,700*3

　＊1　10,000円＋5,000円＝15,000円
　＊2　100円×80株×0.8＝6,400円
　＊3　（15,000円＋6,400円）÷2＝10,700円

ひとこと

払込資本の内訳については、問題文の指示にしたがいましょう。

---

7 事業分離

Ⅰ 事業分離とは

事業分離とは、ある会社を構成する事業を他の会社に移転することをいいます。事業分離の形式には、**会社分割、事業譲渡、現物出資**などがありますが、ここでは会社分割について説明します。

Ⅱ 会社分割とは

会社分割は、吸収分割と新設分割に分けられます。**吸収分割**とは、ある会社がその事業を他の会社に承継させることをいい、**新設分割**とは、ある会社がその事業を新しく設立する会社に承継させることをいいます。

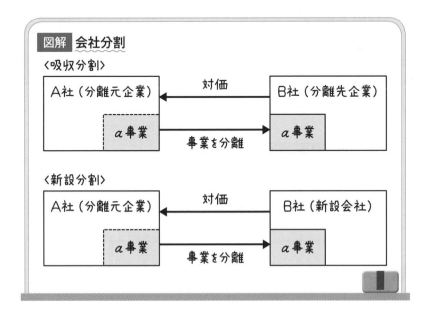

Ⅲ 吸収分割の会計処理（分離元企業）

　会社分割の際の対価は、現金などの財産や株式となります。このとき、対価の種類等により、分離元企業の事業に対する**投資の継続性**の有無が決まります。対価と投資の継続性のパターンは、次のとおりです。

図解　事業分離のパターン（分離元企業）

〈受取対価が現金などの財産のみ〉

	投資の継続性	移転損益
分離先企業が子会社 である場合	共通支配下の取引	認識する
上記以外	投資は清算されたとみなす	認識する

〈受取対価が株式のみ〉

	投資の継続性	移転損益
分離先企業が子会社 や関連会社の場合	投資は継続しているとみなす	認識しない
上記以外	投資は清算されたとみなす	認識する

ひとこと

　もともと親子関係であった会社間での取引は共通支配下の取引となります。この場合、単なる内部取引と考えられるため、投資が清算されているとはみなしません。しかし、対価が現金の場合は受け取った現金と移転した事業の帳簿価額が異なるため移転損益が計上されます。

1 投資が清算されたとみなす場合（投資の継続性なし）

移転した事業に対する投資が清算されたとみなす場合には、期待された

成果が事実として確定したといえるので、移転損益を認識し、その対価は時価で評価します。

例11　投資が清算されたとみなす場合

次の場合のA社における会社分割日の仕訳を示しなさい。

(1)　A社は、会社分割により、B社に対してα事業を移転し、対価として現金9,500円を受け取った。

(2)　α事業の適正な帳簿価額
　諸資産19,000円、諸負債10,000円

(3)　α事業の時価は9,500円であった。

(4)　A社とB社には資本関係はない。

例11の仕訳				
	(現　　　金)	9,500	(諸　資　産)	19,000
	(諸　負　債)	10,000	(移 転 利 益)	500*

＊　9,500円－(19,000円－10,000円)＝500円

2 投資が継続しているとみなす場合

移転した事業に対する投資が継続しているとみなす場合は、事業分離後も、分離元企業が事業に対してなんらかの影響を与えることができると考えられるため、移転損益は認識しません。そのため、その対価は移転した事業の株主資本相当額（帳簿価額）で評価します。

例12　投資が継続しているとみなす場合

次の場合のA社における会社分割日の仕訳を示しなさい。

(1)　A社は、会社分割により、B社に対してα事業を移転し、対価として株式を受け取った。

(2)　α事業の適正な帳簿価額
　諸資産20,000円、諸負債13,000円

(3)　α事業の時価は9,000円であった。

(4)　会社分割の結果、B社はA社の子会社となった。

例12の仕訳				
	(子 会 社 株 式)	7,000*	(諸　資　産)	20,000
	(諸　負　債)	13,000		

＊　20,000円－13,000円＝7,000円

Ⅳ 吸収分割の会計処理 （分離先企業）

　分離先企業の会計処理は、会社分割によって分離先企業が分離元企業の子会社になるかどうかで決まります。

　分離先企業が子会社になる場合、移転された資産および負債は、移転前に付された事業の適正な帳簿価額で評価します。

　一方、分離先企業が子会社にならない場合、パーチェス法によって処理します。つまり移転された資産および負債は、事業の時価によって評価し、支払対価との差額は**のれん**（または**負ののれん**）として処理します。

図解 事業分離のパターン （分離先企業）

〈支払対価が現金などの財産のみ〉

	企業結合の実態	支払対価との差額
分離先企業が子会社である場合	共通支配下の取引	のれん（または負ののれん）として処理
上記以外	取得	のれん（または負ののれん）として処理

〈支払対価が株式のみ〉

	企業結合の実態	支払対価との差額
分離先企業が子会社になる場合（例14）	逆取得	—
上記以外（例13）	取得	のれん（または負ののれん）として処理

ひとこと

　事業分離した結果、事業を取得した分離先企業が分離元企業の子会社となることを逆取得といいます。

例13 ━━━━━━━━━━━━━━━━━ 吸収分割の会計処理①

次の場合のB社における会社分割日の仕訳を示しなさい。

(1) B社は、会社分割により、A社よりα事業を移転され、対価として株式100株を発行した。

(2) α事業の適正な帳簿価額
    諸資産15,000円、諸負債10,000円

(3) α事業の時価
    諸資産17,000円、諸負債11,000円

(4) B社株式の時価は70円であった。

(5) 増加する払込資本はすべて資本金とする。

例13の仕訳	(諸 資 産)	17,000	(諸 負 債)	11,000
	(の れ ん)	1,000*2	(資 本 金)	7,000*1

　　＊1　70円×100株＝7,000円
　　＊2　7,000円－(17,000円－11,000円)＝1,000円　または　貸借差額

例14 ━━━━━━━━━━━━━━━━━ 吸収分割の会計処理②

次の場合のB社における会社分割日の仕訳を示しなさい。

(1) B社は、会社分割により、A社よりα事業を移転され、対価として株式100株を発行した。

(2) α事業の適正な帳簿価額
    諸資産15,000円、諸負債10,000円

(3) α事業の時価
    諸資産17,000円、諸負債11,000円

(4) B社株式の時価は70円であった。

(5) 増加する払込資本はすべて資本金とする。

(6) 会社分割の結果、B社はA社の子会社となった。

例14の仕訳	(諸 資 産)	15,000	(諸 負 債)	10,000
			(資 本 金)	5,000*

　　＊　15,000円－10,000円＝5,000円

問1　吸収合併　答案用紙あり

　A社（存続会社）はB社（消滅会社）を×3年4月1日に吸収合併した。次の資料にもとづいて、パーチェス法により処理した場合（A社を取得企業とする）の合併後のA社貸借対照表を作成しなさい。

[資料1]　合併直前の両社の貸借対照表

貸　借　対　照　表
×3年3月31日　　　　　　（単位：円）

資　　産	A社	B社	負債・純資産	A社	B社
諸　資　産	300,000	200,000	諸　負　債	120,000	80,000
			資　本　金	100,000	70,000
			資 本 準 備 金	20,000	10,000
			その他資本剰余金	40,000	10,000
			利 益 準 備 金	15,000	6,000
			繰越利益剰余金	51,800	24,000
			自　己　株　式	△46,800	—
	300,000	200,000		300,000	200,000

[資料2]　合併に関する事項

(1)　B社の発行済株式総数は300株であり、B社株式1株と引き換えにA社株式1株を交付する。

(2)　交付する株式のうち120株は、A社所有の自己株式（帳簿価額1株あたり390円）を移転して交付し、残りは新株を発行して交付する。

(3)　交付したA社株式の時価は1株あたり470円である。

(4)　A社の増加する払込資本のうち2分の1ずつを資本金と資本準備金とする。

(5)　合併直前におけるB社の諸資産の時価（公正価値）は230,000円であり、諸負債の時価（公正価値）は90,000円である。

問2　株式交換

　A社は株式交換によりB社を完全子会社とした。取得企業はA社である。次の資料にもとづいて、A社の株式交換の仕訳を示しなさい。

［資　料］株式交換に関する事項

⑴　A社の発行済株式総数は50,000株、B社の発行済株式総数は12,000株である。

⑵　株式交換比率はA社：B社＝1：0.6である。

⑶　株式交換日におけるA社株式の時価は1株あたり100円である。

⑷　A社の増加する株主資本はすべて資本金とする。

問3　事業分離

　親会社P社はX事業をS社（発行済株式総数300株）に移転した。P社は当該事業分離前にS社株式を保有しておらず、当該事業分離によりP社はS社株式の70％を保有することとなり、S社はP社の子会社となった。

　次の資料にもとづいて、P社およびS社の事業分離に係る仕訳を示しなさい。

［資　料］P社およびS社の状況

⑴　P社におけるX事業の適正な帳簿価額

　　諸資産300,000円、諸負債120,000円、株主資本相当額180,000円

⑵　X事業の諸資産の時価330,000円、X事業の時価350,000円

⑶　X事業の諸負債の時価は帳簿価額と一致している。

⑷　当該事業分離により、P社はS社より株式700株（1株あたり300円）を受け取った。なお、S社では払込資本を全額資本金とする。

問1　吸収合併

合併後貸借対照表
×3年4月1日　　　　　　（単位：円）

資　　産	金　　額	負債・純資産	金　　額
諸　資　産	530,000	諸　　負　　債	210,000
の　れ　ん	1,000	資　　本　　金	147,100
		資　本　準　備　金	67,100
		その他資本剰余金	40,000
		利　益　準　備　金	15,000
		繰越利益剰余金	51,800
		自　己　株　式	—
	531,000		531,000

〈解説〉

1．合併引継仕訳

（諸　　資　　産）	230,000*1	（諸　　負　　債）	90,000*1
（の　　れ　　ん）	1,000*4	（自　己　株　式）	46,800*2
		（資　　本　　金）	47,100*3
		（資　本　準　備　金）	47,100*3

*1　諸資産、諸負債は時価で引き継ぎます。

*2　@390円（自己株式の帳簿価額）×120株＝46,800円

*3　@470円（A社株式の時価）×300株＝141,000円（増加する株主資本）
　　（141,000円－46,800円（自己株式））÷2＝47,100円

*4　貸借差額

２．合併精算表

勘定科目	合併前貸借対照表		合併引継仕訳		合併後貸借対照表	
	借方	貸方	借方	貸方	借方	貸方
諸　　資　　産	300,000		230,000		530,000	
の　　れ　　ん	—		1,000		1,000	
諸　　負　　債		120,000		90,000		210,000
資　　本　　金		100,000		47,100		147,100
資 本 準 備 金		20,000		47,100		67,100
その他資本剰余金		40,000				40,000
利 益 準 備 金		15,000				15,000
繰 越 利 益 剰 余 金		51,800				51,800
自　己　株　式	△46,800			46,800		—
	300,000	300,000	231,000	231,000	531,000	531,000

問2　株式交換

$$（B 社 株 式）\quad 720,000 \qquad （資　本　金）\quad 720,000^{*1}$$

＊1　@100円（A社株式の時価）×7,200株^{*2}＝720,000円
＊2　12,000株（B社発行済株式数）×0.6（株式交換比率）＝7,200株

問3　事業分離

P社（分離元企業）

$$（諸　負　債）\quad 120,000 \qquad （諸　資　産）\quad 300,000$$
$$（S 社 株 式）\quad 180,000$$

S社（分離先企業）

$$（諸　資　産）\quad 300,000 \qquad （諸　負　債）\quad 120,000$$
$$\qquad\qquad\qquad\qquad\qquad\qquad （資　本　金）\quad 180,000$$

〈解説〉

1．P社（分離元企業）

　事業分離により、新規に子会社となっているため、「投資の継続」になります。
　投資の継続の場合、分離元企業が受け取った株式は移転した事業の株主資本相当額（帳簿価額）で算定します。

$$（諸　負　債）\quad 120,000^{*1} （諸　資　産）\quad 300,000^{*1}$$
$$（S 社 株 式）\quad 180,000^{*2}$$

2．S社（分離先企業）

分離先企業では、逆取得に該当するため、移転する資産および負債は、原則として「移転前に付された適正な帳簿価額」により計上します。

（諸　資　産）	300,000[*1]	（諸　負　債）	120,000[*1]
		（資　本　金）	180,000[*2]

＊1　P社におけるX事業の適正な帳簿価額

＊2　P社におけるX事業の株主資本の額

CHAPTER 03

連結会計Ⅰ

◆企業グループを1つの財務諸表に！

　ある会社に子会社がある場合、親会社の財務諸表に、子会社の財務諸表を含めた企業グループ全体の情報を伝えるための財務諸表を作成します。これが連結財務諸表です。連結財務諸表は情報開示の中心にも位置づけられる重要なものであり、日商簿記1級でも頻出論点です。

　「企業グループの視点」ということをつねに意識して学習していきましょう。

▶ **1級で学習する内容**

連結会計の基礎	
2級までに学習済み →	1級で学習する内容

連結財務諸表の基礎

投資と資本の相殺消去

子会社の資産・ 負債の時価評価

支配獲得日後1年目の連結

支配獲得日後2年目以降の連結

1 連結財務諸表

Ⅰ 親会社と子会社

　株式会社では保有株式数に応じた議決権が与えられるため、おおむね50％超の株式を保有していれば、その会社の基本的事項を決定することができ、実質的には会社を支配しているといえます。

　そして、その会社を支配している株主が他の会社だった場合、支配している会社を**親会社**、支配されている会社を**子会社**といい、このような関係を**支配従属関係**といいます。

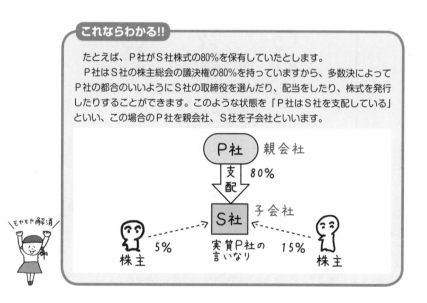

これならわかる!!

　たとえば、Ｐ社がＳ社株式の80％を保有していたとします。
　Ｐ社はＳ社の株主総会の議決権の80％を持っていますから、多数決によってＰ社の都合のいいようにＳ社の取締役を選んだり、配当をしたり、株式を発行したりすることができます。このような状態を「Ｐ社はＳ社を支配している」といい、この場合のＰ社を親会社、Ｓ社を子会社といいます。

Ⅱ 連結財務諸表の必要性

　連結財務諸表とは、支配従属関係にある２つ以上の企業からなる企業グループ全体の経営成績、財政状態、キャッシュ・フローの状況を報告するために親会社が作成する財務諸表をいいます。

　支配従属関係のある親子会社の場合、親会社は子会社の意思決定を自由

に行えるだけでなく、株主として損益の影響も受けることになります。

　そこで、企業の利害関係者に適切な情報を提供するため、両社を合わせた企業集団全体の財務情報が必要になり、このために作成するのが連結財務諸表です。

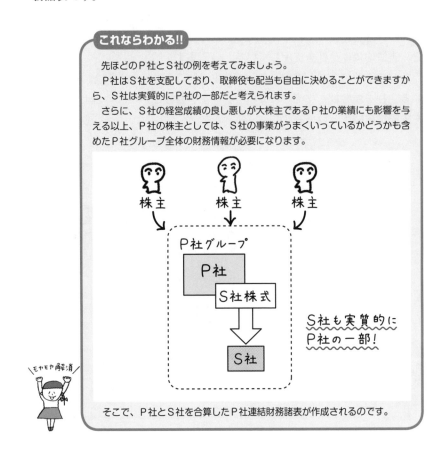

これならわかる!!

　先ほどのP社とS社の例を考えてみましょう。

　P社はS社を支配しており、取締役も配当も自由に決めることができますから、S社は実質的にP社の一部だと考えられます。

　さらに、S社の経営成績の良し悪しが大株主であるP社の業績にも影響を与える以上、P社の株主としては、S社の事業がうまくいっているかどうかも含めたP社グループ全体の財務情報が必要になります。

株主　株主　株主

P社グループ
P社
S社株式
↓
S社

S社も実質的に
P社の一部！

モヤモヤ解消

　そこで、P社とS社を合算したP社連結財務諸表が作成されるのです。

　親会社は子会社を支配する強い立場にいるため、支配従属関係を利用した利益操作を行うことが可能です。

　しかし、連結財務諸表では企業グループ内部の取引は消去されるので、連結財務諸表を作成することにより企業集団全体の実態を明らかにすることができます。

これならわかる!!

たとえば、親会社P社が売れ残っている商品を抱えていたとします。この場合、P社は親会社という強い立場を利用して子会社S社に商品を無理やり販売して利益を出すということも可能です。

しかし、P社グループ全体の視点からみれば、グループ内で商品と金銭が移動したにすぎず、この取引で売上や利益が出たとはいえません。

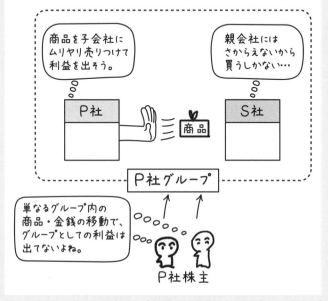

したがって、このようなグループ内の取引を相殺消去することで、グループ全体としての実態を明らかにします。

Ⅲ　親会社説と経済的単一体説

連結財務諸表の作成については、親会社説と経済的単一体説の2つの考え方があります。**親会社説**とは、連結財務諸表を主に親会社の株主の立場から作成するものとみる考え方です。**経済的単一体説**とは、連結財務諸表を親会社以外の株主である非支配株主も含めた企業集団全体の株主の立場から作成するものとみる考え方です。

ひ と こ と

　日本では、基本的に親会社説による考え方を踏まえた取扱いが定められてきましたが、必ずしも親会社説と整合する会計処理が採用されているわけではありません。
　学習する会計処理等については、親会社説と整合するものもあれば、経済的単一体説と整合するものもあります。

Ⅳ　連結の範囲

　連結財務諸表において合算の対象となる会社の範囲を**連結の範囲**といい、原則としてすべての子会社を連結財務諸表に含めなければなりません。そして、子会社に該当するかどうかは、意思決定機関を実質的に支配しているかどうかで判断します（**支配力基準**）。

　基本的には他の企業の株主総会の議決権の過半数（50％超）を所有していれば支配していると判断されますが、議決権が50％以下であっても40％以上を保有していて、かつ他の企業の取締役会の過半数を自社の役員や従業員が占めている場合など、会社の状況等に応じて実質的に支配を判断します。

ひ と こ と

　親子会社関係を実質的に判断する支配力基準に対して、議決権が過半数であるかどうかのみで判断する方法を持株基準といいます。

　なお、子会社であっても、支配が一時的であると認められる企業、連結することにより利害関係者の判断を著しく誤らせるおそれのある企業は、連結の範囲に含めません（**非連結子会社**）。

●連結の範囲

◆原則：すべての子会社

　子会社の判断基準（支配力基準）

　・他の企業の株主総会の議決権の50％超を保有している

　・他の企業の株主総会の議決権の40％以上50％以下を保有し、かつ自社の役員・従業員が他の企業の取締役会の過半数を占めている　　　　　　　　　　など

◆例外

　連結の範囲に含めない子会社（非連結子会社）

　・支配が一時的と認められる企業

　・連結することにより利害関係者の判断を著しく誤らせるおそれのある企業

V 連結財務諸表の種類

連結財務諸表には、**連結損益及び包括利益計算書**（または**連結損益計算書**および**連結包括利益計算書**）、**連結貸借対照表**、**連結キャッシュ・フロー計算書**、**連結株主資本等変動計算書**、連結附属明細表があります。

1 連結損益計算書および連結包括利益計算書（2計算書方式）

太字は連結で特徴的な項目です。

連 結 損 益 計 算 書

自×1年4月1日　至×2年3月31日		（単位：円）
Ⅰ．売　上　高		10,000
Ⅱ．売　上　原　価		6,000
売　上　総　利　益		4,000
Ⅲ．販売費及び一般管理費		
⋮	1,000	
の れ ん 償 却 額	500	1,500
営　業　利　益		2,500
Ⅳ．営　業　外　収　益		
⋮	700	
持分法による投資利益	300	1,000
Ⅴ．営　業　外　費　用		
⋮		800
経　常　利　益		2,700
Ⅵ．特　別　利　益		
負ののれん発生益	100	
段階取得に係る差益	500	600
Ⅶ．特　別　損　失		
段階取得に係る差損		200
税金等調整前当期純利益		3,100
法人税・住民税及び事業税	1,147	
法　人　税　等　調　整　額	93	1,240
当　期　純　利　益		1,860
非支配株主に帰属する当期純利益		260
親会社株主に帰属する当期純利益		1,600

連結包括利益計算書

自×1年4月1日 至×2年3月31日（単位：円）

当 期 純 利 益	1,860
その他の包括利益	
その他有価証券評価差額金	100
為 替 換 算 調 整 勘 定	40
包 括 利 益	2,000
(内訳)	
親会社株主に係る包括利益	1,730
非支配株主に係る包括利益	270

ふむふむ…

ひとこと

連結包括利益計算書の詳細についてはCHAPTER 10で説明します。

2 連結貸借対照表

連結貸借対照表

×2年3月31日 （単位：円）

資 産 の 部			負 債 の 部		
Ⅰ. 流 動 資 産		30,000	Ⅰ. 流 動 負 債		30,000
Ⅱ. 固 定 資 産			Ⅱ. 固 定 負 債		42,000
有形固定資産		40,000	負 債 合 計		72,000
無形固定資産			純 資 産 の 部		
の れ ん		4,500	Ⅰ. 株 主 資 本		
投資その他の資産		20,000	資 本 金	10,000	
Ⅲ. 繰 延 資 産		5,500	資 本 剰 余 金	3,500	
			利 益 剰 余 金	3,500	
			自 己 株 式	△1,000	16,000
			Ⅱ. その他の包括利益累計額		
			その他有価証券評価差額金	3,000	
			為替換算調整勘定	3,000	6,000
			Ⅲ. 新 株 予 約 権		2,000
			Ⅳ. 非支配株主持分		4,000
			純 資 産 合 計		28,000
資 産 合 計		100,000	負債・純資産合計		100,000

3 連結株主資本等変動計算書

連結株主資本等変動計算書
自×1年4月1日 至×2年3月31日 　　　　（単位：円）

| | 株　　主　　資　　本 | | | | |
	資　本　金	資本剰余金	利益剰余金	自己株式	株主資本合計
当 期 首 残 高	10,000	3,500	2,000	△1,000	14,500
当 期 変 動 額					
剰 余 金 の 配 当			△ 100		△ 100
親会社株主に帰属する当期純利益			1,600		1,600
株主資本以外の項目の当期変動額（純額）					
当 期 変 動 額 合 計	－	－	1,500	－	1,500
当 期 末 残 高	10,000	3,500	3,500	△1,000	16,000

下段へ続く

上段より続く

| | その他の包括利益累計額 | | | 新株予約権 | 非支配株主持　　分 | 純　資　産合　　計 |
	その他有価証券評価差額金	為替換算調整勘定	その他の包括利益累計額合計			
当 期 首 残 高	2,910	2,960	5,870	2,000	3,740	26,110
当 期 変 動 額						
剰 余 金 の 配 当						△ 100
親会社株主に帰属する当期純利益						1,600
株主資本以外の項目の当期変動額（純額）	90	40	130		260	390
当 期 変 動 額 合 計	90	40	130	－	260	1,890
当 期 末 残 高	3,000	3,000	6,000	2,000	4,000	28,000

ひとこと

連結キャッシュ・フロー計算書はCHAPTER 09で学習します。

2　連結財務諸表の作成方法

I　連結財務諸表作成の流れ

　連結財務諸表は、親会社の財務諸表と各子会社の財務諸表の数値を合算したうえで、親子会社間の取引などについて修正を加えることで作成します。この仕訳を**連結修正仕訳**といいます。

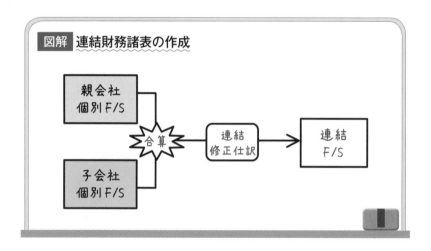

　各個別財務諸表の合算や連結修正仕訳といった一連の作成手順は、連結精算表上で行われます。
　連結精算表にはさまざまな様式がありますが、次ページに一例をあげておきます。

連 結 精 算 表

科 目	個別貸借対照表			連結修正仕訳		連結 貸借対照表
	P社	S社	合計	借方	貸方	
諸 資 産	10,000	5,000	15,000			15,000
S 社 株 式	2,400		2,400		2,400	
の れ ん				400		400
資 産 合 計	12,400	5,000	17,400	400	2,400	15,400
諸 負 債	(7,000)	(3,000)	(10,000)			(10,000)
資 本 金	(2,000)	(1,000)	(3,000)	1,000		(2,000)
資 本 剰 余 金	(1,700)	(500)	(2,200)	500		(1,700)
利 益 剰 余 金	(1,700)	(500)	(2,200)	500		(1,700)
負債・純資産合計	(12,400)	(5,000)	(17,400)	2,000		(15,400)

（　）は貸方金額を表します。

Ⅱ 連結修正仕訳の分類

　親会社と子会社の各個別財務諸表を合算した金額を、連結財務諸表上あるべき金額に修正するために**連結修正仕訳**が行われます。

　連結修正仕訳のうち、前期以前の修正に係るものを**開始仕訳**、当期分の修正に係るものを**期中仕訳**といいます。

　また、親会社の投資と子会社の資本を相殺する仕訳を**資本連結**、親子会社間の取引を相殺する仕訳を**連結会社間取引の相殺消去**といいます。

●連結修正仕訳の分類

◆連結の基本構造に係る分類

・**開始仕訳**（前期以前の修正）

・**期中仕訳**（当期に発生した修正）

◆仕訳対象に係る分類

・**資本連結**（親会社の投資と子会社の資本の相殺）

・**連結会社間取引の相殺消去**（親子会社間取引の相殺）

3 支配獲得日の連結

I 支配獲得日の連結の流れ

　会社が他の会社の株式を取得して支配を獲得することで両社はそれぞれ親会社・子会社となり、連結財務諸表を作成することになります。

　支配を獲得した日には、両社の個別財務諸表の合算に加えて、**子会社の資産・負債の時価評価**と、**投資と資本の相殺消去**を行います。

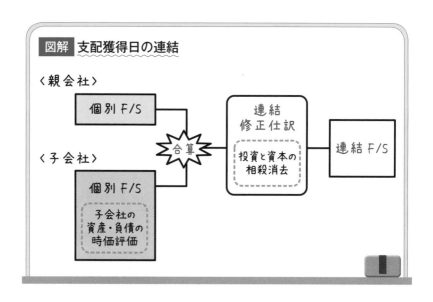

図解 支配獲得日の連結

　親会社が子会社株式を時価で取得し、親会社が子会社の支配を獲得したということは、子会社の資本（子会社の資産と負債）を時価で取得し企業グループに含まれることになった、と考えることができます。支配獲得日の連結修正仕訳を理解するうえでは、この点を意識することが非常に重要になります。

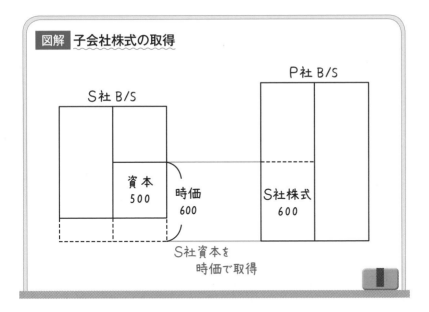

図解 子会社株式の取得

P社 B/S

S社 B/S

資本
500

時価
600

S社株式
600

S社資本を
時価で取得

ふむふむ…

ひとこと

　子会社の資本は、子会社の個別貸借対照表上の純資産の部における株主資本および評価・換算差額等と評価差額からなります。なお、評価差額については、Ⅲ子会社の資産・負債の時価評価で学習します。

Ⅱ 投資と資本の相殺消去

　会社が他の会社の株式を取得することによって支配を獲得したとき、この株式は、親会社の個別財務諸表では**子会社株式**（資産）として表示されます。一方、子会社の個別財務諸表では（自社が発行した株式なので）株主資本として表示されていますので、両社の財務諸表を単純合算すると、子会社株式（親会社が行った投資）と子会社の資本が両建てで表示されることになります。

　しかし、企業グループ全体の視点でみると、これは株式を通してグループ内で資金が移動しているだけですから、連結財務諸表を作成するにあたって相殺消去します。

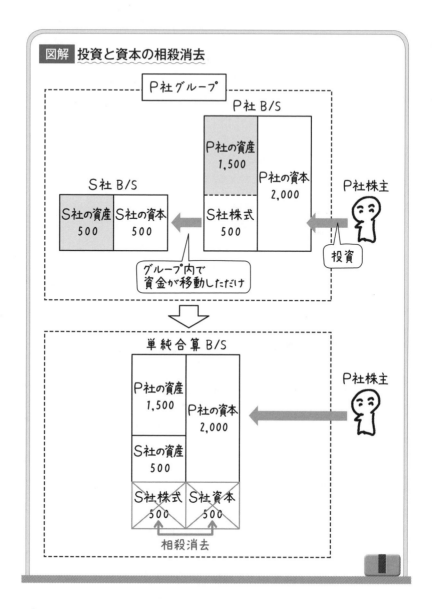

図解 投資と資本の相殺消去

P社グループ

P社 B/S

P社の資産 1,500

P社の資本 2,000

S社株式 500

P社株主

投資

S社 B/S

S社の資産 500

S社の資本 500

グループ内で資金が移動しただけ

単純合算 B/S

P社の資産 1,500

P社の資本 2,000

S社の資産 500

S社株式 500

S社資本 500

相殺消去

P社株主

1 100%子会社となる場合

　親会社が子会社のすべての株式を取得して100％子会社とした場合、支配獲得日の連結貸借対照表の純資産の部に計上される金額は、親会社の個別財務諸表の金額になります。

例1 ─────────────── 投資と資本の相殺消去（100％取得）

　3月31日　P社はS社の発行済株式の100％を500円で取得し、支配を獲得した。支配獲得日の連結修正仕訳を示しなさい。

　なお、両社の貸借対照表は以下のとおりであり、S社の資産・負債の帳簿価額と時価は一致している。

[資　料] 貸借対照表

貸　借　対　照　表　　　　　　（単位：円）

借　　方	P社	S社	貸　　方	P社	S社
現　　　　金	700	640	買　掛　金	200	600
売　掛　金	550	340	長期借入金	400	400
商　　　品	650	520	資　本　金	800	200
S 社 株 式	500	—	利益剰余金	1,000	300
	2,400	1,500		2,400	1,500

例1の仕訳

（資　本　金）	200	（S 社 株 式）	500
（利益剰余金）	300		

連結貸借対照表　　（単位：円）

現　　　金	1,340	買　掛　金	800
売　掛　金	890	長期借入金	800
商　　　品	1,170	資　本　金	800
		利益剰余金	1,000
	3,400		3,400

単純合算B/S

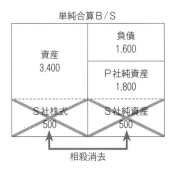

2 部分所有となる場合

親会社が子会社の株式の100％を保有していない場合において、親会社以外の子会社株主のことを、**非支配株主**といいます。

この場合でも支配従属関係はあるので、100％を保有していた場合と同様に投資と資本の相殺消去仕訳を行いますが、子会社の株式の一部を非支配株主が保有しているため、親会社の保有している子会社株式だけでは子会社の資本をすべて相殺できません。

そこで、子会社の純資産のうち非支配株主の株式保有割合にあたる部分については、**非支配株主持分**（純資産）に振り替えます。

ひとこと

非支配株主持分は、「子会社の純資産のうち、非支配株主に帰属する部分」を表す勘定科目です。

非支配株主持分は、子会社の純資産の合計額に非支配株主の株式保有割合（非支配株主持分割合）を掛けることで求めます。

図解 非支配株主持分

子会社の純資産

資本金 200円

利益剰余金 300円

親会社分（70%）
→ 投資と相殺
500円×70%=350円

非支配株主分（30%）
→ 非支配株主持分に振替え
500円×30%=150円

▶ 例2 ─────────────────── 投資と資本の相殺消去（部分所有）

　3月31日　P社はS社の発行済株式の70％を350円で取得し、支配を獲得した。支配獲得日の連結修正仕訳を示しなさい。

　なお、両社の貸借対照表は以下のとおりであり、S社の資産・負債の帳簿価額と時価は一致している。

［資　料］貸借対照表

貸　借　対　照　表　　　　　　（単位：円）

借　　方	P社	S社	貸　　方	P社	S社
諸　資　産	1,900	1,500	諸　負　債	400	1,000
S　社　株　式	350	—	資　本　金	800	200
			利 益 剰 余 金	1,050	300
	2,250	1,500		2,250	1,500

例2の仕訳
（資　本　金）	200	（S　社　株　式）	350
（利 益 剰 余 金）	300	（非支配株主持分）	150*

　＊　非支配株主持分割合：100％－70％＝30％
　　　子 会 社 純 資 産：200円＋300円＝500円
　　　500円×30％＝150円

連 結 貸 借 対 照 表　　（単位：円）

諸　資　産	3,400	諸　負　債	1,400
		資　本　金	800
		利 益 剰 余 金	1,050
		非支配株主持分	150
	3,400		3,400

単純合算B/S

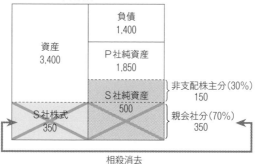

3 **投資消去差額が生じる場合**

　親会社の投資（S社株式）の金額と子会社の純資産（S社純資産）のうち、親会社に帰属する部分の金額が異なることにより、投資と資本の相殺消去で差額が生じることがあります。

　この差額を**投資消去差額**といい、借方に生じた場合は**のれん**（無形固定資産）、貸方に生じた場合は**負ののれん発生益**（特別利益）として処理します。

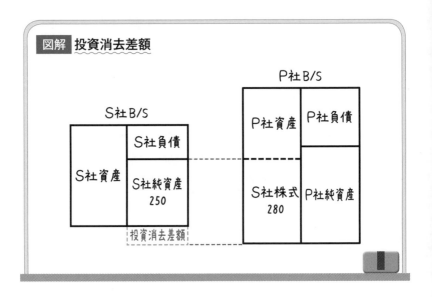

図解 投資消去差額

▶例3 ——————————————— **投資と資本の相殺消去（投資消去差額）**

3月31日　P社はS社の発行済株式の70%を400円で取得し、支配を獲得した。支配獲得日の連結修正仕訳を示しなさい。

なお、両社の貸借対照表は以下のとおりであり、S社の資産・負債の帳簿価額と時価は一致している。

[資　料] 貸借対照表

貸 借 対 照 表　　　　　　　（単位：円）

借　　方	P社	S社	貸　　方	P社	S社
諸　資　産	1,900	1,500	諸　負　債	400	1,000
S 社 株 式	400	—	資　本　金	800	200
			利 益 剰 余 金	1,100	300
	2,300	1,500		2,300	1,500

例3の仕訳

（資　本　金）	200	（S 社 株 式）	400
（利 益 剰 余 金）	300	（非支配株主持分）	150*1
（の　れ　ん）	50*2		

* 1　非支配株主持分割合：100%−70%＝30%
　　子 会 社 純 資 産：200円＋300円＝500円
　　500円×30%＝150円
* 2　500円×70%＝350円（子会社株式と相殺消去する子会社の資本）
　　400円−350円＝50円

連 結 貸 借 対 照 表　　　（単位：円）

諸　資　産	3,400	諸　負　債	1,400
の　れ　ん	50	資　本　金	800
		利 益 剰 余 金	1,100
		非支配株主持分	150
	3,450		3,450

単純合算B/S

　投資と資本の相殺消去の本質は、投資をそれに対応する具体的な形（子会社の資産・負債など）に置き換えることにあるといわれています。

　親会社の個別貸借対照表と連結貸借対照表を比較してみましょう。

〈親会社(P社)の個別貸借対照表〉

P社の資産	P社の負債
(P社)現金預金	(P社)支払手形
(P社)売 掛 金	(P社)買 掛 金
⋮	⋮
⋮	(P社)資 本 金
S 社 株 式	(P社)利益剰余金

〈子会社(S社)の個別貸借対照表〉

S社の資産	S社の負債
(S社)現金預金	(S社)支払手形
(S社)売 掛 金	(S社)買 掛 金
⋮	
⋮	(S社)資 本 金
	(S社)利益剰余金

①個別財務諸表の合算
②投資と資本の相殺消去

合算 B/S

P社の資産 ／ P社の負債 ／ P社の資本 （P社個別貸借対照表）
S社株式
S社の資産 ／ S社の負債 ／ S社資本 500 （S社個別貸借対照表）

〈連結貸借対照表〉

企業グループの資産	企業グループの負債
(P社) 現 金 預 金 (P社) 売 掛 金 ⋮	(P社) 支 払 手 形 (P社) 買 掛 金 ⋮
(S社) 現 金 預 金 (S社) 売 掛 金 ⋮ ⋮	(S社) 支 払 手 形 (S社) 買 掛 金
	(P社) 資 本 金 (P社) 利 益 剰 余 金
の れ ん	非 支 配 株 主 持 分

モヤモヤ解消

> 親会社と子会社の個別貸借対照表を合算し、投資と資本の相殺消去を行った結果、投資（子会社株式）がそれに対応する具体的な形（子会社の資産・負債など）に置き換えられていることがわかります。

Ⅲ 子会社の資産・負債の時価評価

　子会社の保有している資産は、取得原価主義にもとづく帳簿価額で計上されていますが、子会社の保有している資産を企業グループの視点でみると支配獲得日に新たに外部から取得した資産といえます。

　通常の取引で資産を外部から取得した場合、取得価額は当然取得時の時価となりますから、連結でも同様に子会社の資産・負債を支配獲得日の時価に評価替えする必要があります（**全面時価評価法**）。

これならわかる!!

　P社がS社の株式を取得して子会社とした場合を考えてみましょう。

　S社の個別財務諸表上の土地の帳簿価額は500円ですが、この土地の時価は600円であり、含み益が100円ありました。

　P社グループの視点で考えると、支配獲得日に土地を時価600円で取得したと考えることができます。元の持ち主の帳簿価額がいくらであったかは関係ありません。

　また、P社はS社株式を通してこの土地を取得したわけですが、S社株式の取得価額（取得時の時価）には土地の含み益が反映されていると考えられます。

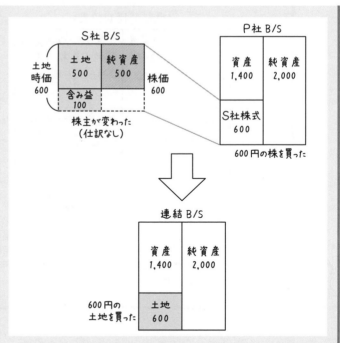

つまり、S社の持っていた土地は、連結上は600円であるべきなのです。

しかし、S社の個別財務諸表上は500円で計上されているので、連結財務諸表上で時価の600円に評価替えするのです。

1 税効果会計を無視した場合

　子会社株式の取得価額には、資産・負債の時価が反映されています。一方、子会社株式は子会社にとってみれば資本ですから、評価差額は連結上子会社の資本として処理します。

▼ **例4 ━━━━━━━━ 子会社の資産・負債の時価評価（税効果なし）**

　3月31日　P社はS社の発行済株式の70%を450円で取得し、支配を獲得した。支配獲得日の連結修正仕訳を示しなさい。

　なお、両社の貸借対照表は以下のとおりであり、S社の土地の時価は800円である。

[資 料] 貸借対照表

貸 借 対 照 表　　　　　　　（単位：円）

借　　方	P社	S社	貸　　方	P社	S社
現　　　　金	600	320	買　掛　金	100	350
売　掛　金	300	280	長期借入金	350	650
商　　　品	250	200	資　本　金	800	200
土　　　地	750	700	利益剰余金	1,100	300
S 社 株 式	450	—			
	2,350	1,500		2,350	1,500

例4の仕訳　資産・負債の時価評価の仕訳

(土　　　　地)	100*1	(評　価　差　額)	100

投資と資本の相殺消去の仕訳

(資　　本　　金)	200	(S　社　株　式)	450
(利 益 剰 余 金)	300	(非支配株主持分)	180*2
(評　価　差　額)	100		
(の　　れ　　ん)	30*3		

* 1　800円（時価）－700円（簿価）＝100円
* 2　非支配株主持分割合：100%－70%＝30%
　　　子 会 社 純 資 産：200円＋300円＋100円＝600円
　　　600円×30%＝180円
* 3　600円×70%＝420円（S社株式と相殺消去する子会社の資本）
　　　450円－420円＝30円

連 結 貸 借 対 照 表　　　（単位：円）

現　　　金	920	買　掛　金	450
売　掛　金	580	長期借入金	1,000
商　　　品	450	資　本　金	800
土　　　地	1,550	利益剰余金	1,100
の　れ　ん	30	非支配株主持分	180
	3,530		3,530

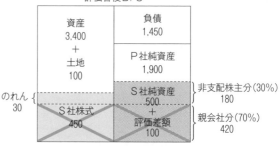

評価替後B/S

2 税効果会計を考慮した場合

　子会社の資産・負債を評価替えすることによって税務上の資産・負債との間に一時差異が生じますので、評価差額に対して税効果会計を適用します。

ひ と こ と

　子会社のその他有価証券評価差額金についても、評価差額と同様に連結上子会社の資本として処理します。

例5 ━━━━━━ 子会社の資産・負債の時価評価（税効果あり）

　3月31日　P社はS社の発行済株式の70%を450円で取得し、支配を獲得した。支配獲得日の連結修正仕訳を示しなさい。

　なお、両社の貸借対照表は以下のとおりであり、S社の土地の時価は800円である。評価差額に対しては税効果会計（税率40%）を適用する。

[資　料] 貸借対照表

貸 借 対 照 表　　　　　　　（単位：円）

借　　方	P社	S社	貸　　方	P社	S社
現　　　　金	600	320	買　掛　金	100	350
売　掛　金	300	280	長 期 借 入 金	350	650
商　　　品	250	200	資　本　金	800	200
土　　　地	750	700	利 益 剰 余 金	1,100	300
S 社 株 式	450	—			
	2,350	1,500		2,350	1,500

例5の仕訳　資産・負債の時価評価の仕訳

（土　　　　地）	100[*1]	（評 価 差 額）	60[*2]
		（繰 延 税 金 負 債）	40[*3]

投資と資本の相殺消去の仕訳

（資　本　金）	200	（S 社 株 式）	450
（利 益 剰 余 金）	300	（非支配株主持分）	168[*4]
（評 価 差 額）	60		
（の　れ　ん）	58[*5]		

* 1　800円（時価）−700円（簿価）＝100円
* 2　100円×（100%−40%）＝60円
* 3　100円×40%＝40円
* 4　非支配株主持分割合：100%−70%＝30%
　　子 会 社 純 資 産：200円+300円+60円＝560円
　　560円×30%＝168円
* 5　560円×70%＝392円（S社株式と相殺消去する子会社の資本）
　　450円−392円＝58円

連結貸借対照表　　　（単位：円）

現　　　　金	920	買　　掛　　金	450
売　　掛　　金	580	長 期 借 入 金	1,000
商　　　　品	450	繰延税金負債	40
土　　　　地	1,550	資　　本　　金	800
の　れ　ん	58	利 益 剰 余 金	1,100
		非支配株主持分	168
	3,558		3,558

評価替後B／S

4　支配獲得日後１年目の連結

Ⅰ　支配獲得日後の連結

　支配獲得日時点では貸借対照表のみを合算（連結）しましたが、支配獲得日以降は**損益計算書**や**株主資本等変動計算書**も連結する必要があります。

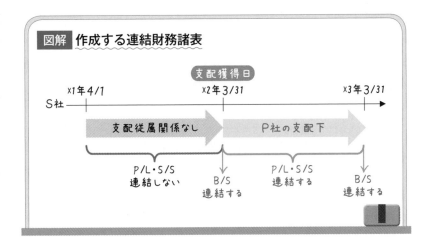

図解 作成する連結財務諸表

II 開始仕訳

　連結財務諸表は、毎期末に各社の当期の個別財務諸表を合算して新たに作成しますが、当期の個別財務諸表には前期までに行った連結修正仕訳が反映されていません。

　そこで、前期までに行った連結修正仕訳を当期にもう一度行う必要があります。これを**開始仕訳**といいます。

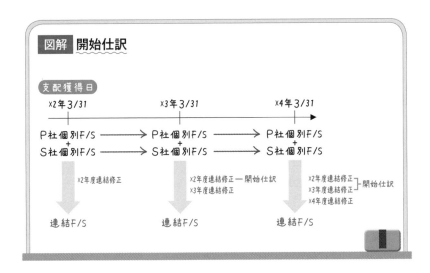

図解 開始仕訳

開始仕訳では、支配獲得日から前期までに行った仕訳を再度行います。ただし、資本金や利益剰余金といった純資産項目については、勘定科目の後ろに「当期首残高」をつけて、**資本金当期首残高、利益剰余金当期首残高**のように、連結株主資本等変動計算書の勘定科目で仕訳をします。

▶ **例6** ————————————————————————— **開始仕訳**

×1年3月31日　P社はS社の発行済株式の100%を600円で取得し、支配を獲得した。

×2年3月31日に行われる開始仕訳を示しなさい。

なお、×1年3月31日のS社の貸借対照表は以下のとおりであり、S社の諸資産の時価は1,600円であった。評価差額に対しては税効果会計（税率40%）を適用する。

[資　料] S社貸借対照表

貸 借 対 照 表

×1年3月31日　　　　　（単位：円）

諸　　資　　産	1,500	諸　　負　　債	1,000
		資　　本　　金	200
		利 益 剰 余 金	300
	1,500		1,500

例6の仕訳　資産・負債の時価評価の仕訳

（諸　　資　　産）	100*¹	（評　価　差　額）	60*²
		（繰 延 税 金 負 債）	40*³

投資と資本の相殺消去の仕訳

（資本金当期首残高）	200	（S　社　株　式）	600
（利益剰余金当期首残高）	300		
（評　価　差　額）	60		
（の　　れ　　ん）	40*⁴		

＊1　1,600円（時価）－1,500円（簿価）＝100円
＊2　100円×（100%－40%）＝60円
＊3　100円×40%＝40円
＊4　600円－（200円＋300円＋60円）×100%＝40円

ひ と こ と

支配獲得日の翌期以降は株主資本等変動計算書も連結します。そのため、連結修正仕訳で純資産項目が変動する場合、連結株主資本等変動計算書の勘定科目で処理します。

Ⅲ のれんの償却

投資と資本の相殺消去によってのれん（借方の投資消去差額）が生じた場合、原則として20年以内に定額法等の方法で償却します。

▼ **例7** ━━━━━━━━━━━━━━━━━━━━ **のれんの償却**

×1年３月31日　Ｐ社はＳ社の発行済株式の70％を600円で取得し、支配を獲得した。支配獲得日にのれん40円が生じている。

×2年３月31日の連結修正仕訳におけるのれん償却の仕訳を示しなさい。なお、のれんは発生年度の翌年から10年間で均等額を償却する。

例7の仕訳　（のれん償却額）　　　4* （の　れ　ん）　　　4
　　　＊　40円÷10年＝4円

Ⅳ 子会社の当期純損益の振替え

1 子会社の当期純損益の振替え

連結損益計算書では、当期純利益から非支配株主に帰属する部分を控除して**親会社株主に帰属する当期純利益**を表示します。

ここで、子会社の当期純利益（子会社株式の利益剰余金の変動要因）のうち、連結損益計算書に計上される親会社株主に帰属する当期純利益の金額は、親会社株主持分のみです。

したがって、子会社の当期純利益のうち非支配株主に帰属する部分は非支配株主持分に振り替えます。なお、仕訳上は**非支配株主持分当期変動額**として処理し、相手勘定は**非支配株主に帰属する当期純損益**とします。

2 非支配株主に帰属する当期純損益の損益計算書上の表示

　非支配株主に帰属する当期純損益は、借方の金額と貸方の金額を相殺して、連結損益計算書に計上します。

　なお、非支配株主に帰属する当期純損益が借方残高の場合、連結損益計算書上は非支配株主に帰属する当期純利益として表示し、当期純利益から減額します。

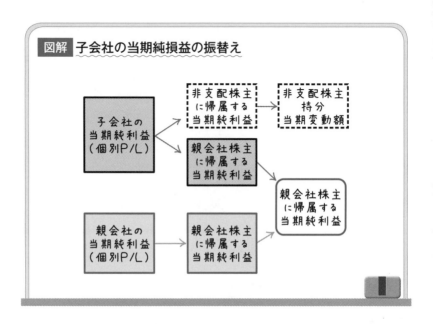

図解　子会社の当期純損益の振替え

ひとこと

　連結財務諸表の当期純利益には、非支配株主に帰属する部分も含められます。しかし、親会社株主の視点も重視されるので、2計算書方式の場合は、当期純利益に、非支配株主に帰属する当期純損益を加減して親会社株主に帰属する当期純利益を表示し、1計算書方式の場合は、当期純利益の直後に、親会社株主に帰属する当期純利益と非支配株主に帰属する当期純利益を付記します。

例8 ━━━━━━━━━━━━━━━━━ 子会社の当期純損益の振替え

　×1年3月31日　P社はS社の発行済株式の70%を600円で取得し、支配を獲得した。

　×2年3月期のS社の当期純利益は100円であった。×2年3月31日の連結修正仕訳におけるS社の当期純利益を振り替える仕訳を示しなさい。

例8の仕訳	（非支配株主に帰属する当期純損益）	30*	（非支配株主持分当期変動額）	30

　　　　　　　* 　100円×（100%－70%）＝30円

Ⅴ 子会社の配当金の修正

　子会社が配当金を支払った場合、親会社は子会社から配当金を受け取りますが、子会社から親会社への配当の支払いは企業グループの内部取引なので、連結修正仕訳で相殺消去する必要があります。

　なお、利益剰余金は純資産項目であるため、連結株主資本等変動計算書にしたがい、**剰余金の配当**という勘定科目で処理します。また、非支配株主がいる場合は非支配株主持分の減少として処理します。

例9 ━━━━━━━━━━━━━━━━━━━ 子会社の配当金の修正

　P社はS社の発行済株式の70%を保有し、S社を支配している。

　S社は当期中に50円の配当を行っている。×2年3月31日の連結修正仕訳における配当金の修正の仕訳を示しなさい。

例9の仕訳	（受 取 配 当 金）	35*¹	（剰 余 金 の 配 当）	50
	（非支配株主持分当期変動額）	15*²		

　　　　　＊1　50円×70%＝35円（P社が個別上計上しているS社からの受取配当金）
　　　　　＊2　50円×（100%－70%）＝15円

次の資料にもとづいて、×2年３月31日の連結修正仕訳と、連結貸借対照表、連結損益計算書、連結株主資本等変動計算書を示しなさい。

［資　料］

(1) ×1年３月31日　Ｐ社はＳ社の発行済株式の70％を500円で取得し、支配を獲得した。

(2) 支配獲得日のＳ社の貸借対照表項目の金額は、諸資産1,500円、諸負債1,000円、資本金200円、利益剰余金300円である。

(3) 支配獲得日のＳ社諸資産の時価は1,600円であった。評価差額に対しては税効果会計（税率40％）を適用する。

(4) Ｓ社は×1年６月30日に30円の配当を行っている。

(5) のれんは発生年度の翌年から償却期間９年の定額法により償却する。

貸　借　対　照　表
×2年３月31日　　　　　　　　　（単位：円）

借　　方	Ｐ社	Ｓ社	貸　　方	Ｐ社	Ｓ社
諸　資　産	2,500	1,700	諸　負　債	600	1,110
Ｓ社株式	500	―	資　本　金	800	200
			利益剰余金	1,600	390
	3,000	1,700		3,000	1,700

損　益　計　算　書
自×1年４月１日　至×2年３月31日　　　　（単位：円）

借　　方	Ｐ社	Ｓ社	貸　　方	Ｐ社	Ｓ社
諸　費　用	1,250	500	諸　収　益	1,950	700
法　人　税　等	300	80	受取配当金	50	0
当期純利益	450	120			
	2,000	700		2,000	700

株主資本等変動計算書		
Ｐ社 自×1年４月１日 至×2年３月31日		
資　本　金	当期首残高	800円
	当期末残高	800円
利益剰余金	当期首残高	1,150円
	当期変動額	
	当期純利益	450円
	当期末残高	1,600円

株主資本等変動計算書		
Ｓ社 自×1年４月１日 至×2年３月31日		
資　本　金	当期首残高	200円
	当期末残高	200円
利益剰余金	当期首残高	300円
	当期変動額	
	剰余金の配当	△30円
	当期純利益	120円
	当期末残高	390円

例10の解答　開始仕訳

① 資産・負債の時価評価の仕訳

（諸　　資　　産）	100*1	（評　価　差　額）	60*2
		（繰 延 税 金 負 債）	40*3

② 投資と資本の相殺消去の仕訳

（資本金当期首残高）	200	（S　社　株　式）	500
（利益剰余金当期首残高）	300	（非支配株主持分当期首残高）	168*4
（評　価　差　額）	60		
（の　　れ　　ん）	108*5		

のれんの償却

（のれん償却額）	12*6	（の　　れ　　ん）	12

子会社の当期純損益の振替え

（非支配株主に帰属する当期純損益）	36*7	（非支配株主持分当期変動額）	36

子会社の配当金の修正

（受 取 配 当 金）	21*8	（剰 余 金 の 配 当）	30
（非支配株主持分当期変動額）	9*9		

* 1　1,600円(時価)－1,500円(簿価)＝100円
* 2　100円×(100％－40％)＝60円
* 3　100円×40％＝40円
* 4　非支配株主持分割合：100％－70％＝30％
　　　子 会 社 純 資 産：200円＋300円＋60円＝560円
　　　560円×30％＝168円
* 5　560円×70％＝392円(子会社株式と相殺消去する子会社の資本)
　　　500円－392円＝108円
* 6　108円÷9年＝12円
* 7　120円×(100％－70％)＝36円
* 8　30円×70％＝21円
* 9　30円×(100％－70％)＝9円

連結貸借対照表

×2年3月31日　　（単位：円）

諸　資　産	4,300	諸　負　債	1,710
の　れ　ん	96	繰延税金負債	40
		資　本　金	800
		利益剰余金	1,651
		非支配株主持分	195
	4,396		4,396

連結損益計算書

自×1年4月1日　至×2年3月31日（単位：円）

諸　費　用	1,750	諸　収　益	2,650
のれん償却額	12	受取配当金	29
法　人　税　等	380		
非支配株主に帰属する当期純利益	36		
親会社株主に帰属する当期純利益	501		
	2,679		2,679

連結株主資本等変動計算書

自×1年4月1日　至×2年3月31日（単位：円）

株主資本
　資本金
　　当期首残高　　　　　　　　　　　　　　800
　　当期末残高　　　　　　　　　　　　　　800
　利益剰余金
　　当期首残高　　　　　　　　　　　　　1,150
　　当期変動額
　　　剰余金の配当　　　　　　　　　　　　　0
　　　親会社株主に帰属する当期純利益　　　501
　　当期末残高　　　　　　　　　　　　　1,651
非支配株主持分
　　当期首残高　　　　　　　　　　　　　　168
　　当期変動額　　　　　　　　　　　　　　 27
　　当期末残高　　　　　　　　　　　　　　195

5 支配獲得日後２年目以降の連結

I ２年目以降の開始仕訳

　支配獲得日後２年目以降になっても、１年目と同じように、前年以前に行った連結修正仕訳を開始仕訳として再び行います。

　この場合も１年目と同様に、純資産項目は「当期首残高」という連結株主資本等変動計算書の勘定科目を用います。また、前期以前に計上した損益項目（のれん償却額など）についても**利益剰余金当期首残高**で処理します。

> **ひとこと**
>
>
> 　前期以前の損益項目は、その期の損益計算書の当期純利益を通して利益剰余金を変動させますが、当期の連結損益計算書には当然反映しません。したがって、ほかの純資産項目が変動したときと同様に、利益剰余金当期首残高の変動として取り扱います。

▌例11 ————————————— **支配獲得日後２年目の開始仕訳**

　Ｐ社は前々期末（×1年３月31日）にＳ社の発行済株式の70％を500円で取得し、支配を獲得した。

　Ｓ社の前期の当期純利益は120円である。また、Ｓ社は前期に30円の配当を行っている。

　×3年３月31日に行われる開始仕訳を示しなさい。

　なお、×1年３月31日のＳ社の貸借対照表は次のとおりであり、Ｓ社の諸資産の時価は1,600円であった。評価差額に対しては税効果会計（税率40％）を適用し、のれんは発生年度の翌年から９年間で均等に償却する。

［資　料］Ｓ社貸借対照表

貸 借 対 照 表
×1年３月31日　　　　（単位：円）

諸　資　産	1,500	諸　負　債	1,000
		資　本　金	200
		利 益 剰 余 金	300
	1,500		1,500

例11の仕訳　資産・負債の時価評価の仕訳

（諸　資　産）	100	（評　価　差　額）	60
		（繰延税金負債）	40

投資と資本の相殺消去の仕訳

（資本金当期首残高）	200	（S　社　株　式）	500
（利益剰余金当期首残高）	300	（非支配株主持分当期首残高）	168
（評　価　差　額）	60		
（の　　れ　　ん）	108		

のれんの償却

（利益剰余金当期首残高）	12	（の　　れ　　ん）	12

子会社の当期純損益の振替え

（利益剰余金当期首残高）	36	（非支配株主持分当期首残高）	36

子会社の配当金の修正

（利益剰余金当期首残高）	21	（利益剰余金当期首残高）	30
（非支配株主持分当期首残高）	9		

ひ と こ と

例10と例11は同じ数値を使っています。
支配獲得日後1年目と2年目で、どこが○○当期首残高に変わるかを比較して確認しましょう。

Ⅱ タイムテーブルを使った解き方

　本来、支配獲得日後2年目以降の連結財務諸表作成の際には、前期以前のすべての仕訳を開始仕訳として行いますが、すべての年の仕訳をし、そこから開始仕訳をするとなると時間がかかるうえに、計算量も多くなります。

　そこで、ある程度連結会計に慣れて理解が深まったら、一つ一つの仕訳を行わずにタイムテーブルから開始仕訳を行ったり、直接財務諸表項目を算定することもできます。

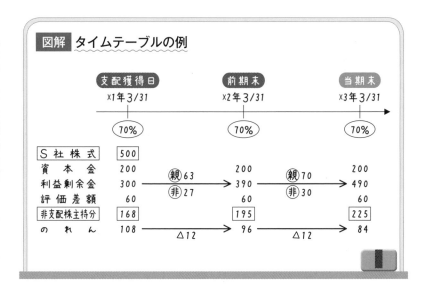

図解 タイムテーブルの例

例題を使って、タイムテーブルの作り方をみていきましょう。

▎例12 ━━━━━━━━━ タイムテーブルを使った解き方

　P社は前々期末（×1年3月31日）にS社の発行済株式の70%を500円で取得し、支配を獲得した。

　支配獲得日後のS社の当期純利益は、前期120円、当期150円である。また、S社は前期に30円、当期に50円の配当を行っている。

　×3年3月31日に行われる連結修正仕訳を示しなさい。

　なお、×1年3月31日のS社の貸借対照表は以下のとおりであり、S社の諸資産の時価は1,600円であった。評価差額に対しては税効果会計（税率40%）を適用し、のれんは発生年度の翌年から9年間で均等に償却する。

［資　料］S社貸借対照表

貸　借　対　照　表
×1年3月31日　　　（単位：円）

諸　資　産	1,500	諸　負　債	1,000
		資　本　金	200
		利益剰余金	300
	1,500		1,500

❶ 支配獲得日の状況を記入する

まず、タイムテーブルに支配獲得日の日付と親会社（P社）の取得割合、親会社の所有する子会社株式の帳簿価額、子会社（S社）の純資産項目（評価差額を含む）を記入します。

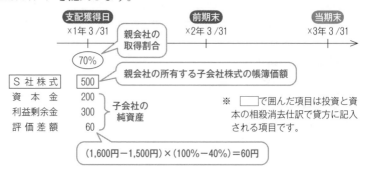

❷ 支配獲得日の非支配株主持分を計算する

❶で記入した子会社の純資産額を合計して、非支配株主持分割合を掛けることで、非支配株主持分を求めます。

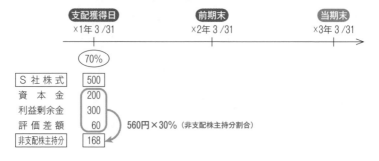

102

❸ 支配獲得日ののれんを算定する

タイムテーブル上の借方と貸方の差額で、のれんを算定します。

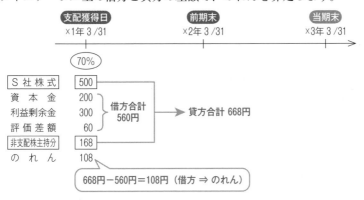

❹ 前期末の状況を記入する

支配獲得日と同じように、前期末の状況も記入します。純資産項目は問題に与えられていればそのまま使います。与えられていなければ、期中の増減から計算します。純資産項目は、当期純利益・配当・のれんの償却などにより増減します。

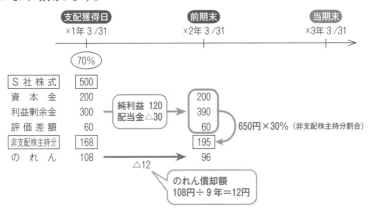

❺ 利益剰余金の増減額を記入する

利益剰余金の変動額のうち、非支配株主持分に振り替える額を記入します。

ここでは、子会社の当期純損益の振替えと子会社の配当金の修正の仕訳による非支配株主持分の増減を記入します。

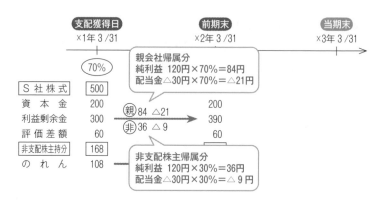

❻ 開始仕訳を行う

ここまでに作ったタイムテーブルをもとに、当期（×3年3月31日）の開始仕訳を行います。

開始仕訳は、タイムテーブル上の支配獲得日の数値と、前期中の利益剰余金の非支配株主持分への振替え、のれんの償却などの合計となります。

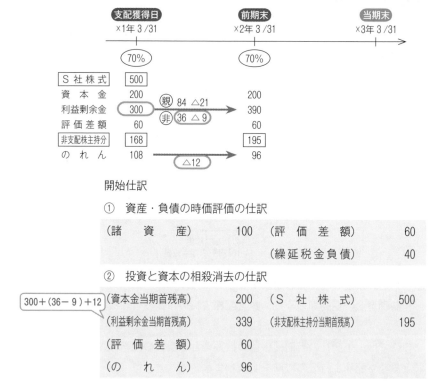

開始仕訳

① 資産・負債の時価評価の仕訳

（諸　資　産）	100	（評　価　差　額）	60
		（繰延税金負債）	40

② 投資と資本の相殺消去の仕訳

（資本金当期首残高）	200	（S　社　株　式）	500
（利益剰余金当期首残高）	339	（非支配株主持分当期首残高）	195
（評　価　差　額）	60		
（の　れ　ん）	96		

$300+(36-9)+12$

104

❼ 当期の状況を記入し、期中仕訳を行う

　当期中の子会社の当期純損益・子会社の配当金の修正・のれんの償却について計算し、当期末の子会社の純資産を記入します。

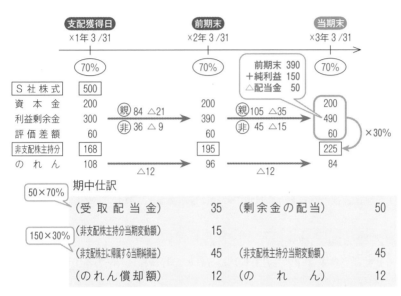

これで**例12**の連結修正仕訳とタイムテーブルがすべて完成しました。タイムテーブル上の数値には個々の仕訳の結果が反映されていて、各期の状況が見やすく整理されています。タイムテーブルを作成することによって、連結修正仕訳も作りやすくなり、ミスも大幅に減らすことができます。

ひとこと

　連結の問題でこれらの項目について問われた場合、仕訳を行わずにタイムテーブルのみを作成し、非支配株主持分やのれんを直接計算して解答するのも試験では有効な方法です。ただし、ここまでの一連の資本連結に慣れて、感覚的に理解できるようになるまでは仕訳とタイムテーブルの両方を作ることをおすすめします。

　理解が進んできた場合には、自分なりに使いやすいように書込みを増やしたり、数値を省略したりしてもよいでしょう。

ふむふむ…

問１　資本連結（100%取得）　答案用紙あり

　P社は当期末（×4年３月31日）にS社の発行済株式の100％を1,400円で取得し、支配を獲得した。

　次の資料にもとづいて、×4年３月31日の連結貸借対照表を作成しなさい。

貸 借 対 照 表
×4年３月31日　　　　　　（単位：円）

借　　方	P社	S社	貸　　方	P社	S社
諸　資　産	9,800	2,400	諸　負　債	6,500	1,000
S 社 株 式	1,400	—	資　本　金	3,000	800
			利 益 剰 余 金	1,700	600
	11,200	2,400		11,200	2,400

　なお、S社の諸資産と諸負債の時価は帳簿価額と一致している。

問２　資本連結（部分所有）　答案用紙あり

　P社は当期末（×4年３月31日）にS社の発行済株式の65％を910円で取得し、支配を獲得した。

　次の資料にもとづいて、×4年３月31日の連結貸借対照表を作成しなさい。

貸 借 対 照 表
×4年３月31日　　　　　　（単位：円）

借　　方	P社	S社	貸　　方	P社	S社
諸　資　産	9,800	2,400	諸　負　債	6,500	1,000
S 社 株 式	910	—	資　本　金	3,000	800
			利 益 剰 余 金	1,210	600
	10,710	2,400		10,710	2,400

　なお、S社の諸資産と諸負債の時価は帳簿価額と一致している。

問3 資本連結（のれん） 答案用紙あり

P社は当期末（×4年3月31日）にS社の発行済株式の65％を1,100円で取得し、支配を獲得した。

次の資料にもとづいて、×4年3月31日の連結貸借対照表を作成しなさい。

貸 借 対 照 表
×4年3月31日 （単位：円）

借 方	P社	S社	貸 方	P社	S社
諸 資 産	9,800	2,400	諸 負 債	6,500	1,000
S 社 株 式	1,100	—	資 本 金	3,000	800
			利 益 剰 余 金	1,400	600
	10,900	2,400		10,900	2,400

なお、S社の諸資産と諸負債の時価は帳簿価額と一致している。

問4 資本連結（資産・負債の時価評価） 答案用紙あり

P社は当期末（×4年3月31日）にS社の発行済株式の65％を1,125円で取得し、支配を獲得した。

次の資料にもとづいて、×4年3月31日の連結貸借対照表を作成しなさい。

貸 借 対 照 表
×4年3月31日 （単位：円）

借 方	P社	S社	貸 方	P社	S社
諸 資 産	9,800	2,400	諸 負 債	6,525	1,000
S 社 株 式	1,125	—	資 本 金	3,000	800
			利 益 剰 余 金	1,400	600
	10,925	2,400		10,925	2,400

なお、S社の諸資産の時価は2,500円であった。諸負債の時価は帳簿価額と一致している（ただし、税効果は考慮しないものとする）。

33ち

問5　資本連結（税効果あり）　答案用紙あり

P社は当期末（×4年3月31日）にS社の発行済株式の65％を1,125円で取得し、支配を獲得した。

次の資料にもとづいて、×4年3月31日の連結貸借対照表を作成しなさい。

貸 借 対 照 表
×4年3月31日　　　　（単位：円）

借　　方	P社	S社	貸　　方	P社	S社
諸　資　産	9,800	2,400	諸　負　債	6,525	1,000
S 社 株 式	1,125	—	資　本　金	3,000	800
			利 益 剰 余 金	1,400	600
	10,925	2,400		10,925	2,400

なお、S社の諸資産の時価は2,500円であった。諸負債の時価は帳簿価額と一致している。諸資産の評価差額には税効果会計（税率40％）を適用すること。

問6　資本連結（支配獲得日後1年目）　答案用紙あり

P社は前期末（×4年3月31日）にS社の発行済株式の65％を1,125円で取得し、支配を獲得した。

次の資料にもとづいて、当期の連結財務諸表を作成しなさい。

なお、S社の資産・負債の評価差額には税効果会計（税率40％）を適用すること。

［資料1］支配獲得日の個別貸借対照表

貸 借 対 照 表
×4年3月31日　　　　（単位：円）

借　　方	P社	S社	貸　　方	P社	S社
諸　資　産	9,800	2,400	諸　負　債	6,525	1,000
S 社 株 式	1,125	—	資　本　金	3,000	800
			利 益 剰 余 金	1,400	600
	10,925	2,400		10,925	2,400

なお、S社の諸資産の時価は2,500円であった。諸負債の時価は帳簿価額と一致している。

[資料2] 当期の個別財務諸表

損 益 計 算 書
自×4年4月1日 至×5年3月31日　　(単位：円)

借　方	P社	S社	貸　方	P社	S社
諸　費　用	5,300	800	諸　収　益	6,200	1,100
法 人 税 等	400	120	受取配当金	100	—
当期純利益	600	180			
	6,300	1,100		6,300	1,100

貸 借 対 照 表
×5年3月31日　　(単位：円)

借　方	P社	S社	貸　方	P社	S社
諸　資　産	10,525	2,580	諸　負　債	6,750	1,040
S 社 株 式	1,125	—	資　本　金	3,000	800
			利益剰余金	1,900	740
	11,650	2,580		11,650	2,580

株主資本等変動計算書（P社）
自×4年4月1日 至×5年3月31日（単位：円）

資本金	
当期首残高	3,000
当期末残高	3,000
利益剰余金	
当期首残高	1,400
当期変動額	
剰余金の配当	△100
当期純利益	600
当期末残高	1,900

株主資本等変動計算書（S社）
自×4年4月1日 至×5年3月31日（単位：円）

資本金	
当期首残高	800
当期末残高	800
利益剰余金	
当期首残高	600
当期変動額	
剰余金の配当	△40
当期純利益	180
当期末残高	740

[資料3] その他の留意事項

のれんは発生年度の翌年から8年間で均等償却する。

問7　資本連結（支配獲得日後2年目）　答案用紙あり

　P社は前々期末（×4年3月31日）にS社の発行済株式の65％を1,125円で取得し、支配を獲得した。

　次の資料にもとづいて、当期の連結財務諸表を作成しなさい。

　なお、S社の資産・負債の評価差額には税効果会計（税率40％）を適用する。

[資料1] 支配獲得日の個別貸借対照表

貸　借　対　照　表
×4年3月31日　　　　　　　　　（単位：円）

借　　方	P社	S社	貸　　方	P社	S社
諸　資　産	9,800	2,400	諸　負　債	6,525	1,000
S　社　株　式	1,125	—	資　本　金	3,000	800
			利益剰余金	1,400	600
	10,925	2,400		10,925	2,400

　なお、S社の諸資産の時価は2,500円であった。諸負債の時価は帳簿価額と一致している。

[資料2] 当期の個別財務諸表

損　益　計　算　書
自×5年4月1日　至×6年3月31日　　　（単位：円）

借　　方	P社	S社	貸　　方	P社	S社
諸　費　用	6,200	1,400	諸　収　益	6,800	1,800
法　人　税　等	360	200	受取配当金	300	100
当　期　純　利　益	540	300			
	7,100	1,900		7,100	1,900

貸　借　対　照　表
×6年3月31日　　　　　　　　　（単位：円）

借　　方	P社	S社	貸　　方	P社	S社
諸　資　産	11,000	3,350	諸　負　債	6,785	1,590
S　社　株　式	1,125	—	資　本　金	3,000	800
			利益剰余金	2,340	960
	12,125	3,350		12,125	3,350

株主資本等変動計算書（P社）
自×5年4月1日　至×6年3月31日
（単位：円）

資本金
　当期首残高　　　　　3,000
　当期末残高　　　　　3,000
利益剰余金
　当期首残高　　　　　1,900
　当期変動額
　　剰余金の配当　　　△100
　　当期純利益　　　　　540
　当期末残高　　　　　2,340

株主資本等変動計算書（S社）
自×5年4月1日　至×6年3月31日
（単位：円）

資本金
　当期首残高　　　　　　800
　当期末残高　　　　　　800
利益剰余金
　当期首残高　　　　　　740
　当期変動額
　　剰余金の配当　　　△80
　　当期純利益　　　　　300
　当期末残高　　　　　　960

［資料3］その他の留意事項

　のれんは発生年度の翌年から8年間で均等償却する。

解答

問1　資本連結（100％取得）

連結貸借対照表　　　　　（単位：円）			
諸　　資　　産 （　12,200　）	諸　　負　　債 （　7,500　）
	資　　本　　金 （　3,000　）
	利 益 剰 余 金 （　1,700　）

〈解説〉

非支配株主や評価差額、投資消去差額のない基本的な連結の問題です。

連結修正仕訳は次のとおりです。

（資　本　金）	800	（S 社 株 式）	1,400
（利 益 剰 余 金）	600		

問2　資本連結（部分所有）

連結貸借対照表　　　　　（単位：円）			
諸　　資　　産 （　12,200　）	諸　　負　　債 （　7,500　）
	資　　本　　金 （　3,000　）
	利 益 剰 余 金 （　1,210　）
	（非支配株主持分）（　490　）

〈解説〉

連結修正仕訳は次のとおりです。

（資　本　金）	800	（S 社 株 式）	910
（利 益 剰 余 金）	600	（非支配株主持分）	490 *

＊　（800円＋600円）×（100％－65％）＝490円　×35％

問3　資本連結（のれん）

連結貸借対照表　　　　　（単位：円）			
諸　　資　　産 （　12,200　）	諸　　負　　債 （　7,500　）
（の　れ　ん）（　190　）	資　　本　　金 （　3,000　）
	利 益 剰 余 金 （　1,400　）
	非支配株主持分 （　490　）

〈解説〉

連結修正仕訳は次のとおりです。

（資　本　金）	800	（S 社 株 式）	1,100
（利 益 剰 余 金）	600	（非支配株主持分）	490 *1
（の　れ　ん）	190 *2		

＊1　（800円＋600円）×（100％－65％）＝490円

＊2　1,100円－（800円＋600円）×65％＝190円　または貸借差額

問4　資本連結（資産・負債の時価評価）

連結貸借対照表		（単位：円）	
諸　　資　　産（ 12,300 ）	諸　　負　　債（ 7,525 ）		
の　れ　ん（ 150 ）	資　　本　　金（ 3,000 ）		
	利 益 剰 余 金（ 1,400 ）		
	非支配株主持分（ 525 ）		

〈解説〉

連結修正仕訳は次のとおりです。

(1)　子会社の資産・負債の時価評価

（諸　資　産）	100	（評 価 差 額）	100

(2)　投資と資本の相殺消去

（資　本　金）	800	（S 社 株 式）	1,125
（利 益 剰 余 金）	600	（非支配株主持分）	525[*1]
（評 価 差 額）	100		
（の　　れ　　ん）	150[*2]		

* 1　（800円＋600円＋100円）×（100％－65％）＝525円

* 2　1,125円－（800円＋600円＋100円）×65％＝150円
　　　または貸借差額

問5　資本連結（税効果あり）

連結貸借対照表		（単位：円）	
諸　　資　　産（ 12,300 ）	諸　　負　　債（ 7,525 ）		
の　れ　ん（ 176 ）	（繰 延 税 金 負 債）（ 40 ）		
	資　　本　　金（ 3,000 ）		
	利 益 剰 余 金（ 1,400 ）		
	非支配株主持分（ 511 ）		

〈解説〉

連結修正仕訳は次のとおりです。

（諸　資　産）	100	（評 価 差 額）	60
		（繰 延 税 金 負 債）	40
（資　本　金）	800	（S 社 株 式）	1,125
（利 益 剰 余 金）	600	（非支配株主持分）	511[*1]
（評 価 差 額）	60		
（の　　れ　　ん）	176[*2]		

* 1　（800円＋600円＋60円）×（100％－65％）＝511円

* 2　1,125円－（800円＋600円＋60円）×65％＝176円
　　　または貸借差額

問6　資本連結（支配獲得日後1年目）

連結貸借対照表　　　　　　　　　　　（単位：円）

諸　資　産	（	13,205 ）	諸　　負　　債	（	7,790 ）
の　れ　ん	（	154 ）	繰延税金負債	（	40 ）
			資　本　金	（	3,000 ）
			利益剰余金	（	1,969 ）
			非支配株主持分	（	560 ）

連結損益計算書　　　　　　　　　　　（単位：円）

諸　費　用	（	6,100 ）	諸　　収　　益	（	7,300 ）
（のれん償却額）	（	22 ）	受取配当金	（	74 ）
法　人　税　等	（	520 ）			
非支配株主に帰属する当期純利益	（	63 ）			
親会社株主に帰属する当期純利益	（	669 ）			

連結株主資本等変動計算書　　（単位：円）

資本金		
当期首残高	（	3,000)
当期末残高	（	3,000)
利益剰余金		
当期首残高	（	1,400)
当期変動額		
剰余金の配当	（	△100)
親会社株主に帰属する当期純利益	（	669)
当期末残高	（	1,969)
非支配株主持分		
当期首残高	（	511)
当期変動額	（	49)
当期末残高	（	560)

〈解説〉

連結修正仕訳は次のとおりです。

(1)　**子会社の資産・負債の時価評価**

（諸　資　産）	100	（評価差額）	60
		（繰延税金負債）	40

(2) 開始仕訳

① 投資と資本の相殺消去

（資本金当期首残高）	800	（S 社 株 式）	1,125
（利益剰余金当期首残高）	600	（非支配株主持分当期首残高）	511*1
（評 価 差 額）	60		
（の れ ん）	176*2		

* 1　（800円＋600円＋60円）×（100％－65％）＝511円

* 2　1,125円－（800円＋600円＋60円）×65％＝176円
　　　　または貸借差額

(3) 期中仕訳

① 子会社の当期純損益の振替え

（非支配株主に帰属する当期純損益）	63*3	（非支配株主持分当期変動額）	63

② 子会社配当金の修正

（受 取 配 当 金）	26*4	（剰余金の配当）	40
（非支配株主持分当期変動額）	14*5		

③ のれんの償却

（の れ ん 償 却 額）	22*6	（の れ ん）	22

* 3　180円×35％＝63円

* 4　40円×65％＝26円

* 5　40円×35％＝14円

* 6　176円÷8年＝22円

④ タイムテーブル

　　複数年にわたる連結の問題は、タイムテーブルを作成して情報を整理すると解きやすくなります。また、一つ一つの仕訳を書かなくても連結貸借対照表に計上されるのれんや非支配株主持分を算定することができます。

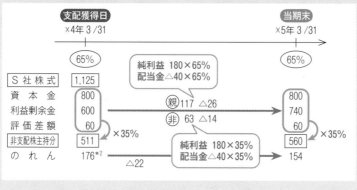

問7 資本連結（支配獲得日後2年目）

連結貸借対照表 （単位：円）

諸　資　産　(14,450)	諸　　負　　債　(8,375)
の　　れ　　ん　(　132)	繰延税金負債　(　40)
	資　　本　　金　(3,000)
	利　益　剰　余　金　(2,530)
	非支配株主持分　(　637)

連結損益計算書 （単位：円）

諸　　費　　用　(7,600)	諸　　収　　益　(8,600)
のれん償却額　(　22)	受　取　配　当　金　(　348)
法　人　税　等　(　560)	
非支配株主に帰属する当期純利益　(　105)	
親会社株主に帰属する当期純利益　(　661)	

連結株主資本等変動計算書 （単位：円）

資本金
　　当期首残高　　　　　　　　　(　　3,000)
　　当期末残高　　　　　　　　　(　　3,000)

利益剰余金
　　当期首残高　　　　　　　　　(　　1,969)
　　当期変動額
　　　剰余金の配当　　　　　　　(　　△100)
　　　親会社株主に帰属する当期純利益　(　　661)
　　当期末残高　　　　　　　　　(　　2,530)

非支配株主持分
　　当期首残高　　　　　　　　　(　　560)
　　当期変動額　　　　　　　　　(　　77)
　　当期末残高　　　　　　　　　(　　637)

〈解説〉
　連結修正仕訳は次のとおりです。
(1)　子会社の資産・負債の時価評価

（諸　資　産）	100	（評　価　差　額）	60
		（繰延税金負債）	40

116

(2) **開始仕訳** (支配獲得日)

① 投資と資本の相殺消去

（資本金当期首残高）	800	（S　社　株　式）	1,125
（利益剰余金当期首残高）	600	（非支配株主持分当期首残高）	511*1
（評　価　差　額）	60		
（の　　れ　　ん）	176*2		

＊1　(800円＋600円＋60円)×(100％－65％)＝511円

＊2　1,125円－(800円＋600円＋60円)×65％＝176円
　　　または貸借差額

(3) **開始仕訳** (前期末)

① 子会社の利益剰余金の振替え

（利益剰余金当期首残高）	49*3	（非支配株主持分当期首残高）	49

② のれんの償却

（利益剰余金当期首残高）	22*4	（の　　れ　　ん）	22

＊3　(740円－600円)×35％＝49円

＊4　176円÷8年＝22円

(4) **期中仕訳**

① 子会社の当期純損益の振替え

（非支配株主に帰属する当期純損益）	105*5	（非支配株主持分当期変動額）	105

② 子会社の配当金の修正

（受　取　配　当　金）	52*6	（剰　余　金　の　配　当）	80
（非支配株主持分当期変動額）	28*7		

③ のれんの償却

（の　れ　ん　償　却　額）	22*4	（の　　れ　　ん）	22

＊5　300円×35％＝105円

＊6　80円×65％＝52円

＊7　80円×35％＝28円

(5) **タイムテーブル**

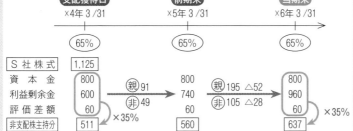

CHAPTER 04

連結会計Ⅱ

◆子会社株式を売買したら？

支配を獲得して連結を開始する前に子会社株式を持っていた場合、もともと持っていた株式はどう処理するのでしょうか？　また、支配を獲得して連結を開始した後に子会社株式を売買した場合はどうするのでしょうか？

連結がさらに複雑になっていきますが、タイムテーブルも利用して着実に解き進めましょう。

▶ 1級で学習する内容

子会社株式の追加取得		
2級までに学習済み	→	1級で学習する内容
		段階取得
		支配獲得日後の追加取得

子会社株式の売却	
	株式の一部売却

1 段階取得

Ⅰ 段階取得とは

段階取得とは、親会社が複数回に分けて子会社株式を取得し、2回目以降の取得ではじめて支配を獲得することをいいます。

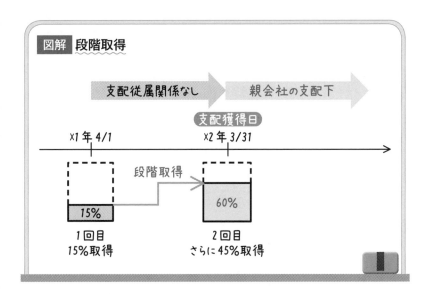

Ⅱ 段階取得の会計処理

段階取得により支配を獲得した場合、連結上は支配獲得日前に保有していた株式も含めて、支配獲得日に一括して子会社株式を取得したとみなして処理します。

具体的には、支配獲得前に保有していた株式を支配獲得日の時価で再評価し、支配獲得日の時価にもとづく子会社株式の金額で投資と資本の相殺消去仕訳を行います。

この場合、個別貸借対照表上の帳簿価額と支配獲得日の時価の差額を**段階取得に係る差益（差損）**として処理します。

前期末（×1年3月31日）、P社はS社の発行済株式総数の15％を15,000円で取得した。当期末（×2年3月31日）、P社はS社の発行済株式総数の45％を60,000円で取得し、支配を獲得した。

次の資料にもとづいて、当期末の連結修正仕訳を示しなさい。

[資 料] S社貸借対照表

貸 借 対 照 表 （単位：円）

借 方	前期末	当期末	貸 方	前期末	当期末
諸 資 産	300,000	340,000	諸 負 債	210,000	220,000
			資 本 金	70,000	70,000
			利 益 剰 余 金	20,000	50,000
	300,000	340,000		300,000	340,000

・前期末におけるS社諸資産の時価は305,000円、当期末におけるS社諸資産の時価は350,000円である。
・当期末におけるS社株式の時価は80,000円（60％分）であった。
・評価差額に対して、税効果会計（税率40％）を適用する。

例1の仕訳　資産・負債の時価評価の仕訳

（諸　資　産）	10,000*1	（評　価　差　額）	6,000
		（繰延税金負債）	4,000

段階取得した子会社株式の時価評価の仕訳

（S　社　株　式）	5,000*2	（段階取得に係る差益）	5,000

投資と資本の相殺消去の仕訳

（資　本　金）	70,000	（S　社　株　式）	80,000
（利 益 剰 余 金）	50,000	（非支配株主持分）	50,400*3
（評　価　差　額）	6,000		
（の　れ　ん）	4,400*4		

*1　350,000円－340,000円＝10,000円
*2　80,000円－（15,000円＋60,000円）＝5,000円
　　または、支配獲得日に取得した株式の取得価額（＝支配獲得日の時価）をもとに求めることもできます。
　　60,000円×15％÷45％－15,000円＝5,000円
*3　（70,000円＋50,000円＋6,000円）×40％＝50,400円
*4　80,000円－（70,000円＋50,000円＋6,000円）×60％＝4,400円
　　または　（75,000円＋5,000円）－（70,000円＋50,000円＋6,000円）＋50,400円＝4,400円

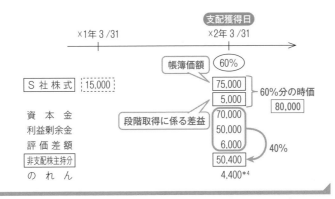

P社は、支配獲得日以前は非支配株主としてS社に投資をしていましたが、支配を獲得することで親会社としてS社に投資することとなります。単なる非支配株主としての投資と、支配を獲得した親会社としての投資では、性質が大きく変わるため、支配獲得日時点で新たな投資に切り替わったと考えます。

Ⅲ 段階取得における開始仕訳

　支配獲得後に連結修正仕訳を行う場合、開始仕訳として再度子会社株式の時価評価仕訳を行う必要があります。段階取得に係る差損益は損益項目なので、開始仕訳では**利益剰余金当期首残高**で処理します。

▼ 例2 ━━━━━━━━━━━━━━━━━━ 段階取得（開始仕訳）

　例1の1年後（×3年3月31日）に行う連結修正仕訳のうち、開始仕訳を示しなさい。

例2の仕訳　資産・負債の時価評価の仕訳

（諸　資　産）	10,000	（評　価　差　額）	6,000
		（繰 延 税 金 負 債）	4,000

段階取得した子会社株式の時価評価の仕訳

（S　社　株　式）	5,000	（利益剰余金当期首残高）	5,000

投資と資本の相殺消去の仕訳

（資本金当期首残高）	70,000	（S 社 株 式）	80,000
（利益剰余金当期首残高）	50,000	（非支配株主持分当期首残高）	50,400
（評 価 差 額）	6,000		
（の れ ん）	4,400		

2 支配獲得後の追加取得

I 支配獲得後の追加取得

　支配獲得後に子会社株式を追加取得した場合、親会社が新たに取得した子会社株式を、連結上、子会社の資本と相殺消去する必要があります。

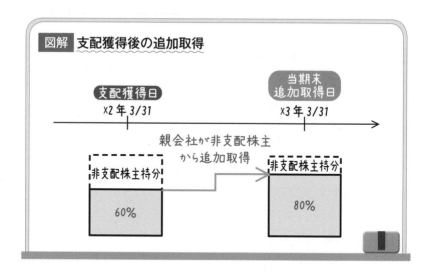

Ⅱ 追加取得の会計処理

　追加取得した子会社株式と、追加取得割合に相当する非支配株主持分を相殺し、差額があった場合には**資本剰余金**として処理します。ただし、非支配株主持分は純資産項目なので、仕訳上は連結株主資本等変動計算書の項目である**非支配株主持分当期変動額**で処理します。

　なお、資本剰余金が負の値となる場合には、連結会計年度末において、資本剰余金をゼロとし、その負の値を利益剰余金から減額します。

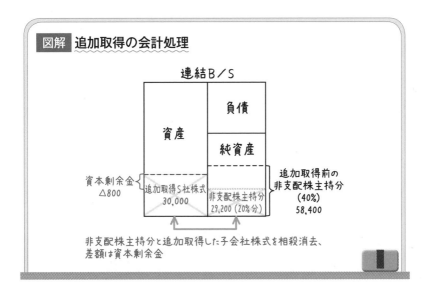

図解 追加取得の会計処理

連結B／S

非支配株主持分と追加取得した子会社株式を相殺消去、差額は資本剰余金

ひとこと

　平成25年改正会計基準では、非支配株主との取引によって生じた親会社の持分変動による差額を資本剰余金とすることになりました。

▶ 例3 —————————————————————————————————————— **追加取得**

　前期末（×2年3月31日）、P社はS社の発行済株式総数の60％を80,000円で取得し、支配を獲得した。

　当期末（×3年3月31日）、P社はS社の発行済株式総数の20％を30,000円で追加取得した。

　次の資料にもとづいて、当期末の連結修正仕訳を示しなさい。

[資　料] S社貸借対照表

貸 借 対 照 表　　　　　　（単位：円）

借　　方	前期末	当期末	貸　　方	前期末	当期末
諸　資　産	340,000	350,000	諸　負　債	220,000	210,000
			資　本　金	70,000	70,000
			資本剰余金	10,000	10,000
			利益剰余金	40,000	60,000
	340,000	350,000		340,000	350,000

・前期末におけるS社諸資産の時価は350,000円である。

・評価差額に対して、税効果会計（税率40％）を適用する。

・S社の当期純利益は20,000円である。なお、S社は当期に剰余金の配当を行っていない。

・のれんは発生の翌年から10年間で均等償却する。

例3の仕訳　資産・負債の時価評価の仕訳

（諸　　資　　産）	10,000	（評　価　差　額）	6,000
		（繰延税金負債）	4,000

投資と資本の相殺消去の仕訳

（資本金当期首残高）	70,000	（S　社　株　式）	80,000
（資本剰余金当期首残高）	10,000	（非支配株主持分当期首残高）	50,400[*1]
（利益剰余金当期首残高）	40,000		
（評　価　差　額）	6,000		
（の　　れ　　ん）	4,400[*2]		

子会社の当期純損益の振替え

（非支配株主に帰属する当期純損益）	8,000[*3]	（非支配株主持分当期変動額）	8,000

のれんの償却

（のれん償却額）	440[*4]	（の　　れ　　ん）	440

追加取得

（非支配株主持分当期変動額）	29,200*5	（S 社 株 式）	30,000
（資本剰余金持分の変動）	800*6		

* 1　(70,000円＋10,000円＋40,000円＋6,000円)×40%＝50,400円
* 2　80,000円－(70,000円＋10,000円＋40,000円＋6,000円)×60%＝4,400円
* 3　20,000円×(100%－60%)＝8,000円
　　　期中の損益が確定した後の期末に追加取得しているため、子会社の当期純損益の振替えは追加取得前の非支配株主持分割合で行います。
* 4　4,400円÷10年＝440円
* 5　(70,000円＋10,000円＋60,000円＋6,000円)×20%＝29,200円
* 6　29,200円－30,000円＝△800円

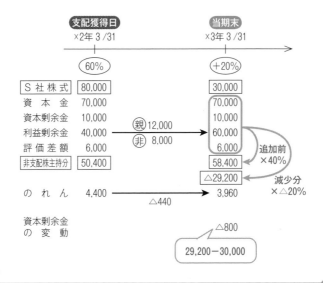

ひとこと

ふむふむ...

　　追加取得による持分の変動額は、連結株主資本等変動計算書においては資本剰余金に対する「非支配株主との取引に係る親会社の持分変動」として記載しますが、本書の仕訳では、学習の便宜上、「資本剰余金持分の変動」とします。

3 子会社株式の一部売却

I 一部売却の会計処理

　子会社株式を一部売却した場合、個別上では子会社株式の帳簿価額（一部売却簿価）と売却価額との間に生じた差額が売却損益として計上されています。

　しかし、連結財務諸表では、支配が継続している限り、親会社の持分の減少額（売却持分）と売却価額との間に生じた差額は**資本剰余金**として処理します。そのため連結修正仕訳により、個別上の処理を修正します。

　なお、資本剰余金が負の値となる場合には、連結会計年度末において、資本剰余金を０円とし、当該負の値を利益剰余金から減額します。

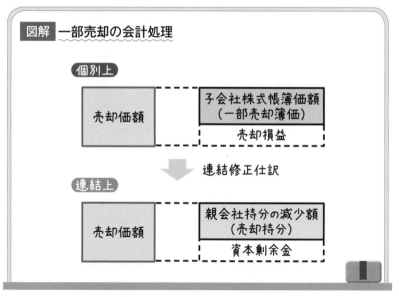

図解　一部売却の会計処理

個別上

| 売却価額 | 子会社株式帳簿価額（一部売却簿価） |
| | 売却損益 |

↓ 連結修正仕訳

連結上

| 売却価額 | 親会社持分の減少額（売却持分） |
| | 資本剰余金 |

ひ と こ と

　子会社の一部売却において、関連する法人税等（子会社への投資に係る税効果の調整を含む）は資本剰余金から控除します。なお、本試験においては、指示を確認してそれにしたがいましょう。

126

Ⅱ のれんの未償却額の取扱い

　子会社株式を一部売却した場合、のれんの未償却額は減額させません。これは、支配が継続している限り、償却や減損を除き、のれんを減額すべきでないとの理由からです。また、追加取得時には、のれんが追加計上されない処理と整合した取扱いとするためのれんを減額しない処理となります。

▼ **例4** ━━━━━━━━━━━━━━━━━━━━━━━━━ **一部売却**

　前期末（×2年3月31日）、P社はS社の発行済株式の80％を102,000円で取得し、支配を獲得した。

　当期末（×3年3月31日）、P社はS社の発行済株式の20％を30,000円で売却した。

　以下の資料をもとに、当期末の連結修正仕訳を示しなさい。

[資　料] S社貸借対照表

貸 借 対 照 表 　　　　　　　（単位：円）

借　　方	前期末	当期末	貸　　方	前期末	当期末
諸　資　産	340,000	350,000	諸　負　債	220,000	210,000
			資　本　金	70,000	70,000
			資本剰余金	10,000	10,000
			利益剰余金	40,000	60,000
	340,000	350,000		340,000	350,000

・前期末におけるS社諸資産の時価は350,000円である。
・一部売却に関連する法人税等については考慮しない。
・評価差額に対して、税効果会計（税率40％）を適用する。
・S社の当期純利益は25,000円である。なお、S社は当期に5,000円の剰余金の配当を行っている。
・のれんは発生の翌期から10年間で均等償却する。
・S社株式の売却により、P社個別損益計算書では子会社株式売却益4,500円を計上している。

例 4 の仕訳　資産・負債の時価評価の仕訳

（諸　　資　　産）	10,000	（評　価　差　額）	6,000
		（繰 延 税 金 負 債）	4,000

投資と資本の相殺消去の仕訳

（資本金当期首残高）	70,000	（Ｓ　社　株　式）	102,000
（資本剰余金当期首残高）	10,000	（非支配株主持分当期首残高）	25,200[*1]
（利益剰余金当期首残高）	40,000		
（評　価　差　額）	6,000		
（の　　れ　　ん）	1,200[*2]		

子会社の当期純損益の振替え

（非支配株主に帰属する当期純損益）	5,000[*3]	（非支配株主持分当期変動額）	5,000

子会社の配当金の修正

（受 取 配 当 金）	4,000[*4]	（剰 余 金 の 配 当）	5,000
（非支配株主持分当期変動額）	1,000[*5]		

のれんの償却

（の れ ん 償 却 額）	120[*6]	（の　　れ　　ん）	120

一部売却

（Ｓ　社　株　式）	25,500[*7]	（非支配株主持分当期変動額）	29,200[*8]
（子会社株式売却益）	4,500	（資本剰余金持分の変動）	800[*9]

* 1　（70,000円＋10,000円＋40,000円＋6,000円）×20％＝25,200円
* 2　102,000円－（70,000円＋10,000円＋40,000円＋6,000円）×80％＝1,200円
* 3　25,000円×（100％－80％）＝5,000円
* 4　5,000円×80％＝4,000円
* 5　5,000円×（100％－80％）＝1,000円
* 6　1,200円÷10年＝120円
* 7　102,000円×20％÷80％＝25,500円
* 8　（70,000円＋10,000円＋60,000円＋6,000円）×20％＝29,200円
* 9　貸借差額
　　29,200円の持分を、30,000円で売却できたので資本剰余金は増加します。

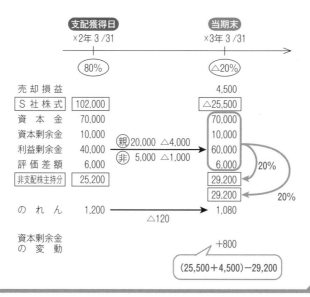

ひとこと

　関連する法人税等について考慮する指示がある場合、一部売却の仕訳に加えて、以下の仕訳を行います。

| （資本剰余金持分の変動） | 320* | （法人税、住民税及び事業税） | 320 |

＊　800円（資本剰余金）×40%＝320円

　これは、個別上の子会社株式売却益が連結上は資本剰余金として計上されるため、法人税等相当額についても資本剰余金から控除することとされているからです。

　×1年度末にS社株式80%を8,400円で取得した場合を考えます（子会社の純資産は10,000円、のれんは400円で10年で発生翌期から均等償却し、評価差額はないものとします）。なお、連結上資本剰余金は負の値にならず、関連する法人税等も考慮しないものとします。

① 　P社個別：子会社株式の取得

（S 　社 　株 　式）	8,400	（現 　　　　金）	8,400

② 　連結：投資と資本の相殺消去仕訳

　まず、×1年度末に連結修正仕訳として投資と資本の相殺消去仕訳が行われます。消去差額がある場合、子会社の純資産だけでなく、のれんも計上される点に注意します。

（純 　資 　産）	10,000	（S 　社 　株 　式）	8,400
（の 　れ 　ん）	400	（非支配株主持分）	2,000

③ 　S社個別：当期純利益

　×2年度に、S社が1,000円の当期純利益を計上しました（配当はないものとします）。

（損 　　　　益）	1,000	（利 益 剰 余 金）	1,000

④ 　連結：子会社の当期純損益の振替え

（非支配株主に帰属する当期純損益）	200	（非支配株主持分当期変動額）	200

⑤ 　連結：のれんの償却

　のれんが計上されているので、のれんの償却を行います。

（のれん償却額）	40	（の 　れ 　ん）	40

⑥ 　P社個別：S社株式の売却

　×2年度末、P社はS社の発行済株式総数の10%を1,200円で売却しました。個別上S社株式は取得原価の8,400円で計上されていますから、個別上の売却原価は8,400円をベースに計算します。

（現 　　　　金）	1,200	（S 　社 　株 　式）	1,050*1
		（子会社株式売却益）	150

＊1 　$8,400円 \times \dfrac{10\%}{80\%} = 1,050円$

⑦ 　連結：S社株式の売却に関する連結修正仕訳

　連結上あるべきS社株式の売却仕訳を行うため、⑥の仕訳をいったん取り消します。

　ⓐ 　連結：個別上S社株式の売却仕訳（⑥）の取消し

（S 　社 　株 　式）	1,050	（現 　　　　金）	1,200
（子会社株式売却益）	150		

ⓑ 連結：連結上あるべきS社株式の売却の仕訳

次に、連結上、S社株式の売却をどう処理すべきかを考えます。

連結では×1年度にS社の純資産10,000円の80%をP社が取得し、2,000円は非支配株主持分となりました（②）。

×2年度にはS社が純利益1,000円を計上しています。このうち800円は親会社であるP社に帰属しますが、200円は非支配株主に帰属するため非支配株主に帰属する当期純利益に振り替えました（④）。

したがって、S社株式売却前にP社に帰属する子会社の純資産は、8,000円＋800円＝8,800円となります。

連結上の売却持分はこの8,800円をもとに計算し、8,800円×10%÷80%＝1,100円となります。

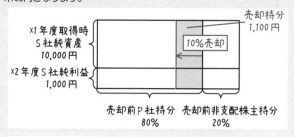

| （現　　　　金） | 1,200 | （非支配株主持分当期変動額） | 1,100*2 |
| | | （資本剰余金持分の変動） | 100 |

＊2　$8,800円 \times \dfrac{10\%}{80\%} = 1,100円$

ⓒ　ⓐとⓑを合わせた仕訳を、S社株式の一部売却に関する連結修正仕訳として行います。

| （S　社　株　式） | 1,050 | （非支配株主持分当期変動額） | 1,100 |
| （子会社株式売却益） | 150 | （資本剰余金持分の変動） | 100 |

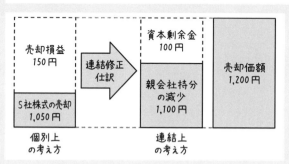

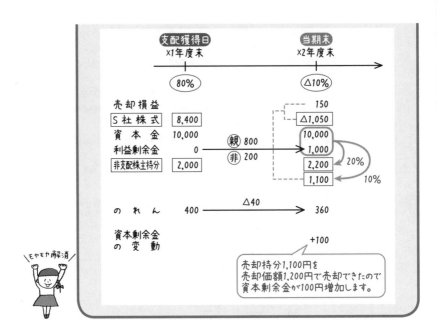

支配獲得日　　　　　　　　　当期末
X1年度末　　　　　　　　　　X2年度末
80%　　　　　　　　　　△10%

売却損益　　　　　　　　　　　　150
S社株式　8,400　　　　　　　△1,050
資本金　10,000　　　（親）800　10,000
利益剰余金　0　　　（非）200　1,000
非支配株主持分　2,000　　　　2,200　　20%
　　　　　　　　　　　　　　1,100　　10%

の　れ　ん　　400　——△40——→　360

資本剰余金
の　変　動　　　　　　　　　+100

売却持分1,100円を
売却価額1,200円で売却できたので
資本剰余金が100円増加します。

モヤモヤ解消

132

問1　段階取得①　答案用紙あり

　P社は、前期末（×1年3月31日）にS社の発行済株式の10％を6,000円で取得した。さらに、当期末（×2年3月31日）に60％を42,000円で取得し、支配を獲得した。次の資料にもとづいて、×2年3月31日の連結貸借対照表を作成しなさい。なお、子会社の資産・負債の評価差額に税効果会計（税率40％）を適用する。

［資料1］×1年3月31日のS社貸借対照表

貸 借 対 照 表
×1年3月31日　　　　　　　　　　（単位：円）

諸　資　産	115,000	諸　負　債	65,000
		資　本　金	30,000
		利 益 剰 余 金	20,000
	115,000		115,000

　なお、諸資産の時価は120,000円である。諸負債の時価は帳簿価額と一致している。

［資料2］×2年3月31日の各社個別貸借対照表

P 社 貸 借 対 照 表
×2年3月31日　　　　　　　　　（単位：円）

諸　資　産	220,000	諸　負　債	160,000
S　社　株　式	48,000	資　本　金	60,000
		利 益 剰 余 金	48,000
	268,000		268,000

S 社 貸 借 対 照 表
×2年3月31日　　　　　　　　　（単位：円）

諸　資　産	124,000	諸　負　債	70,000
		資　本　金	30,000
		利 益 剰 余 金	24,000
	124,000		124,000

なお、S社の諸資産の時価は130,000円である。諸負債の時価は帳簿価額と一致している。

[資料3] その他

のれんは発生年度の翌年から10年間で均等償却する。

問2 段階取得② 答案用紙あり

P社は×2年3月31日にS社の発行済株式の15%を33,000円で取得した。×3年3月31日にはさらに45%を112,500円で取得し、支配を獲得した。

次の資料にもとづいて、×4年3月31日の連結財務諸表を完成させなさい。なお、子会社の資産・負債の評価差額に税効果会計（税率40%）を適用する。

[資料1] 各期のS社の財政状態

	諸　資　産	諸　負　債	資　本　金	利益剰余金
×2年3月31日	410,000円	200,000円	150,000円	60,000円
×3年3月31日	440,000円	210,000円	150,000円	80,000円

×2年3月31日の諸資産の時価は415,000円、×3年3月31日の諸資産の時価は450,000円であった。

[資料2] ×4年3月31日の各社個別財務諸表

貸 借 対 照 表
×4年3月31日　　　　　　　　　　　（単位：円）

借　　方	P社	S社	貸　　方	P社	S社
諸　資　産	800,000	450,000	諸　負　債	295,500	214,000
S　社　株　式	145,500	—	資　本　金	450,000	150,000
			利益剰余金	200,000	86,000
	945,500	450,000		945,500	450,000

損　益　計　算　書
自×3年4月1日　至×4年3月31日　　　（単位：円）

借　　方	P社	S社	貸　　方	P社	S社
諸　費　用	70,000	45,000	諸　収　益	98,000	60,000
法 人 税 等	12,000	6,000	受取配当金	2,000	—
当期純利益	18,000	9,000			
	100,000	60,000		100,000	60,000

なお、S社は当期に3,000円の配当を行っている。

[資料3]　その他

のれんは発生年度の翌年から10年間で均等償却する。

問3　追加取得　　答案用紙あり

P社は、前期末（×2年3月31日）にS社の発行済株式の60％を36,200円で取得して支配を獲得した。さらに当期末（×3年3月31日）に、S社株式20％を12,000円で追加取得した。

次の資料にもとづいて、×3年3月31日の連結財務諸表を完成させなさい。なお、子会社の資産・負債の評価差額に税効果会計（税率40％）を適用する。

[資料1]　支配獲得日のS社の財政状態

	諸　資　産	諸　負　債	資　本　金	利益剰余金
×2年3月31日	100,000円	55,000円	20,000円	25,000円

×2年3月31日の諸資産の時価は110,000円であった。

[資料2]　×3年3月31日の各社個別財務諸表

貸　借　対　照　表
×3年3月31日　　　　　　　　　（単位：円）

借　　方	P社	S社	貸　　方	P社	S社
諸　資　産	285,800	106,000	諸　負　債	220,000	58,000
S 社 株 式	48,200	—	資　本　金	60,000	20,000
			資本剰余金	4,000	—
			利益剰余金	50,000	28,000
	334,000	106,000		334,000	106,000

損益計算書
自×2年4月1日　至×3年3月31日　（単位：円）

借　　方	P社	S社	貸　　方	P社	S社
諸　費　用	170,000	94,000	諸　収　益	180,000	102,000
法 人 税 等	4,000	3,200			
当 期 純 利 益	6,000	4,800			
	180,000	102,000		180,000	102,000

なお、S社は当期に1,800円の配当を行っている。

[資料3] その他

のれんは発生年度の翌年から10年間で均等償却する。

問4　一部売却　答案用紙あり

P社は、前期末（×3年3月31日）にS社の発行済株式の90％を5,790円で取得して支配を獲得した。

当期末（×4年3月31日）、P社はS社発行済株式の30％を2,200円で売却した。

次の資料にもとづいて、×4年3月31日の連結財務諸表を完成させなさい。なお、子会社の資産・負債の評価差額に税効果会計（税率40％）を適用する。

[資料1] 支配獲得日のS社の財政状態

	諸　資　産	諸　負　債	資　本　金	利益剰余金
×3年3月31日	9,200円	3,400円	3,080円	2,720円

×3年3月31日の諸資産の時価は9,700円であった。

[資料2] ×4年3月31日の各社個別財務諸表

貸　借　対　照　表
×4年3月31日　（単位：円）

借　　方	P社	S社	貸　　方	P社	S社
諸　資　産	29,540	9,800	諸　負　債	12,000	3,500
S 社 株 式	3,860	—	資　本　金	11,000	3,080
			利 益 剰 余 金	10,400	3,220
	33,400	9,800		33,400	9,800

136

損　益　計　算　書
自×3年4月1日　至×4年3月31日　　（単位：円）

借　方	P社	S社	貸　方	P社	S社
諸　費　用	8,080	5,850	諸　収　益	9,360	7,000
法 人 税 等	620	460	子会社株式売却益	270	—
当 期 純 利 益	930	690			
	9,630	7,000		9,630	7,000

なお、S社は当期に190円の配当を行っている。

［資料3］その他

のれんは発生年度の翌年から10年間で均等償却する。

一部売却に関連する法人税等については考慮しない。

問1　段階取得①

連　結　貸　借　対　照　表

×2年3月31日　　　　　　　　（単位：円）

諸　　資　　産	(350,000)	諸　　負　　債	(230,000)
の　れ　ん	(8,680)	繰延税金負債	(2,400)
		資　　本　　金	(60,000)
		利　益　剰　余　金	(49,000)
		非支配株主持分	(17,280)
	(358,680)		(358,680)

〈解説〉

連結修正仕訳は次のとおりです。

(1)　**子会社の資産・負債の時価評価**

（諸　資　産）　6,000^{*1}　（評　価　差　額）　3,600^{*2}

（繰延税金負債）　2,400^{*3}

(2)　**子会社株式の時価評価**

（S　社　株　式）　1,000^{*4}　（段階取得に係る差益）　1,000

(3)　**投資と資本の相殺消去**

（資　　本　　金）　30,000　（S　社　株　式）　49,000

（利益剰余金）　24,000　（非支配株主持分）　17,280^{*5}

（評　価　差　額）　3,600

（の　れ　ん）　8,680^{*6}

＊1　130,000円 − 124,000円 = 6,000円

＊2　6,000円 × (100% − 40%) = 3,600円

＊3　6,000円 × 40% = 2,400円

＊4　42,000円 × 10% ÷ 60% − 6,000円 = 1,000円

＊5　(30,000円 + 24,000円 + 3,600円) × (100% − 70%) = 17,280円

＊6　貸借差額　または

(42,000円 + 7,000円) − (30,000円 + 24,000円 + 3,600円)

　　 + 17,280円 = 8,680円

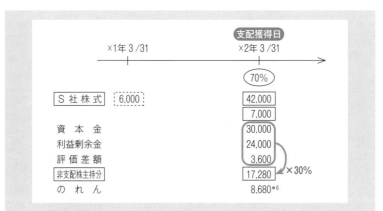

			支配獲得日
×1年3/31			×2年3/31

		70%
S 社 株 式	6,000	42,000
		7,000
資 本 金		30,000
利 益 剰 余 金		24,000
評 価 差 額		3,600
非支配株主持分		17,280 ×30%
の れ ん		8,680*6

問2 段階取得②

連結貸借対照表
×4年3月31日　　　　　　（単位：円）

諸　資　産	(1,260,000)	諸　負　債	(509,500)
の　れ　ん	(7,560)	繰延税金負債	(4,000)
		資　本　金	(450,000)
		利 益 剰 余 金	(207,260*1)
		非支配株主持分	(96,800*2)
	(1,267,560)		(1,267,560)

連結損益計算書
自×3年4月1日　至×4年3月31日　　（単位：円）

諸　費　用	(115,000)	諸　収　益	(158,000)
のれん償却額	(840)	受取配当金	(200*3)
法 人 税 等	(18,000)		
非支配株主に帰属する当期純利益	(3,600)		
親会社株主に帰属する当期純利益	(20,760*4)		
	(158,200)		(158,200)

* 1　200,000円（P社）＋4,500円（段階取得）＋5,400円（P社に帰属するS社利益）
　　　－1,800円（配当金）－840円（のれん償却）＝207,260円
* 2　（150,000円＋86,000円＋6,000円）×40％＝96,800円
　　　または　94,400円＋3,600円－1,200円＝96,800円
* 3　2,000円－1,800円＝200円

*4　18,000円（P社）＋9,000円（S社）－3,600円（非支配株主に帰属する当期純利益）
　　－1,800円（配当金）－840円（のれん償却）＝20,760円

〈解説〉
　連結修正仕訳は次のとおりです。
(1)　子会社の資産・負債の時価評価

（諸　　資　　産）	10,000*1	（評　価　差　額）	6,000*2
		（繰延税金負債）	4,000*3

(2)　子会社株式の時価評価

（S　社　株　式）	4,500*4	（利益剰余金当期首残高）	4,500

(3)　投資と資本の相殺消去

（資本金当期首残高）	150,000	（S　社　株　式）	150,000
（利益剰余金当期首残高）	80,000	（非支配株主持分当期首残高）	94,400*5
（評　価　差　額）	6,000		
（の　　れ　　ん）	8,400*6		

(4)　期中仕訳
　①　子会社の当期純損益の振替え

（非支配株主に帰属する当期純損益）	3,600*7	（非支配株主持分当期変動額）	3,600

　②　子会社の配当金の修正

（受　取　配　当　金）	1,800*8	（剰　余　金　の　配　当）	3,000
（非支配株主持分当期変動額）	1,200*9		

　③　のれんの償却

（のれん償却額）	840*10	（の　　れ　　ん）	840

　　　*1　450,000円－440,000円＝10,000円
　　　*2　10,000円×（100％－40％）＝6,000円
　　　*3　10,000円×40％＝4,000円
　　　*4　112,500円×15％÷45％－33,000円＝4,500円
　　　*5　（150,000円＋80,000円＋6,000円）×（100％－60％）
　　　　　＝94,400円
　　　*6　貸借差額　または
　　　　　（145,500円＋4,500円）－（150,000円＋80,000円＋6,000
　　　　　円）＋94,400円＝8,400円
　　　*7　9,000円×（100％－60％）＝3,600円
　　　*8　3,000円×60％＝1,800円
　　　*9　3,000円×（100％－60％）＝1,200円
　　*10　8,400円÷10年＝840円

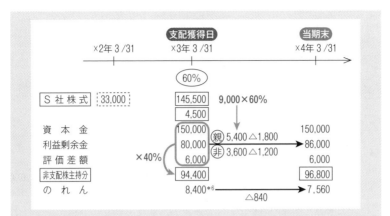

問3　追加取得

連結貸借対照表
×3年3月31日　　　　　　（単位：円）

諸　資　産	(401,800)	諸　負　債	(278,000)
の　れ　ん	(5,040*³)	繰延税金負債	(4,000)
		資　本　金	(60,000)
		資本剰余金	(2,800*¹)
		利益剰余金	(51,240*²)
		非支配株主持分	(10,800*⁴)
	(406,840)		(406,840)

連結損益計算書
自×2年4月1日　至×3年3月31日　　（単位：円）

諸　費　用	(264,000)	諸　収　益	(280,920*⁵)
のれん償却額	(560)		
法　人　税　等	(7,200)		
非支配株主に帰属する当期純利益	(1,920)		
親会社株主に帰属する当期純利益	(7,240*⁶)		
	(280,920)		(280,920)

＊1　4,000円（P社）－1,200円（追加取得の投資差額）＝2,800円
＊2　50,000円（P社）＋2,880円（P社に帰属するS社利益）－1,080円（配当金）
　　　－560円（のれん償却）＝51,240円
＊3　5,600円－560円＝5,040円

＊4　（20,000円＋28,000円＋6,000円）×20％＝10,800円
　　　または、20,400円＋1,920円－720円－10,800円＝10,800円
　　　または、21,600円－10,800円＝10,800円
＊5　180,000円＋102,000円－1,080円(配当金)＝280,920円
＊6　6,000円(P社)＋4,800円(S社)－1,080円(配当金)－560円(のれん償却)
　　　－1,920円(非支配株主に帰属する当期純利益)＝7,240円

〈解説〉
連結修正仕訳は次のとおりです。
(1)　子会社の資産・負債の時価評価

（諸　資　産）	10,000 ＊1	（評　価　差　額）	6,000 ＊2
		（繰延税金負債）	4,000 ＊3

(2)　投資と資本の相殺消去

（資本金当期首残高）	20,000	（S　社　株　式）	36,200
（利益剰余金当期首残高）	25,000	（非支配株主持分当期首残高）	20,400 ＊4
（評　価　差　額）	6,000		
（の　　れ　　ん）	5,600 ＊5		

(3)　期中仕訳
①　子会社の当期純損益の振替え

（非支配株主に帰属する当期純損益）	1,920 ＊6	（非支配株主持分当期変動額）	1,920

②　子会社の配当金の修正

（諸　　収　　益）	1,080 ＊7	（剰余金の配当）	1,800
（非支配株主持分当期変動額）	720 ＊8		

③　のれんの償却

（のれん償却額）	560 ＊9	（の　　れ　　ん）	560

(4)　追加取得

（非支配株主持分当期変動額）	10,800 ＊10	（S　社　株　式）	12,000
（資本剰余金持分の変動）	1,200 ＊11		

＊1　110,000円－100,000円＝10,000円
＊2　10,000円×（100％－40％）＝6,000円
＊3　10,000円×40％＝4,000円
＊4　（20,000円＋25,000円＋6,000円）×（100％－60％）
　　　＝20,400円
＊5　貸借差額　または
　　　36,200円－（20,000円＋25,000円＋6,000円）＋20,400円
　　　＝5,600円
＊6　4,800円×（100％－60％）＝1,920円
＊7　1,800円×60％＝1,080円
＊8　1,800円×（100％－60％）＝720円
＊9　5,600円÷10年＝560円
＊10　（20,000円＋28,000円＋6,000円）×20％＝10,800円

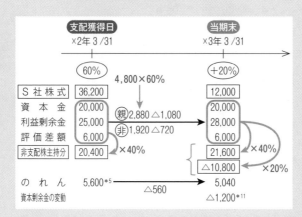

*11　貸借差額　または
10,800円 − 12,000円 = △1,200円

問4　一部売却

連結貸借対照表
×4年3月31日　　　　(単位：円)

諸　資　産	(39,840)	諸　負　債	(15,500)
の　れ　ん	(270*²)	繰延税金負債	(200)
		資　本　金	(11,000)
		(資本剰余金)	(220*⁴)
		利益剰余金	(10,550*¹)
		非支配株主持分	(2,640*³)
	(40,110)		(40,110)

連結損益計算書
自×3年4月1日　至×4年3月31日　　(単位：円)

諸　費　用	(13,930)	諸　収　益	(16,189*⁵)
のれん償却額	(30)		
法　人　税　等	(1,080)		
非支配株主に帰属する当期純利益	(69)		
親会社株主に帰属する当期純利益	(1,080*⁶)		
	(16,189)		(16,189)

＊1　10,400円（P社）＋621円（P社帰属S社利益）－171円（配当金）－30円（のれん償却）
　　　－270円（子会社株式売却益）＝10,550円

＊2　300円－30円＝270円

＊3　（3,080円＋3,220円＋300円）×40％＝2,640円
　　　または、610円＋69円－19円＋1,980円＝2,640円
　　　または、660円＋1,980円＝2,640円

＊4　2,200円（売却価額）－（3,080円＋3,220円＋300円）×30％＝220円

＊5　9,360円（P社）＋7,000円（S社）－171円（配当金）＝16,189円

＊6　930円（P社）＋690円（S社）－69円（非支配株主に帰属する当期純利益）
　　　－171円（配当金）－30円（のれん償却）－270円（子会社株式売却益）＝1,080円

〈解説〉

連結修正仕訳は次のとおりです。

(1)　子会社の資産・負債の時価評価

（諸　　資　　産）	500*1	（評　価　差　額）	300*2
		（繰延税金負債）	200*3

(2)　投資と資本の相殺消去

（資本金当期首残高）	3,080	（S　社　株　式）	5,790
（利益剰余金当期首残高）	2,720	（非支配株主持分当期首残高）	610*4
（評　価　差　額）	300		
（の　　れ　　ん）	300*5		

(3)　期中仕訳

① 子会社の当期純損益の振替え

（非支配株主に帰属する当期純損益）	69*6	（非支配株主持分当期変動額）	69

② 子会社の配当金の修正

（諸　　収　　益）	171*7	（剰余金の配当）	190
（非支配株主持分当期変動額）	19*8		

③ のれんの償却

（のれん償却額）	30*9	（の　　れ　　ん）	30

(4)　一部売却

（S　社　株　式）	1,930*10	（非支配株主持分当期変動額）	1,980*11
（子会社株式売却益）	270	（資本剰余金持分の変動）	220*12

＊1　9,700円－9,200円＝500円

＊2　500円×（100％－40％）＝300円

＊3　500円×40％＝200円

＊4　（3,080円＋2,720円＋300円）×（100％－90％）＝610円

＊5　貸借差額　または
　　　5,790円－（3,080円＋2,720円＋300円）＋610円＝300円

＊6　690円×（100％－90％）＝69円

＊7　190円×90％＝171円

＊8　190円×（100％－90％）＝19円

＊9　300円÷10年＝30円

＊10　5,790円×30%÷90% = 1,930円

＊11　（3,080円 + 3,220円 + 300円）×30% = 1,980円

＊12　貸借差額　または

　　　2,200円（売却価額）－1,980円（連結上売却原価）= 220円

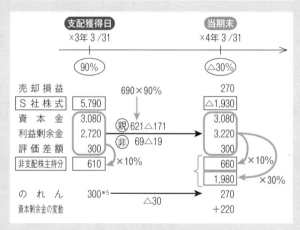

CHAPTER 05
連結会計Ⅲ

◆内部取引は未実現！

　親会社と子会社の間の取引は、連結上はないものとみなします。ここでは、連結会社間（親会社と子会社との間）の取引を連結の視点から修正する会計処理について学習します。

　連結財務諸表の作成は、個別上の財務諸表を単純合算してから、連結上あるべき数値に直すために連結修正仕訳を行う、という手順で行われます。これを踏まえ、個別上ではどのように処理されていて、連結上はどうあるべきなのかをおさえることが重要です。

▶ **1級で学習する内容**

連結会社間取引の相殺消去	
2級までに学習済み　➡	1級で学習する内容
内部取引の相殺消去	
債権債務の相殺消去	
貸倒引当金の修正	
手形割引の修正	
未実現損益の消去	
	繰延税金資産・負債の表示

146

1 連結会社間取引の相殺消去

I 連結会社間取引の相殺消去とは

親会社と子会社は連携して事業を行っているため、連結会社間で資産を売買したり、資金の貸付け・借入れをしたりすることがあります。

しかし、連結会社間の取引は、企業グループ全体の観点でみると単なるグループ内での資産や資金の移動にすぎないので、連結財務諸表を作成するにあたって相殺消去する必要があります。このような手続きを**連結会社間取引の相殺消去**といいます。

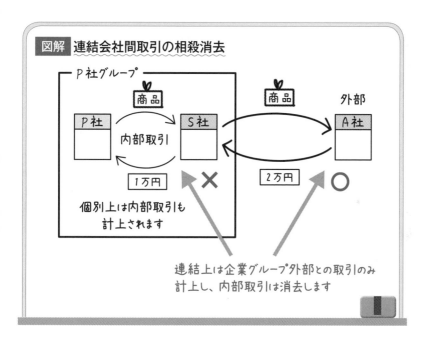

図解 連結会社間取引の相殺消去

連結会社間取引の相殺消去の処理には、次のようなものがあります。

●連結会社間取引の相殺消去の処理

	翌期以降の開始仕訳・税効果会計の適用 非支配株主持分への按分（アップストリームの場合）	
内部取引高の相殺消去	しない	2
債権債務の相殺消去	しない	2
貸倒引当金の修正	する	3
手形割引の修正	しない	4
未実現損益の消去	する	5

2 内部取引高・債権債務の相殺消去

Ⅰ 未達取引の処理

　親会社と子会社が期末直前に取引を行うと、一方では適切に処理されていても、もう一方では期末までに処理されておらず未達になっている場合があります。

　連結上で連結会社間取引を修正する前に、このような未達取引をあらかじめ処理しておく必要があります。

▼ 例1 ━━━━━━━━━━━━━━━━━━━━━━━━ 未達取引の整理

　親会社P社は子会社S社に対して売上高3,000円を計上しているが、S社におけるP社からの仕入額は2,000円と計上されていた。両社の金額の不一致は、商品の未達によるものである。なお、取引はすべて掛けで行われている。
　未達取引について当期の連結修正仕訳を示しなさい。

例1の仕訳	（商　　　　品）	1,000	（買　掛　金）	1,000

〈解説〉
　解答の仕訳は、S社の個別上における次の仕訳を合わせたものと考えることができます。

S社仕入の仕訳：（仕　　　　入）　1,000　（買　掛　金）　1,000
S社売上原価算定の仕訳：（繰 越 商 品）　1,000　（仕　　　　入）　1,000
　なお、連結上では繰越商品勘定は使わず、直接商品勘定で処理します。

Ⅱ 内部取引高・債権債務の相殺消去

　連結会社間で行われた内部取引や債権債務は、企業グループ全体ではあくまで内部取引なので相殺消去します。

　なお、連結損益計算書では期首・期末商品棚卸高や当期商品仕入高を表示しないため、仕入に関する修正仕訳は売上原価勘定で処理します。

●相殺消去する内部取引高・債権債務

◆内部取引高の相殺消去
　　売　上　高 ⇔ 売 上 原 価
　　受 取 利 息 ⇔ 支 払 利 息
　　受取配当金 ⇔ 剰余金の配当

◆債権債務の相殺消去
　　買　掛　金 ⇔ 売　掛　金
　　支 払 手 形 ⇔ 受 取 手 形
　　借　入　金 ⇔ 貸　付　金
　　未 払 費 用 ⇔ 未 収 収 益
　　前 受 収 益 ⇔ 前 払 費 用

▶例2 ━━━━━━━━━━━ 内部取引高・債権債務の相殺消去①

　親会社P社は当期に子会社S社に対して商品3,000円を掛けで売り上げている。P社の個別貸借対照表に計上されているS社に対する売掛金は1,500円である。

　この取引について当期の連結修正仕訳を示しなさい。

例2の仕訳	（売　　上　　高）	3,000	（売　上　原　価）	3,000
	（買　　掛　　金）	1,500*	（売　　掛　　金）	1,500

＊　期末残高を修正します。期中に精算された額は修正不要です。

〈解説〉

　期中には各社個別上で次の仕訳が行われています。

P社売上の仕訳：（売　掛　金）	3,000	（売　　　　上）	3,000
S社仕入の仕訳：（仕　　　　入）	3,000	（買　掛　金）	3,000
P社決済の仕訳：（現　　　金）	1,500	（売　掛　金）	1,500
S社決済の仕訳：（買　掛　金）	1,500	（現　　　金）	1,500

　連結修正仕訳では、期末の個別財務諸表に計上された売上・売上原価・売掛金・買掛金の残高について相殺消去します。

▶例3 ━━━━━━━━━━━ 内部取引高・債権債務の相殺消去②

　当期末、親会社P社の個別財務諸表では子会社S社に対する短期貸付金が2,000円計上されている。また、この貸付金に係る受取利息が100円、未収利息が50円計上されている。

　この取引について当期の連結修正仕訳を示しなさい。

例3の仕訳	（短　期　借　入　金）	2,000	（短　期　貸　付　金）	2,000
	（受　取　利　息）	100	（支　払　利　息）	100
	（未　払　利　息）	50	（未　収　利　息）	50

〈解説〉

　期中には各社個別上で次の仕訳が行われています。

P社貸付けの仕訳：（短 期 貸 付 金）	2,000	（現　　　　金）	2,000
S社借入れの仕訳：（現　　　金）	2,000	（短 期 借 入 金）	2,000
P社利息受取りの仕訳：（現　　　金）	50	（受　取　利　息）	100
（未　収　利　息）	50		
S社利息支払いの仕訳：（支　払　利　息）	100	（現　　　金）	50
		（未　払　利　息）	50

　連結修正仕訳では、期末の個別財務諸表に計上された短期貸付金・短期借入金・受取利息・支払利息・未収利息・未払利息について相殺消去します。

3 貸倒引当金の修正

I 期末貸倒引当金

連結修正仕訳で債権債務を相殺消去した場合、消去された債権に対して設定されていた貸倒引当金も消去する必要があります。

また、貸倒引当金の修正の処理では貸倒引当金繰入（費用）が変動するため、税効果会計を適用します。

1 親会社の貸倒引当金

親会社が計上していた債権の相殺消去にともない、**貸倒引当金**と**貸倒引当金繰入**を取り消します。

また、税効果会計を適用する場合、借方に**法人税等調整額**を、貸方に**繰延税金負債**を計上します。なお、この繰延税金負債は親会社に帰属します。

ひとこと

繰延税金資産・負債の帰属は、連結上の繰延税金資産・負債の相殺表示で重要となります（**6**参照）。

▶ 例4 ──────────── 親会社の期末貸倒引当金の修正

当期末、親会社P社の個別財務諸表では子会社S社に対する売掛金が3,000円計上されている。また、P社は売掛金に対して10%の貸倒引当金を差額補充法により設定している。

この取引について当期の連結修正仕訳を示しなさい。なお、税効果会計（税率40%）を適用する。

例4の仕訳　債権債務の相殺消去

| （買　掛　金） | 3,000 | （売　掛　金） | 3,000 |

貸倒引当金の修正

| （貸 倒 引 当 金） | 300*1 | （貸倒引当金繰入） | 300 |

貸倒引当金の修正に係る税効果会計の適用

| （法人税等調整額） | 120*2 | （繰 延 税 金 負 債） | 120 |

＊1　3,000円×10％＝300円
＊2　300円×40％＝120円
〈解説〉
　P社の個別上、次の仕訳が行われています。
貸倒引当金計上の仕訳：（貸倒引当金繰入）　300　（貸 倒 引 当 金）　300
　貸倒引当金の修正は貸倒引当金繰入（費用）の減少によって損益を増減させるため、税効果会計を適用する必要があります。
　税効果会計適用対象のP/L項目（ここでは、貸倒引当金繰入）が貸方なら法人税等調整額は借方、適用対象のP/L項目が借方なら法人税等調整額は貸方と覚えましょう。

2 子会社の貸倒引当金

　子会社が親会社に対する債権を計上している場合、上記の処理に加えて変動額を非支配株主持分に負担させる処理（非支配株主持分への按分）が必要になります。

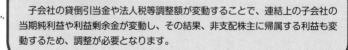

ひとこと

　子会社の貸倒引当金や法人税等調整額が変動することで、連結上の子会社の当期純利益や利益剰余金が変動し、その結果、非支配株主に帰属する利益も変動するため、調整が必要となります。

例5　　　　　　　　　　　　　　　　子会社の期末貸倒引当金の修正

　P社はS社の発行済株式の80％を保有し、支配している。
　当期末、子会社S社の個別財務諸表では親会社P社に対する売掛金が3,000円計上されている。また、S社は売掛金に対して10％の貸倒引当金を差額補充法により設定している。
　この取引について当期の連結修正仕訳を示しなさい。なお、税効果会計（税率40％）を適用する。

例5の仕訳　債権債務の相殺消去

| （買　掛　金） | 3,000 | （売　掛　金） | 3,000 |

貸倒引当金の修正

| （貸 倒 引 当 金） | 300*1 | （貸倒引当金繰入） | 300 |

貸倒引当金の修正に係る税効果会計の適用

| （法人税等調整額） | 120*2 | （繰 延 税 金 負 債） | 120 |

非支配株主持分への按分

| （非支配株主に帰属する当期純損益） | 36*3 | （非支配株主持分当期変動額） | 36 |

* 1　3,000円×10％＝300円
* 2　300円×40％＝120円
* 3　（300円－120円）×（100％－80％）＝36円

〈解説〉

　子会社が親会社に対して計上した貸倒引当金繰入を連結修正する場合、子会社の損益が増減することになります。そのため、税効果会計の適用に加えて当期純損益の振替仕訳の修正（非支配株主持分への按分）も必要になります。

　非支配株主持分への按分額は、貸倒引当金繰入と法人税等調整額の差額に非支配株主持分割合を掛けて計算します。

Ⅱ　期首貸倒引当金

1　親会社の期首貸倒引当金

　前期以前に行った連結修正仕訳は、当期に影響を及ぼす場合には開始仕訳として改めて行います。したがって、開始仕訳では貸倒引当金の修正についても仕訳を行う必要があります。

　また、前期に貸倒引当金を修正しているため、当期は追加計上した貸倒引当金の金額部分のみ修正を行います。

　なお、開始仕訳では、損益項目である貸倒引当金繰入や法人税等調整額については、**利益剰余金当期首残高**で処理します。

当期末、親会社P社の個別財務諸表では子会社S社に対する売掛金が3,000円計上されている。また、P社は売掛金に対して10%の貸倒引当金を差額補充法により設定している。なお、前期末にはS社への売掛金に対する貸倒引当金が200円計上されていた。

この取引について当期の連結修正仕訳を示しなさい。なお、税効果会計（税率40%）を適用する。

例6の仕訳　債権債務の相殺消去

（買　　掛　　金）	3,000	（売　　掛　　金）	3,000

開始仕訳（期首貸倒引当金の修正と税効果会計の適用）

（貸 倒 引 当 金）	200	（利益剰余金当期首残高）	200
（利益剰余金当期首残高）	80*¹	（繰 延 税 金 負 債）	80

当期の貸倒引当金の修正と税効果会計の適用

（貸 倒 引 当 金）	100*²	（貸倒引当金繰入）	100
（法 人 税 等 調 整 額）	40*³	（繰 延 税 金 負 債）	40

＊1　200円×40％＝80円
＊2　3,000円×10％＝300円（S社に対する貸倒引当金計上額）
　　　300円－200円＝100円（S社に対する貸倒引当金の当期の追加計上額）
＊3　100円×40％＝40円

〈解説〉
前期末の連結修正では次の仕訳が行われています。
貸倒引当金計上の仕訳：（貸 倒 引 当 金）　200　（貸倒引当金繰入）　200
税効果適用の仕訳：（法人税等調整額）　80　（繰延税金負債）　80
貸倒引当金繰入と法人税等調整額は損益項目であり、当期首の利益剰余金を変動させるため、当期以降の開始仕訳では利益剰余金当期首残高で処理します。

---

2 子会社の期首貸倒引当金

子会社が期首に貸倒引当金を計上している場合、親会社の場合と同様に開始仕訳を行い、さらに非支配株主持分についても按分します。

なお、開始仕訳では非支配株主持分について**非支配株主持分当期首残高**で処理します。

例7 ——————————————— 子会社の期首貸倒引当金の修正

　P社はS社の発行済株式の80%を保有し、支配している。

　当期末、子会社S社の個別財務諸表では親会社P社に対する売掛金が3,000円計上されている。また、S社は売掛金に対して10%の貸倒引当金を差額補充法により設定している。なお、前期末にはP社への売掛金に対する貸倒引当金が200円計上されていた。

　この取引について当期の連結修正仕訳を示しなさい。なお、税効果会計（税率40%）を適用する。

例7の仕訳　債権債務の相殺消去

| （買　　掛　　金） | 3,000 | （売　　掛　　金） | 3,000 |

開始仕訳（期首貸倒引当金の修正・税効果会計の適用・非支配株主持分への按分）

（貸 倒 引 当 金）	200	（利益剰余金当期首残高）	200
（利益剰余金当期首残高）	80^{*1}	（繰 延 税 金 負 債）	80
（利益剰余金当期首残高）	24^{*2}	（非支配株主持分当期首残高）	24

当期の貸倒引当金の修正・税効果会計の適用

（貸 倒 引 当 金）	100^{*3}	（貸倒引当金繰入）	100
（法人税等調整額）	40^{*4}	（繰 延 税 金 負 債）	40
（非支配株主に帰属する当期純損益）	12^{*5}	（非支配株主持分当期変動額）	12

* 1　200円×40%＝80円
* 2　（200円－80円）×（100%－80%）＝24円
* 3　3,000円×10%＝300円（P社に対する貸倒引当金計上額）
　　　300円－200円＝100円（P社に対する貸倒引当金の当期の追加計上額）
* 4　100円×40%＝40円
* 5　（100円－40円）×（100%－80%）＝12円

ひ と こ と

　　例6、7では、期首の貸倒引当金より期末の貸倒引当金が増えている場合でしたが、期首の貸倒引当金より期末の貸倒引当金が減っている場合は、開始仕訳で減額した貸倒引当金を連結修正仕訳において増加させます。

Ⅰ 手形の割引

　連結会社間で振り出した手形を銀行で割り引いた場合、個別上は手形の割引として処理されています。しかし、企業グループ全体で考えた場合、企業グループが銀行に手形を振り出して借入れを行ったと考えます。

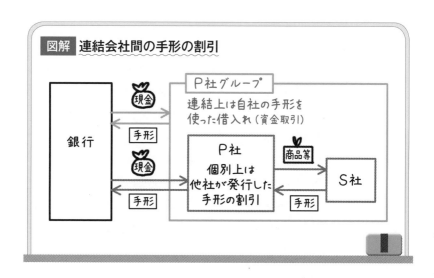

図解 連結会社間の手形の割引

　したがって、連結会社間で振り出した手形を割り引いた場合、手形借入金として処理する必要があります。そこで、連結修正仕訳によって支払手形を借入金に振り替えます。

　なお、借入金は連結貸借対照表上では一年基準により**短期借入金**または**長期借入金**として表示します。

▼ 例8 ─────────────────────────── 連結会社間の手形の割引

　子会社S社は当期に親会社P社に対して約束手形20,000円を振り出した。P
社は期中にこの約束手形のうち15,000円を銀行で割り引き（割引料は0円）、
残額は期末まで保有している。

　この取引について当期の連結修正仕訳を示しなさい。

例8の仕訳　債権債務の相殺消去

（支　払　手　形）　　　5,000*1　（受　取　手　形）　　　5,000

手形割引の修正

（支　払　手　形）　　 15,000　（短　期　借　入　金）　 15,000

　＊1　20,000円－15,000円＝5,000円
〈解説〉
　各社個別上では次の仕訳が行われています。
P社手形受取の仕訳：（受　取　手　形）　20,000　（売掛金など）　20,000
S社手形振出の仕訳：（買掛金など）　20,000　（支　払　手　形）　20,000
P社手形割引の仕訳：（現　金　など）　15,000　（受　取　手　形）　15,000
　期末時点でS社には20,000円の支払手形が残っていますが、P社に残って
いる受取手形は5,000円です。この5,000円は相殺消去し、銀行で割り引いた
15,000円について借入金に振り替えます。
　また、この問題ではふれていませんが、受取手形の残額に貸倒引当金を設
定している場合、**例4**などと同様に修正を行います。

　連結会社間で振り出した手形を他社に裏書譲渡した場合、割引の場合とは異
なり連結グループの視点でも支払手形である点は変わらないので、借入金に振
り替える連結修正仕訳は必要ありません。

5 未実現損益の消去

Ⅰ 未実現損益とは

　連結会社間で商品を売買する場合、外部と取引する場合と同様に仕入原価に利益を上乗せした価額で販売します。

　しかし、企業グループ全体の視点で考えると、企業グループ内の取引は単なるグループ内の商品の移動であるため、グループ内取引で上乗せされた利益は計上が認められず、消去する必要があります。

　この期末棚卸資産に含まれる企業グループ内で上乗せされた利益のことを**未実現利益**といいます。

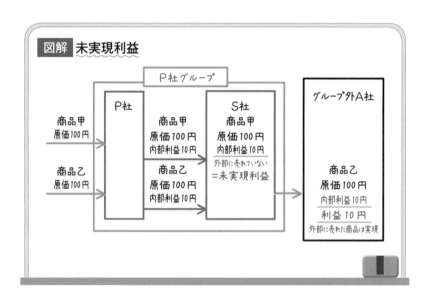

図解 未実現利益

これならわかる!!

親会社（P社）が@100円で仕入れた商品10個を子会社（S社）に@120円で販売している場合を考えてみましょう。

P社で計上したS社への売上1,200円はS社では仕入1,200円として計上されているので、内部取引高を相殺消去します。

また、S社においてP社から仕入れた商品が1つ期末に残っていた場合、S社では商品120円として計上されています。しかし、連結上は企業グループ外部との取引価額にもとづいて計上しなければなりません。したがって、連結上、期末商品はP社が外部から仕入れた100円で計上します。差額の20円は企業グループ内の内部利益であり、企業グループ全体の視点でみると未実現の利益であるため、連結修正仕訳で消去します。

また、連結会社間の債権債務も相殺消去します。

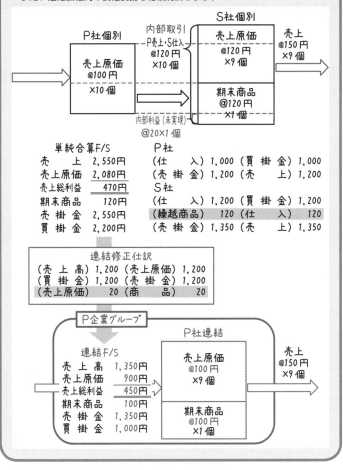

Ⅱ 期末棚卸資産の未実現利益

1 ダウンストリーム

親会社から子会社に商品などの資産を販売することを**ダウンストリーム**といいます。

ダウンストリームでは、子会社に販売した商品が期末まで販売されずに子会社に残っていた場合、親会社がその商品に上乗せした利益を消去します。

また、未実現利益を消去することで損益が変動するため、税効果会計を適用します。なお、消去される内部利益を計上しているのは販売した親会社であるため、繰延税金資産は親会社に帰属します。

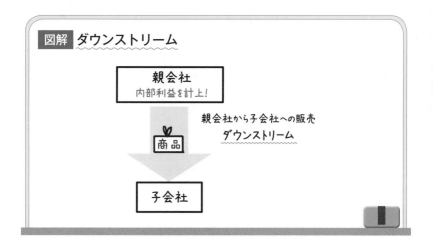

図解 ダウンストリーム

親会社
内部利益を計上！

親会社から子会社への販売
ダウンストリーム

商品

子会社

例9 ——— 期末棚卸資産の未実現利益（ダウンストリーム）

当期、親会社Ｐ社は子会社Ｓ社に商品2,000円を現金で販売した。Ｓ社の個別貸借対照表の商品には、Ｐ社から仕入れた商品が500円含まれている。なお、Ｐ社はＳ社に対して原価率80％で商品を販売している。

この取引について当期の連結修正仕訳を示しなさい。なお、税効果会計（税率40％）を適用する。

例9の仕訳　内部取引高の相殺消去

| （売 上 高） | 2,000 | （売 上 原 価） | 2,000 |

未実現利益の消去・税効果会計の適用

| （売 上 原 価） | 100*1 | （商 品） | 100 |
| （繰 延 税 金 資 産） | 40*2 | （法人税等調整額） | 40 |

* 1　500円×（100％－80％）＝100円
* 2　100円×40％＝40円

〈解説〉

各社個別上では次の仕訳が行われています。

P社売上の仕訳：（現　　　金）　2,000　（売　　　上）　2,000
S社仕入の仕訳：（仕　　　入）　2,000　（現　　　金）　2,000
S社売上原価算定の仕訳：（繰 越 商 品）　500　（仕　　　入）　500

まず、内部取引高を相殺消去します。この問題では現金販売なので債権債務はありませんが、もしあれば相殺消去し、貸倒引当金も修正します。

次に、期末商品に含まれている未実現利益を消去します。企業グループ全体としてはP社が外部から仕入れた価額で計上すべきなので、内部利益の100円分を商品から差し引き、売上原価を増やします。

さらに、未実現利益を消去することで利益が変動するため、税効果会計を適用します。未実現利益の消去により借方に売上原価が計上されたので、反対に貸方の法人税等調整額を計上します。

売上原価勘定で処理するのでわかりにくいですが、内部取引高の相殺消去がS社の仕入とP社の売上の仕訳の修正にあたるのに対して、未実現利益の消去はS社における売上原価算定仕訳の修正にあたると考えましょう。

2 アップストリーム

子会社から親会社に商品などの資産を販売することを**アップストリーム**といいます。

アップストリームの場合も、ダウンストリームと同様に未実現利益を消去し、税効果会計を適用しますが、この場合の繰延税金資産は子会社に帰属します。

さらに、アップストリームの場合は未実現利益の消去によって子会社の利益が変動するため、非支配株主持分へ按分する処理が必要になります。

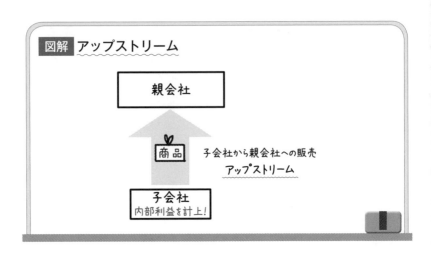

図解 アップストリーム

親会社

商品

子会社から親会社への販売
アップストリーム

子会社
内部利益を計上!

▎例10 ——————— **期末棚卸資産の未実現利益**（アップストリーム）

P社はS社の発行済株式の80%を保有し、支配している。

当期、S社はP社に商品2,000円を現金で販売した。P社の個別貸借対照表の商品にはS社から仕入れた商品が500円含まれている。なお、S社はP社に対して原価率80%で商品を販売している。

この取引について当期の連結修正仕訳を示しなさい。なお、税効果会計（税率40%）を適用する。

例10の仕訳　内部取引高の相殺消去

（売　　上　　高）	2,000	（売　上　原　価）	2,000

未実現利益の消去・税効果会計の適用

（売　上　原　価）	100*1	（商　　　　品）	100
（繰 延 税 金 資 産）	40*2	（法人税等調整額）	40

非支配株主持分への按分

（非支配株主持分当期変動額）	12*3	（非支配株主に帰属する当期純損益）	12

＊1　500円×（100%−80%）＝100円
＊2　100円×40%＝40円
＊3　（100円−40円）×（100%−80%）＝12円

〈解説〉

内部取引高の相殺消去、未実現利益の消去の仕訳は、**例9**と同じです。

アップストリームの場合、子会社の利益が変動するため、これを非支配株主持分へ按分します。非支配株主持分への按分仕訳は、当期純損益の振替仕訳の修正にあたると考えましょう。

3 未実現損益の消去方法

　ダウンストリーム、アップストリームのいずれの場合も、未実現損益は全額消去します。

　ダウンストリームでは、消去された損益はすべて親会社が負担しています。この方法を**全額消去・親会社負担方式**といいます。

　一方、アップストリームでは、消去された損益の一部を非支配株主持分に負担させています。この方法を**全額消去・持分按分負担方式**といいます。

●未実現損益の消去方法

◆ダウンストリーム：全額消去・親会社負担方式
◆アップストリーム：全額消去・持分按分負担方式

Ⅲ **期首棚卸資産の未実現利益**

1 ダウンストリーム

　期首の商品に含まれる未実現利益は、前期の連結修正仕訳で消去しています。これにより利益剰余金や非支配株主持分などの期首残高が変動しているため、当期の開始仕訳で再度仕訳を行います。

　なお、開始仕訳では、売上原価や法人税等調整額について**利益剰余金当期首残高**で処理します。

ひとこと

　期首の商品はすべて期中に販売されて未実現利益が実現したと考えて処理します。

例11 ――――――― 期首棚卸資産の未実現利益（ダウンストリーム）

　前期に親会社P社は子会社S社に商品2,000円を現金で販売した。S社の期首商品棚卸高には、P社から仕入れた商品が500円含まれている。なお、P社はS社に対して原価率80％で商品を販売している。

　この取引について当期の連結修正仕訳を示しなさい。なお、税効果会計（税率40％）を適用する。

例11の仕訳　期首未実現利益の消去・税効果会計の適用

（利益剰余金当期首残高）	100*¹	（売　上　原　価）	100
（法人税等調整額）	40*²	（利益剰余金当期首残高）	40

* 1　500円×（100％−80％）＝100円
* 2　100円×40％＝40円

〈解説〉
　前期には次の連結修正仕訳が行われています。
① 　内部取引高の相殺消去の仕訳：
　　　　　　（売　上　高）　2,000　（売上原価）　2,000
② 　未実現利益の消去の仕訳：
　　　　　　（売上原価）　100　（商　　　品）　100
③ 　税効果会計適用の仕訳：
　　　　　　（繰延税金資産）　40　（法人税等調整額）　40
　前期の内部取引高は当期の各社個別財務諸表に反映されていないので、①は当期の開始仕訳では行いません。
　未実現利益の消去と税効果会計の適用は当期首の純資産を変動させるので、②と③については当期の連結修正仕訳として、「利益剰余金当期首残高」を用いて開始仕訳を行います。
②′　未実現利益の消去の開始仕訳：
　　　　　　（利益剰余金当期首残高）　100　（商　　　品）　100
③′　税効果会計適用の開始仕訳：
　　　　　　（繰延税金資産）　40　（利益剰余金当期首残高）　40
　前期末商品に含まれた未実現利益が当期に販売されることによって実現したと考えるので、前期の連結修正仕訳（②③）の逆仕訳を行います。
④ 　未実現利益の実現の仕訳：
　　　　　　（商　　　品）　100　（売上原価）　100
⑤ 　税効果会計適用の仕訳：
　　　　　　（法人税等調整額）　40　（繰延税金資産）　40
　繰延税金資産と商品は相殺されるため、最終的には解答の仕訳になります。
　なお、解答の仕訳は「個別上は前期に計上していた売上原価と法人税等調整額を、連結上当期に付け替えた」ということを表しています。前期末に修正した商品や繰延税金資産は、当期に未実現利益が実現したことで取り消されたため、出てきません。

2 アップストリーム

アップストリームの場合、期末のときと同様に、ダウンストリームの処理に加えて非支配株主持分への按分の処理を行います。

▼ 例12 ──── 期首棚卸資産の未実現利益（アップストリーム）

P社はS社の発行済株式の80%を保有し、支配している。

前期にS社はP社に商品2,000円を現金で販売した。P社の期首商品棚卸高には、S社から仕入れた商品が500円含まれている。なお、S社はP社に対して原価率80%で商品を販売している。

この取引について当期の連結修正仕訳を示しなさい。なお、税効果会計（税率40%）を適用する。

例12の仕訳　期首未実現利益の消去・税効果会計の適用

（利益剰余金当期首残高）	100[*1]	（売 上 原 価）	100
（法人税等調整額）	40[*2]	（利益剰余金当期首残高）	40

非支配株主持分への按分

（非支配株主持分当期首残高）	12[*3]	（利益剰余金当期首残高）	12
（非支配株主に帰属する当期純損益）	12	（非支配株主持分当期変動額）	12

* 1　500円×（100%−80%）=100円
* 2　100円×40%=40円
* 3　（100円−40円）×（100%−80%）=12円

〈解説〉

未実現利益の消去の仕訳（①〜⑤）は、**例11**と同じです。

加えて、アップストリームの場合は前期の連結修正仕訳で次の仕訳を行っています。

⑥　非支配株主持分への按分の仕訳：

（非支配株主持分当期変動額）　12　（非支配株主に帰属する当期純損益）　12

これを「非支配株主持分当期首残高」を用いて当期の開始仕訳として行います。

⑥′　非支配株主持分への按分の仕訳：

（非支配株主持分当期首残高）　12　（利益剰余金当期首残高）　12

さらに、当期に未実現利益が実現して子会社の利益が増加したために、次の仕訳によって非支配株主への当期純利益の振替額も増加させます。

⑦　非支配株主持分への按分の仕訳：

（非支配株主に帰属する当期純損益）　12　（非支配株主持分当期変動額）　12

●棚卸資産に関する未実現利益の消去仕訳のまとめ

◆期末商品の修正

		未実現利益額		
（売 上 原 価）	100	（商　　　　品）	100
（繰 延 税 金 資 産）	40	（法人税等調整額）	40

　　アップストリームの場合、さらに次の仕訳を行います。　　　差額×非支配株主持分割合

（非支配株主持分当期変動額）	12	（非支配株主に帰属する当期純損益）	12

◆期首商品の修正

		未実現利益額		
（利益剰余金当期首残高）	100	（売 上 原 価）	100
（法人税等調整額）	40	（利益剰余金当期首残高）	40

　　アップストリームの場合、さらに次の仕訳を行います。　　　差額×非支配株主持分割合

（非支配株主持分当期首残高）	12	（利益剰余金当期首残高）	12
（非支配株主に帰属する当期純損益）	12	（非支配株主持分当期変動額）	12

※　このほかに内部取引高の相殺消去・貸倒引当金の修正も行います。

▷ 例13 ━━━━━━━━━━━━━━━━━━━━━━━━━ 実践問題

　P社はS社の発行済株式の70％を保有し、支配している。

(1)　P社はS社に商品の一部を販売している。P社の売上高のうち10,000円はS社に対するものであった。なお、そのうち500円は決算日現在S社へ未達となっていた。

(2)　S社の商品棚卸高に含まれるP社からの仕入分は次のとおりである。
　　　期首商品棚卸高　1,800円
　　　期末商品棚卸高　　500円（未達分を含まない）
　　なお、P社は毎期仕入価額の25％を利益として上乗せして販売している。

(3)　S社の支払手形のうち1,200円、買掛金のうち1,700円（未達分を含まない）はP社に対するものである。

(4)　P社はS社振出の約束手形のうち300円を割引に付しているが、支払期日は到来していない。

(5)　P社は受取手形（割引分を除く）および売掛金に対して2％の貸倒引当金を差額補充法により設定している。なお、前期末におけるS社に対する貸倒引当金は52円であった。

　これらの取引について当期の連結修正仕訳を示しなさい。なお、便宜上税効果会計は無視する。

166

例13の仕訳　未達取引の整理

| （商　　　　品） | 500 | （買　　掛　　金） | 500 |

内部取引高の相殺消去

| （売　　上　　高） | 10,000 | （売　上　原　価） | 10,000 |

開始仕訳（未実現利益の消去）

| （利益剰余金当期首残高） | 360*1 | （売　上　原　価） | 360 |

期末未実現利益の消去

| （売　上　原　価） | 200*2 | （商　　　　品） | 200 |

債権債務の相殺消去・手形割引の修正

（買　　掛　　金）	2,200*3	（売　　掛　　金）	2,200
（支　払　手　形）	900*4	（受　取　手　形）	900
（支　払　手　形）	300	（短　期　借　入　金）	300

開始仕訳（貸倒引当金の修正）

| （貸　倒　引　当　金） | 52 | （利益剰余金当期首残高） | 52 |

貸倒引当金の修正

| （貸　倒　引　当　金） | 10*5 | （貸倒引当金繰入） | 10 |

＊1　$1,800円 \times \dfrac{25\%}{125\%} = 360円$

＊2　$(500円+500円) \times \dfrac{25\%}{125\%} = 200円$

＊3　1,700円＋500円＝2,200円
＊4　1,200円－300円＝900円
＊5　(2,200円＋900円)× 2 ％＝62円
　　　62円－52円＝10円

〈解説〉
　この問題では論点ごとに開始仕訳を分けて行っていますが、内容は変わりません。
　未達がある場合は、期末商品や買掛金に影響するため、必ず最初に整理してからほかの連結修正仕訳を行います。ミスをなくすためには(3)の問題文に「＋未達500円」と書き込んだり、未達を含む金額に修正したりするのも有効です。
　(2)では、「仕入価額の25％を利益として上乗せして～」とあるので、仕入価額を100％として利益25％を上乗せした125％分が期末商品の価額となっている点に注意しましょう。
　(5)の貸倒引当金は、P社が個別上計上した金額をもとに修正します。つまり、S社で未達となっている分には設定されていますが、P社が割り引いた手形分には設定されていません。したがって、売掛金2,200円と受取手形900円に対してP社が貸倒引当金を設定していることになります。

Ⅳ 非償却固定資産の未実現損益

1 ダウンストリーム

親会社が子会社に土地を売却して親会社の個別上で売却損益が計上されている場合、企業グループ全体の視点からみるとこの売却損益は実現していないため、消去する必要があります。

例14 ———————— 非償却固定資産の未実現損益（ダウンストリーム）

親会社P社は子会社S社に土地（帳簿価額40,000円）を50,000円で売却した。S社はこの土地を当期末現在保有している。

この取引について当期の連結修正仕訳を示しなさい。なお、税効果会計（税率40%）を適用する。

例14の仕訳　未実現利益の消去・税効果会計の適用

（固定資産売却益）	10,000*¹	（土　　　　　地）	10,000
（繰延税金資産）	4,000*²	（法人税等調整額）	4,000

＊1　50,000円－40,000円＝10,000円
＊2　10,000円×40％＝4,000円

〈解説〉

各社個別上、次の仕訳が行われています（現金取引を仮定）。

P 社 の 仕 訳：（現　　　　金） 50,000 （土　　　　地） 40,000
　　　　　　　　　　　　　　　　　　　（固定資産売却益） 10,000

S 社 の 仕 訳：（土　　　　地） 50,000 （現　　　　金） 50,000

しかし、企業グループ内の売買であるため連結上の損益は計上できませんし、土地の計上価額も40,000円でなければなりません。したがって、売却益10,000円と土地の増加額10,000円を消去します。

2 アップストリーム

アップストリームによる非償却固定資産の売却の場合、棚卸資産と同様に非支配株主持分への按分の処理を行います。

� **例15** ━━━━━━━━ **非償却固定資産の未実現損益**（アップストリーム）

P社はS社の発行済株式の80%を保有し、支配している。

S社はP社に土地（帳簿価額40,000円）を50,000円で売却した。P社はこの土地を当期末現在保有している。

この取引について当期の連結修正仕訳を示しなさい。なお、税効果会計（税率40%）を適用する。

例15の仕訳　未実現利益の消去・税効果会計の適用

（固定資産売却益）	10,000*1	（土　　　　　地）	10,000
（繰 延 税 金 資 産）	4,000*2	（法人税等調整額）	4,000

非支配株主持分への按分

（非支配株主持分当期変動額）	1,200*3	（非支配株主に帰属する当期純損益）	1,200

＊1　50,000円－40,000円＝10,000円
＊2　10,000円×40%＝4,000円
＊3　（10,000円－4,000円）×（100%－80%）＝1,200円
〈解説〉
　固定資産売却益の消去10,000円と法人税等調整額（貸方）4,000円の純額の6,000円分だけ損益が変動しているので、6,000円×20%（非支配株主持分割合）＝1,200円を非支配株主持分に按分します。

3 翌期の仕訳

非償却固定資産を売却した翌期以降の連結財務諸表の作成では、開始仕訳として再度未実現損益の消去等の仕訳を行います。

この際、損益項目は**利益剰余金当期首残高**、非支配株主持分は**非支配株主持分当期首残高**で処理します。

　Ｐ社はＳ社の発行済株式の80％を保有し、支配している。

　Ｓ社は前期においてＰ社に土地（帳簿価額40,000円）を50,000円で売却した。Ｐ社はこの土地を当期末現在保有している。

　この取引について当期の開始仕訳を示しなさい。なお、税効果会計（税率40％）を適用する。

例16の仕訳　開始仕訳

（利益剰余金当期首残高）	10,000*¹	（土　　　　　地）	10,000
（繰 延 税 金 資 産）	4,000*²	（利益剰余金当期首残高）	4,000
（非支配株主持分当期首残高）	1,200*³	（利益剰余金当期首残高）	1,200

＊1　50,000円－40,000円＝10,000円
＊2　10,000円×40％＝4,000円
＊3　（10,000円－4,000円）×（100％－80％）＝1,200円
〈解説〉
　この問題はアップストリームですが、非支配株主持分への按分仕訳を行わないこと以外はダウンストリームの場合も同じです。

Ⅴ 償却固定資産の未実現損益

1 ダウンストリーム

　備品や建物といった償却固定資産の売買の場合、子会社では親会社からの取得原価をもとに減価償却費を計算します。

　しかし、連結上は親会社の購入原価をもとに減価償却費を計算しなければなりませんので、その差額を修正することになります。

　なお、減価償却費の修正によって損益が変動するため、税効果会計を適用します。

これならわかる!!

　P社が保有している備品（帳簿価額600円、残存価額０円、耐用年数２年、定額法で償却）をS社に700円で売却したとします。

　個別上、×2年度にP社が売却益100円を計上し、×3年度から700円の備品を２年で償却しています（減価償却費350円）。

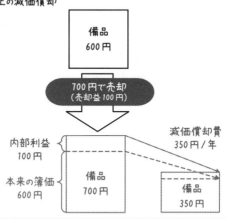

S社個別上の減価償却

備品
600円

700円で売却
（売却益100円）

内部利益
100円

本来の簿価
600円

備品
700円

減価償却費
350円／年

備品
350円

　しかし、連結上はP社の売却時の帳簿価額600円をもとに、毎年300円で減価償却を行わなければなりません。

　したがって、連結修正仕訳では、まずP社の売却益100円を取り消して備品の取得原価を減少させます（未実現利益の消去）。

（固定資産売却益）	100	（備　　　　品）	100

　さらに、×3年度以降にS社が行った減価償却費を１年あたり50円（＝売却時簿価をベースとした減価償却費300円－S社の減価償却費350円）減らします（減価償却費の修正）。

（減価償却累計額）	50	（減 価 償 却 費）	50

モヤモヤ解消

当期首において、親会社Ｐ社は子会社Ｓ社に建物（売却時Ｐ社個別上の帳簿価額40,000円）を50,000円で売却した。Ｓ社はこの建物を当期末現在保有し、耐用年数５年、残存価額０円の定額法で償却している。

この取引について当期の連結修正仕訳を示しなさい。なお、税効果会計（税率40%）を適用する。

例17の仕訳　未実現利益の消去

| （固定資産売却益） | 10,000^{*1} | （建　　　　　物） | 10,000 |

減価償却費の修正

| （減価償却累計額） | 2,000^{*2} | （減 価 償 却 費） | 2,000 |

税効果会計の適用

| （繰 延 税 金 資 産） | 3,200^{*3} | （法人税等調整額） | 3,200 |

* 1　50,000円－40,000円＝10,000円
* 2　40,000円÷５年＝8,000円（連結上の減価償却費）
　　　50,000円÷５年＝10,000円（Ｓ社個別上の減価償却費）
　　　10,000円－8,000円＝2,000円　または　10,000円÷５年＝2,000円
* 3　（10,000円－2,000円）×40%＝3,200円

〈解説〉

各社個別上、次の仕訳が行われています。

Ｐ 社 の 仕 訳：（現 金 な ど）	50,000	（建　　　　　物）	40,000
		（固定資産売却益）	10,000
Ｓ 社 の 仕 訳：（建　　　　　物）	50,000	（現 金 な ど）	50,000
（減 価 償 却 費）	10,000	（減価償却累計額）	10,000

しかし、企業グループ内の売買であるため、連結上の損益は計上されません。したがって、売却益10,000円と建物の増加額10,000円を消去します。

減価償却費は、Ｐ社がＳ社に売却せずに保有し続けていた場合、次の仕訳が行われることになります。

| 連結上あるべき仕訳：（減 価 償 却 費） | 8,000 | （減価償却累計額） | 8,000* |
| | * | 40,000円÷５年＝8,000円 | |

したがって、Ｓ社が個別上計上した10,000円との差額2,000円を修正します。

なお、減価償却費の修正額2,000円は売却益10,000円を耐用年数５年で割った金額と一致するので、定額法の場合は売却益を耐用年数で割って計算することもできます（残存価額10%がある場合は売却益に0.9をかけてから耐用年数で割ります）。

また、税効果会計の仕訳は、未実現利益の消去と減価償却費の両方に対して税効果会計を適用したものです。

2 アップストリーム

アップストリームの場合、ダウンストリームの処理に加えて非支配株主
持分への按分の処理を行います。

▼例18 ──────── 償却固定資産の未実現損益（アップストリーム）

P社はS社の発行済株式総数の80%を保有し、支配している。

当期首において、S社はP社に建物（売却時S社個別上の帳簿価額40,000円）
を50,000円で売却した。P社はこの建物を当期末現在保有し、耐用年数5年、
残存価額0円の定額法で償却している。

この取引について当期の連結修正仕訳を示しなさい。なお、税効果会計（税
率40%）を適用する。

例18の仕訳　　未実現利益の消去

| （固定資産売却益） | 10,000*1 | （建　　　　物） | 10,000 |

減価償却費の修正

| （減価償却累計額） | 2,000*2 | （減 価 償 却 費） | 2,000 |

税効果会計の適用

| （繰 延 税 金 資 産） | 3,200*3 | （法人税等調整額） | 3,200 |

非支配株主持分への按分

| （非支配株主持分当期変動額） | 960*4 | （非支配株主に帰属する当期純損益） | 960 |

* 1　50,000円−40,000円＝10,000円
* 2　40,000円÷5年＝8,000円（連結上の減価償却費）
　　　50,000円÷5年＝10,000円（P社個別上の減価償却費）
　　　10,000円−8,000円＝2,000円　または　10,000円÷5年＝2,000円
* 3　（10,000円−2,000円）×40%＝3,200円
* 4　（10,000円−2,000円−3,200円）×（100%−80%）＝960円

〈解説〉
　　固定資産売却益の消去10,000円、減価償却費の修正額2,000円、法人税等調
整額（貸方）3,200円の純額の4,800円分だけ損益が変動しているので、4,800
円×20%（非支配株主持分割合）＝960円を非支配株主持分に按分します。

---

3 翌期の仕訳

償却固定資産を売却した場合、その翌期では開始仕訳として再度未実現
損益の消去や減価償却費の修正等の仕訳を行います。

この際、損益項目は利益剰余金当期首残高、非支配株主持分は非支配株

主持分当期首残高を用います。

　なお、減価償却費を計上することにより、未実現損益を消去する際に計上された繰延税金資産は取り崩されます。

▶例19 ━━━━━━━━━━━ 償却固定資産の未実現損益（翌期の仕訳）

　Ｐ社はＳ社の発行済株式の80％を保有し、支配している。

　前期首において、Ｓ社はＰ社に建物（売却時Ｓ社個別上の帳簿価額40,000円）を50,000円で売却した。Ｐ社はこの建物を当期末現在保有し、前期より耐用年数５年、残存価額０円の定額法で償却している。

　この取引について当期の連結修正仕訳を示しなさい。なお、税効果会計（税率40％）を適用する。

例19の仕訳　開始仕訳

（利益剰余金当期首残高）	10,000*1	（建　　　　　物）	10,000
（減価償却累計額）	2,000*2	（利益剰余金当期首残高）	2,000
（繰 延 税 金 資 産）	3,200*3	（利益剰余金当期首残高）	3,200
（非支配株主持分当期首残高）	960*4	（利益剰余金当期首残高）	960

減価償却費の修正

（減価償却累計額）	2,000*2	（減 価 償 却 費）	2,000

税効果会計の適用

（法人税等調整額）	800*5	（繰 延 税 金 資 産）	800

非支配株主持分への按分

（非支配株主に帰属する当期純損益）	240*6	（非支配株主持分当期変動額）	240

```
＊１　50,000円－40,000円＝10,000円
＊２　50,000円÷５年－40,000円÷５年＝2,000円（定額法なので前期・当期同じ）
　　　または　10,000円÷５年＝2,000円
＊３　（10,000円－2,000円）×40％＝3,200円
＊４　（10,000円－2,000円－3,200円）×（100％－80％）＝960円
＊５　2,000円×40％＝800円
＊６　（2,000円－800円）×20％＝240円
```

〈解説〉

　この問題はアップストリームですが、非支配株主持分への按分仕訳を行わないこと以外はダウンストリームの場合も同じです。

6 繰延税金資産・負債の表示

I 表示方法

個別財務諸表と同様に、連結財務諸表でも繰延税金資産は投資その他の資産に、繰延税金負債は固定負債に表示します。

繰延税金資産と繰延税金負債を、それぞれ相殺して表示することも個別財務諸表と同じです。

ひとこと

連結精算表上は相殺しないこともあるので、連結精算表の問題では問題文の指示にしたがって処理してください。

ただし、親会社に帰属する繰延税金資産・負債と、子会社に帰属する繰延税金資産・負債を相殺することはできません。

ひとこと

納税は個別の会社ごとに行うため、異なる会社間の繰延税金資産・負債は相殺できません。

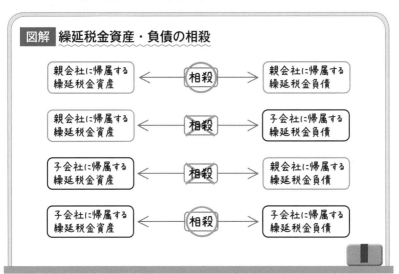

図解 繰延税金資産・負債の相殺

親会社に帰属する繰延税金資産	←（相殺）→	親会社に帰属する繰延税金負債
親会社に帰属する繰延税金資産	←（相殺）→	子会社に帰属する繰延税金負債
子会社に帰属する繰延税金資産	←（相殺）→	親会社に帰属する繰延税金負債
子会社に帰属する繰延税金資産	←（相殺）→	子会社に帰属する繰延税金負債

例題を使って精算表を用いた連結の総合問題の解き方をみていきましょう。

例20 ──────────────── 連結会計の総合問題の解き方

次の資料にもとづいて、Ｐ社の当期（×2年４月１日から×3年３月31日）における連結精算表を完成させなさい。

［資料１］ 解答上の注意事項

⑴ 精算表の（　　）は貸方金額を表す。

⑵ 評価差額の計上、未実現利益の消去、貸倒引当金の修正にあたっては税効果会計（実効税率40％）を適用する。なお、連結精算表上の繰延税金資産と繰延税金負債は相殺しないこととする。

⑶ のれんの償却期間は20年とし、定額法で償却する。

［資料２］ 連結に関する事項

⑴ Ｓ社株式の取得状況とＳ社の資本勘定の推移（単位：百万円）

取 得 日	取得価額	取得割合	資 本 金	利益剰余金
×1年３月31日	12,000	90％	7,000	3,600
×2年３月31日	―	―	7,000	4,500

×1年３月31日（支配獲得日）におけるＳ社の土地の時価は10,000百万円であった。土地以外の資産・負債は時価と帳簿価額が一致している。

⑵ ×2年６月15日に、Ｓ社は利益剰余金から配当300百万円を行った。

⑶ Ｓ社は、前期よりＰ社から掛けで商品を仕入れている。Ｐ社の売上高のうち6,000百万円はＳ社に対するものである。Ｐ社は、Ｓ社に対して前期・当期ともに仕入原価に20％相当額の利益を加算している。なお、Ｐ社の売上高のうち540百万円が決算日現在Ｓ社へ未達であった。前期末には未達はなかった。

⑷ Ｓ社の期末商品棚卸高のうちＰ社からの仕入分は前期末において1,410百万円、当期末において1,110百万円である（未達は含まない）。

⑸ Ｐ社の売掛金のうち2,100百万円はＳ社に対するものである。Ｐ社のＳ社に対する売掛金の前期末残高は1,900百万円であった。Ｐ社は売上債権の期末残高に対して毎期５％の貸倒引当金を差額補充法で設定している。

〈答案用紙〉

連 結 精 算 表　　　　　　（単位：百万円）

勘定科目	個別財務諸表			消去・振替	連結財務諸表
	P社	S社	合計		
貸借対照表					
現　　　　金	17,000	7,820	24,820		
売　掛　金	15,000	5,400	20,400		
商　　　品	8,500	3,560	12,060		
土　　　地	24,000	6,000	30,000		
S 社 株 式	12,000		12,000		
の　れ　ん					
繰 延 税 金 資 産					
資産合計	76,500	22,780	99,280		
買　掛　金	(19,000)	(2,800)	(21,800)		(　　　)
貸 倒 引 当 金	(750)	(270)	(1,020)		(　　　)
長 期 借 入 金	(9,350)	(7,400)	(16,750)		(　　　)
繰 延 税 金 負 債					(　　　)
資　本　金	(27,000)	(7,000)	(34,000)		(　　　)
利 益 剰 余 金	(20,400)	(5,310)	(25,710)		(　　　)
評 価 差 額					(　　　)
非支配株主持分					(　　　)
負債・純資産合計	(76,500)	(22,780)	(99,280)		(　　　)
損益計算書					
売　上　高	(72,000)	(16,500)	(88,500)		(　　　)
売 上 原 価	60,000	13,700	73,700		
貸倒引当金繰入	150	60	210		
その他の販管費	6,840	750	7,590		
受 取 配 当 金	(270)		(270)		(　　　)
のれん償却額					
支 払 利 息	200	160	360		
税金等調整前当期純利益	(5,080)	(1,830)	(6,910)		(　　　)
法 人 税 等	1,980	720	2,700		
法人税等調整額					(　　　)

勘定科目	個別財務諸表			消去・振替	連結財務諸表
	P社	S社	合計		
非支配株主に帰属する当期純利益					
親会社株主に帰属する当期純利益	(3,100)	(1,110)	(4,210)		( )
株主資本等変動計算書					
資本金当期首残高	(27,000)	(7,000)	(34,000)		( )
資本金当期末残高	(27,000)	(7,000)	(34,000)		( )
利益剰余金当期首残高	(18,200)	(4,500)	(22,700)		( )
当 期 変 動 額					
剰余金の配当	900	300	1,200		
親会社株主に帰属する当期純利益	(3,100)	(1,110)	(4,210)		( )
利益剰余金当期末残高	(20,400)	(5,310)	(25,710)		( )
非支配株主持分当期首残高					( )
非支配株主持分当期変動額					( )
非支配株主持分当期末残高					( )

Ⅰ 未達取引の処理

　まず、問題文全体を一読し、連結会社間の未達取引があれば最初に処理します。

連 結 精 算 表　　　　　　（単位：百万円）

勘定科目	個別財務諸表			消去・振替	連結財務諸表
	P社	S社	合計		
貸借対照表					
商　　　　品	8,500	3,560	12,060	540	
買　　掛　　金	(19,000)	(2,800)	(21,800)		540　( )

（商　　　　品）	540	（買　　掛　　金）	540

　以降の処理で未達取引を忘れないよう、関連する問題文に書き加えることも有効です。この問題の場合、[資料2]⑷の期末商品棚卸高に未達分が含まれていないので修正します。なお、[資料2]⑸の売掛金は、P社における計上額なので、S社で未達となっている部分も含まれており、修

正は必要ありません。また、ダウンストリームであること等のメモも、最初に書いてしまうとよいでしょう。

Ⅱ 投資と資本の相殺消去の開始仕訳を行う

1 子会社の資産・負債の評価替え

子会社の資産・負債を時価に評価替えします。

繰延税金資産・負債が出てきた場合、親会社と子会社どちらに帰属するのかわかるようにメモしておきます。

(土　　　　地)	4,000	(評 価 差 額) 60%	2,400
		(繰延税金負債) 40%	1,600

子会社

連 結 精 算 表　　　　　（単位：百万円）

勘定科目	個別財務諸表			消去・振替	連結財務諸表
	P社	S社	合計		
貸借対照表					
土　　　　　地	24,000	6,000	30,000	4,000	
繰 延 税 金 負 債				1,600	(　　　　)
評 価 差 額				2,400	(　　　　)

2 支配獲得日のタイムテーブルの作成とのれんの計算

支配獲得日のタイムテーブルを作成し、支配獲得日ののれんの金額を計算します（単位：百万円）。

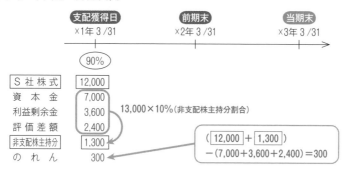

3 前期末のタイムテーブルの作成と開始仕訳

タイムテーブルに前期末の数値を書き加え、これをもとに開始仕訳を行います（単位：百万円）。

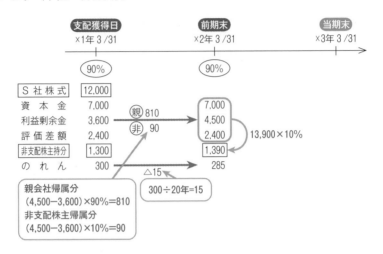

開始仕訳

（資本金当期首残高）	7,000	（S 社 株 式）	12,000
（利益剰余金当期首残高）	3,705	（非支配株主持分当期首残高）	1,390
（評 価 差 額）	2,400		
（の れ ん）	285		

3,600（支配獲得日）
＋90（純利益の振替）
＋15（のれん償却）＝3,705

連 結 精 算 表　　　　　　　（単位：百万円）

勘定科目	個別財務諸表			消去・振替	連結財務諸表
	P社	S社	合計		
貸借対照表					
S 社 株 式	12,000		12,000		12,000
の れ ん				285	
評 価 差 額				2,400	**2,400** （　　）
株主資本等変動計算書					
資本金当期首残高	(27,000)	(7,000)	(34,000)	7,000	（　　）
利益剰余金当期首残高	(18,200)	(4,500)	(22,700)	3,705	（　　）
非支配株主持分当期首残高				1,390	（　　）

180

Ⅲ 当期の連結修正仕訳を行う

●当期の連結修正仕訳の種類

◆のれんの償却
◆子会社の当期純利益の振替え
◆子会社の配当金の修正
◆内部取引高の相殺消去
◆債権債務の相殺消去
◆貸倒引当金の修正（期首・期末）⎫ 利益が変動する
◆未実現利益の消去（期首・期末）⎭ ⇒ 税効果会計の適用

1 期中仕訳

タイムテーブルに当期末までの数値を書き加え、これをもとに期中仕訳を行います（単位：百万円）。

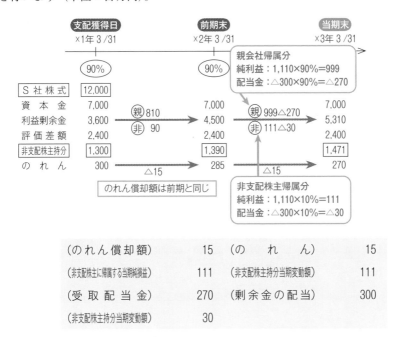

（のれん償却額）	15	（の れ ん）	15
（非支配株主に帰属する当期純損益）	111	（非支配株主持分当期変動額）	111
（受 取 配 当 金）	270	（剰 余 金 の 配 当）	300
（非支配株主持分当期変動額）	30		

連 結 精 算 表　　　　　（単位：百万円）

勘定科目	個別財務諸表			消去・振替		連結財務諸表
	P社	S社	合計			
貸借対照表						
の　れ　ん				285	15	
損益計算書						
受 取 配 当 金	(270)		(270)	270		( )
のれん償却額				15		
非支配株主に帰属する当期純利益				111		
株主資本等変動計算書						
剰 余 金 の 配 当	900	300	1,200		300	
非支配株主持分当期変動額				30	111	( )

② 内部取引高と債権債務の相殺消去

　資本連結の仕訳がひととおり終わったところで、内部取引高と債権債務の相殺の仕訳を行います。

（売　　上　　高）	6,000	（売　上　原　価）	6,000
（買　　掛　　金）	2,100	（売　　掛　　金）	2,100

連 結 精 算 表　　　　　（単位：百万円）

勘定科目	個別財務諸表			消去・振替		連結財務諸表
	P社	S社	合計			
貸借対照表						
売　　掛　　金	15,000	5,400	20,400		2,100	
買　　掛　　金	(19,000)	(2,800)	(21,800)	2,100	540	( )
損益計算書						
売　　上　　高	(72,000)	(16,500)	(88,500)	6,000		( )
売　上　原　価	60,000	13,700	73,700		6,000	

3 貸倒引当金の修正 （期首・期末）

期首

| （貸倒引当金） | 95*1 | （利益剰余金当期首残高） | 95 |
| （利益剰余金当期首残高） | 38 | （繰延税金負債） ×40% | 38 |

親 会 社

期末

| （貸倒引当金） | 10*2 | （貸倒引当金繰入） | 10 |
| （法人税等調整額） | 4 | （繰延税金負債） ×40% | 4 |

親 会 社

* 1 1,900百万円× 5 ％＝95百万円
* 2 2,100百万円× 5 ％＝105百万円
　　105百万円－95百万円＝10百万円

連 結 精 算 表　　　　　　（単位：百万円）

勘定科目	個別財務諸表			消去・振替	連結財務諸表
	P社	S社	合計		
貸借対照表					
貸 倒 引 当 金	(750)	(270)	(1,020)	95 10	(　　)
繰 延 税 金 負 債				1,600 38 4	(　　)
損益計算書					
貸倒引当金繰入	150	60	210	10	(　　)
法人税等調整額				4	(　　)
株主資本等変動計算書					
利益剰余金当期首残高	(18,200)	(4,500)	(22,700)	3,705 38	95	(　　)

4 未実現利益の消去

期首

(利益剰余金当期首残高)	235*1	(売 上 原 価)	←——235
(法人税等調整額)	94	(利益剰余金当期首残高) ×40%	94

期末

(売 上 原 価)	275*2	(商 品)	←——275
(繰延税金資産)	110	(法人税等調整額) ×40%	110

親会社

* 1　1,410百万円 × $\dfrac{20\%}{120\%}$ = 235百万円

* 2　(1,110百万円 + 540百万円) × $\dfrac{20\%}{120\%}$ = 275百万円

連 結 精 算 表　　　　　(単位:百万円)

勘定科目	個別財務諸表			消去・振替		連結財務諸表
	P 社	S 社	合計			
貸借対照表						
商　　　品	8,500	3,560	12,060	**540**	275	
繰延税金資産				110		
損益計算書						
売　上　原　価	60,000	13,700	73,700	275	**6,000** 235	
法人税等調整額				**4** 94	110	(　　　)
株主資本等変動計算書						
利益剰余金当期首残高	(18,200)	(4,500)	(22,700)	**3,705** **38** 235	**95** 94	(　　　)

184

Ⅳ 連結財務諸表の作成

　個別財務諸表の合計に連結修正仕訳の数値を加減して連結財務諸表欄を記入します。

　なお、消去・振替欄には連結修正仕訳を記入しますが、通常この欄には配点がありませんので、どのように記入してもかまいません。

例20の解答

連　結　精　算　表　　　　（単位：百万円）

勘定科目	個別財務諸表			消去・振替		連結財務諸表
	P社	S社	合計			
貸借対照表						
現　　　金	17,000	7,820	24,820			24,820
売　掛　金	15,000	5,400	20,400		2,100	18,300
商　　　品	8,500	3,560	12,060	540	275	12,325
土　　　地	24,000	6,000	30,000	4,000		34,000
S 社 株 式	12,000		12,000		12,000	0
の　れ　ん				285	15	270
繰 延 税 金 資 産				110		110
資　産　合　計	76,500	22,780	99,280	4,935	14,390	89,825
買　掛　金	(19,000)	(2,800)	(21,800)	2,100	540	(20,240)
貸 倒 引 当 金	(750)	(270)	(1,020)	95 10		(915)
長 期 借 入 金	(9,350)	(7,400)	(16,750)			(16,750)
繰 延 税 金 負 債				1,600 38 4		(1,642)
資　本　金	(27,000)	(7,000)	(34,000)	7,000		(27,000)
利 益 剰 余 金	(20,400)	(5,310)	(25,710)	10,747	6,844	(21,807)
評 価 差 額				2,400	2,400	(0)
非支配株主持分				30	1,501	(1,471)
負債・純資産合計	(76,500)	(22,780)	(99,280)	22,382	12,927	(89,825)

> 問題文の指示より、相殺しない

次ページへ続く

次ページのS/Sより

CHAPTER 05　連結会計Ⅲ　**185**

損益計算書						
売上高	(72,000)	(16,500)	(88,500)	6,000		(82,500)
売上原価	60,000	13,700	73,700	275	6,000 235	67,740
貸倒引当金繰入	150	60	210		10	200
その他の販管費	6,840	750	7,590			7,590
受取配当金	(270)		(270)	270		(0)
のれん償却額				15		15
支払利息	200	160	360			360
税金等調整前当期純利益	(5,080)	(1,830)	(6,910)	6,560	6,245	(6,595)
法人税等	1,980	720	2,700			2,700
法人税等調整額				4 94	110	(12)
非支配株主に帰属する当期純利益				111		111
親会社株主に帰属する当期純利益	(3,100)	(1,110)	(4,210)	6,769	6,355	(3,796)
株主資本等変動計算書						P/L貸借差額
資本金当期首残高	(27,000)	(7,000)	(34,000)	7,000		(27,000)
資本金当期末残高	(27,000)	(7,000)	(34,000)	7,000		(27,000)
利益剰余金当期首残高	(18,200)	(4,500)	(22,700)	3,705 38 235	95 94	(18,911)
当期変動額						
剰余金の配当	900	300	1,200		300	900
親会社株主に帰属する当期純利益	(3,100)	(1,110)	(4,210)	6,769	6,355	(3,796)
利益剰余金当期末残高	(20,400)	(5,310)	(25,710)	10,747	6,844	(21,807)
非支配株主持分当期首残高					1,390	(1,390)
非支配株主持分当期変動額				30	111	(81)
非支配株主持分当期末残高				30	1,501	(1,471)

問1　内部取引高・債権債務の相殺消去

　P社はS社の発行済株式の70%を取得し、支配を獲得している。次の各取引について、当期の連結財務諸表を作成するための連結修正仕訳を示しなさい。

(1)　S社はP社に対して商品を掛けで販売しており、S社の当期の売上高のうち100,000円はP社に対するものである。

(2)　S社の当期末の短期貸付金のうち、30,000円はP社に対するものである。また、この貸付金に係る受取利息300円と未収利息75円を計上している。

問2　貸倒引当金の修正

　P社はS社の発行済株式の80%を取得し、支配を獲得している。次の各取引について、当期の連結財務諸表を作成するための連結修正仕訳を示しなさい。なお、税効果会計を適用すること（法人税等の実効税率は40%）。

(1)　P社の当期の貸借対照表には、S社に対する売掛金980,000円が計上されている。また、P社の前期の貸借対照表には、S社に対する売掛金550,000円が計上されていた。なお、売掛金には毎期3%の貸倒引当金を差額補充法により設定している。

(2)　S社の当期の貸借対照表には、P社に対する売掛金980,000円が計上されている。また、S社の前期の貸借対照表には、P社に対する売掛金550,000円が計上されていた。なお、売掛金には毎期3%の貸倒引当金を差額補充法により設定している。

問3　手形取引の修正

　P社はS社の発行済株式の70%を取得し、支配を獲得している。次の各取引について、当期の連結財務諸表を作成するための連結修正仕訳を示しなさい。なお、税効果会計を適用すること（法人税等の実効税率は40%）。

(1)　当期において、S社はP社に対して約束手形98,000円を振り出し、P社は当期末現在この手形を保有している。なお、P社は受取手形に対して3%の貸倒引当金を設定している。

(2)　当期において、S社はP社に対して約束手形33,400円を振り出した。P社はこの手形を銀行で割り引き、現金を受け取った（割引料は0円とする）。なお、

この手形の満期日は当期末から6か月後である。

(3) 当期において、S社はP社に対して約束手形66,600円を振り出した。P社はこの手形を仕入先に対する買掛金の支払いのため、裏書譲渡した。

問4　未実現損益の消去（棚卸資産）

P社はS社の発行済株式の80%を取得し、支配を獲得している。次の各取引について、当期の連結財務諸表を作成するための連結修正仕訳を示しなさい。なお、税効果会計を適用すること（法人税等の実効税率は40%）。

(1) S社の期末商品のうち8,000円はP社から仕入れたものである。また、S社の期首商品のうち7,500円はP社から仕入れたものである。P社は毎期25%の利益率でS社に商品を販売している。

(2) P社の期末商品のうち8,000円はS社から仕入れたものである。また、P社の期首商品のうち7,500円はS社から仕入れたものである。S社は毎期25%の利益率でP社に商品を販売している。

問5　連結会社間の商品売買（総合問題）

P社はS社の発行済株式の90%を取得し、支配を獲得している。次の一連の取引について、当期の連結財務諸表を作成するための連結修正仕訳を示しなさい。なお、税効果会計を適用すること（法人税等の実効税率は40%）。

(1) P社はS社に商品の一部を掛けで販売している。P社の売上高のうち42,000円はS社に対するものであった。なお、そのうち2,000円は決算日現在S社へ未達となっていた。

(2) S社の商品棚卸高に含まれるP社からの仕入分は次のとおりである（未達分を含まない）。

　　期首商品棚卸高　5,100円
　　期末商品棚卸高　4,100円

　　なお、P社は毎期20%の利益率でS社に販売している。

(3) S社の支払手形のうち3,100円、買掛金のうち2,500円（未達分を含まない）はP社に対するものである。

(4) P社はS社振出の約束手形のうち1,800円を割引に付しているが、支払期日は到来していない。

(5) P社は受取手形（割引分を除く）および売掛金に対して5%の貸倒引当金を

設定している。なお、前期末におけるS社に対する貸倒引当金は275円であった。

問6　未実現損益の消去（非償却固定資産）

P社はS社の発行済株式の80％を取得し、支配を獲得している。次の各取引について、当期の連結財務諸表を作成するための連結修正仕訳を示しなさい。なお、税効果会計は無視すること。

⑴　当期において、P社は土地（取得原価24,000円）を27,000円でS社に売却した。S社はこの土地を期末現在保有している。

⑵　当期において、S社は土地（取得原価24,000円）を27,000円でP社に売却した。P社はこの土地を期末現在保有している。

問7　未実現損益の消去（非償却固定資産）

P社はS社の発行済株式の70％を取得し、支配を獲得している。次の各取引について、当期の連結財務諸表を作成するための連結修正仕訳を示しなさい。なお、税効果会計を適用すること（法人税等の実効税率は40％）。

⑴　当期において、P社は土地（取得原価24,000円）を27,000円でS社に売却した。S社はこの土地を期末現在保有している。

⑵　当期において、S社は土地（取得原価24,000円）を27,000円でP社に売却した。P社はこの土地を期末現在保有している。

問8　未実現損益の消去（償却固定資産）

P社はS社の発行済株式の70％を取得し、支配を獲得している。次の各取引について、当期の連結財務諸表を作成するための連結修正仕訳を示しなさい。なお、税効果会計は無視すること。

⑴　当期首において、P社は保有する備品（帳簿価額42,000円）を44,000円でS社に売却した。S社はこの備品を期末現在保有しており、定額法（残存価額10％、耐用年数4年）により減価償却を行っている。

⑵　当期首において、S社は保有する備品（帳簿価額42,000円）を44,000円でP社に売却した。P社はこの備品を期末現在保有しており、定額法（残存価額10％、耐用年数4年）により減価償却を行っている。

問9　未実現損益の消去（償却固定資産）

P社はS社の発行済株式の70％を取得し、支配を獲得している。次の各取引について、当期の連結財務諸表を作成するための連結修正仕訳を示しなさい。なお、税効果会計を適用すること（法人税等の実効税率は40％）。

(1)　当期首において、P社は保有する備品（帳簿価額42,000円）を44,000円でS社に売却した。S社はこの備品を期末現在保有しており、定額法（残存価額10％、耐用年数4年）により減価償却を行っている。

(2)　当期首において、S社は保有する備品（帳簿価額42,000円）を44,000円でP社に売却した。P社はこの備品を期末現在保有しており、定額法（残存価額10％、耐用年数4年）により減価償却を行っている。

問10　連結総合問題　[答案用紙あり]

次の資料にもとづいて、答案用紙の財務諸表を完成させなさい（当期は×5年4月1日から×6年3月31日までである）。

なお、税効果会計（税率40%）を適用する。

[資料1] 当期の個別財務諸表

貸 借 対 照 表
×6年3月31日　　　　　　（単位：千円）

借　　方	P 社	S 社	貸　　方	P 社	S 社
現 金 預 金	9,125	9,050	支 払 手 形	20,800	7,400
受 取 手 形	45,000	20,500	買 掛 金	17,430	7,300
売 掛 金	45,000	24,500	短 期 借 入 金	40,000	30,000
貸 倒 引 当 金	△4,500	△2,250	未 払 法 人 税 等	10,150	1,750
商 品	18,600	7,900	未 払 費 用	1,100	940
短 期 貸 付 金	30,000	—	資 本 金	120,000	40,000
前 払 費 用	1,480	1,090	利 益 剰 余 金	95,800	16,300
未 収 収 益	400	—			
建 物	50,000	40,000			
建物減価償却累計額	△7,500	△12,000			
備 品	20,000	15,000			
備品減価償却累計額	△9,000	△8,100			
土 地	60,675	8,000			
S 社 株 式	46,000	—			
	305,280	103,690		305,280	103,690

損 益 計 算 書
自×5年4月1日　至×6年3月31日　　　（単位：千円）

借　　方	P 社	S 社	貸　　方	P 社	S 社
売 上 原 価	113,400	50,700	売 上 高	236,200	85,000
販売費及び一般管理費	83,050	23,850	受 取 利 息	600	—
貸倒引当金繰入	3,250	1,000	受 取 配 当 金	2,650	—
減 価 償 却 費	4,500	3,750	固定資産売却益	15,000	2,500
支 払 利 息	2,200	600			
法 人 税 等	20,150	3,100			
当 期 純 利 益	27,900	4,500			
	254,450	87,500		254,450	87,500

株主資本等変動計算書
自×5年4月1日　至×6年3月31日　（単位：千円）

	P社	S社
資　本　金　当　期　首　残　高	120,000	40,000
当　期　末　残　高	120,000	40,000
利益剰余金　当　期　首　残　高	76,900	13,300
当　期　変　動　額		
剰　余　金　の　配　当	△9,000	△1,500
当　期　純　利　益	27,900	4,500
当　期　末　残　高	95,800	16,300

［資料2］連結に関する事項

(1)　P社は×4年3月31日にS社の発行済株式の80％を46,000千円で取得し、支配を獲得した。

(2)　支配獲得日におけるS社の土地の帳簿価額は8,000千円であったが、時価は11,000千円であった。なお、土地以外の資産および負債の帳簿価額は時価と一致している。

(3)　S社の純資産の推移は次のとおりである。

	資　本　金	利益剰余金
×4年3月31日	40,000千円	12,000千円
×5年3月31日	40,000千円	13,300千円

(4)　のれんは発生年度の翌年から20年間で毎期均等額を償却する。

［資料3］連結会社間の取引

(1)　S社はP社に対して商品を掛けで販売している。S社の売上高のうち34,000千円はP社に対するものであり、そのうち2,000千円は決算日現在、P社に未達であった。

(2)　P社の期首商品棚卸高および期末商品棚卸高に含まれているS社からの仕入分は次のとおりである。

　　　期首商品棚卸高：3,500千円

　　　期末商品棚卸高：2,500千円（未達分は含めない）

　　　なお、S社は売上利益率40％（毎期一定）でP社に商品を販売している。

(3)　S社の受取手形のうち5,000千円、売掛金のうち10,000千円はP社に対するものである。

(4)　S社は当期中にP社が振り出した約束手形10,000千円のうち5,000千円を割引に付している（支払期日は×6年7月10日である）。

(5)　P社の貸借対照表の短期貸付金のうち20,000千円はS社に対するものである。なお、貸付日は×5年10月1日、貸付期間は1年、年利率は2％（利払日は×6年9月末日）であり、P社、S社ともに利息の計上をしている。

(6)　P社、S社ともに売上債権（割引手形を除く）の期末残高に対して5％の貸倒引当金を設定している（差額補充法）。また、前期末においてS社はP社に対する売上債権に対して貸倒引当金600千円を設定していた。

(7)　P社の受取配当金のうち1,200千円はS社から受け取ったものである。

(8)　P社はS社に対して当期首に建物（帳簿価額15,000千円）を20,000千円で売却している。S社はこの建物を期末現在保有しており、定額法（残存価額は取得原価の10％、耐用年数20年）により減価償却している。

問1　内部取引高・債権債務の相殺消去

(1) 内部取引高の相殺消去

（売　上　高）	100,000	（売 上 原 価）	100,000

(2) 内部取引高・債権債務の相殺消去

（短 期 借 入 金）	30,000	（短 期 貸 付 金）	30,000
（受 取 利 息）	300	（支 払 利 息）	300
（未 払 利 息）	75	（未 収 利 息）	75

問2　貸倒引当金の修正

(1) 債権債務の相殺消去

（買　　掛　　金）	980,000	（売　　掛　　金）	980,000

開始仕訳（貸倒引当金の修正）

（貸 倒 引 当 金）	16,500^{*1}	（利益剰余金当期首残高）	16,500
（利益剰余金当期首残高）	6,600^{*2}	（繰 延 税 金 負 債）	6,600

貸倒引当金の修正

（貸 倒 引 当 金）	12,900^{*3}	（貸倒引当金繰入）	12,900
（法 人 税 等 調 整 額）	5,160^{*4}	（繰 延 税 金 負 債）	5,160

(2) 債権債務の相殺消去

（買　　掛　　金）	980,000	（売　　掛　　金）	980,000

開始仕訳（貸倒引当金の修正）

（貸 倒 引 当 金）	16,500^{*1}	（利益剰余金当期首残高）	16,500
（利益剰余金当期首残高）	6,600^{*2}	（繰 延 税 金 負 債）	6,600
（利益剰余金当期首残高）	1,980^{*5}	（非支配株主持分当期首残高）	1,980

貸倒引当金の修正

（貸 倒 引 当 金）	12,900^{*3}	（貸倒引当金繰入）	12,900
（法 人 税 等 調 整 額）	5,160^{*4}	（繰 延 税 金 負 債）	5,160
（非支配株主に帰属する当期純損益）	1,548^{*6}	（非支配株主持分当期変動額）	1,548

＊1　550,000円 × 3 ％ = 16,500円
＊2　16,500円 × 40％ = 6,600円
＊3　980,000円 × 3 ％ − 16,500円 = 12,900円
＊4　12,900円 × 40％ = 5,160円

* 5　（16,500円－6,600円）×（100％－80％）＝1,980円
* 6　（12,900円－5,160円）×（100％－80％）＝1,548円

〈解説〉

　連結修正仕訳により利益が変動した場合、税効果会計（変動額×税率）を適用します。

　子会社の利益が変動した場合は、非支配株主に帰属する当期純利益（（変動額－税効果額）×非支配株主持分割合）を修正します。

問3　手形取引の修正

(1)　（支 払 手 形）　　98,000　　（受 取 手 形）　　98,000
　　　（貸 倒 引 当 金）　　2,940*¹　（貸倒引当金繰入）　2,940
　　　（法人税等調整額）　　1,176*²　（繰延税金負債）　　1,176

(2)　（支 払 手 形）　　33,400　　（短 期 借 入 金）　33,400

(3)　　　　　　　　　　　　仕訳なし

　　* 1　98,000円× 3 ％＝2,940円
　　* 2　2,940円×40％＝1,176円

〈解説〉

(2)　各社個別上では次の仕訳が行われています。

P社手形受取の仕訳：（受 取 手 形）　33,400　（売 掛 金 な ど）　33,400
S社手形振出の仕訳：（買 掛 金 な ど）　33,400　（支 払 手 形）　33,400
P社手形割引の仕訳：（現 金 な ど）　33,400　（受 取 手 形）　33,400

　　これに対して、企業グループの視点で一連の取引を考えると次のような仕訳になります。

連結上あるべき仕訳：（現 金 な ど）　33,400　（短 期 借 入 金）　33,400

　　したがって、支払手形を短期借入金に振り替えます。

(3)　連結会社間で振り出した手形を裏書譲渡した場合、グループ外の会社に対して支払手形を振り出したことになるので、支払手形のまま修正する必要はありません。

問4　未実現損益の消去（棚卸資産）

(1)　開始仕訳（未実現利益の消去）

　　　（利益剰余金当期首残高）　1,875*¹　（売 上 原 価）　1,875
　　　（法人税等調整額）　　750*²　（利益剰余金当期首残高）　750

　　未実現利益の消去

　　　（売 上 原 価）　　2,000*⁴　（商　　　　品）　2,000
　　　（繰 延 税 金 資 産）　800*⁵　（法人税等調整額）　800

(2) 開始仕訳（未実現利益の消去）

（利益剰余金当期首残高）	1,875*1	（売　上　原　価）	1,875
（法人税等調整額）	750*2	（利益剰余金当期首残高）	750
（非支配株主持分当期首残高）	225*3	（利益剰余金当期首残高）	225
（非支配株主に帰属する当期純損益）	225*3	（非支配株主持分当期変動額）	225

未実現利益の消去

（売　上　原　価）	2,000*4	（商　　　　　品）	2,000
（繰　延　税　金　資　産）	800*5	（法人税等調整額）	800
（非支配株主持分当期変動額）	240*6	（非支配株主に帰属する当期純損益）	240

＊1　7,500円×25％＝1,875円
＊2　1,875円×40％＝750円
＊3　（1,875円－750円）×（100％－80％）＝225円
＊4　8,000円×25％＝2,000円
＊5　2,000円×40％＝800円
＊6　（2,000円－800円）×（100％－80％）＝240円

〈解説〉

(1)の開始仕訳を分解すると、次のようになります。

① 内部利益の消去の仕訳：

（利益剰余金当期首残高）	1,875	（商　　　　　品）	1,875

純資産項目　　×税率

② 税効果会計適用の仕訳：　　　　　　　　　純資産項目

（繰　延　税　金　資　産）	750	（利益剰余金当期首残高）	750

③ 未実現利益の実現の仕訳：

（商　　　　　品）	1,875	（売　上　原　価）	1,875

④ 税効果会計適用の仕訳：　　　　　　　　　損益項目

損益項目　　×税率

（法人税等調整額）	750	（繰　延　税　金　資　産）	750

(2)の開始仕訳では、さらに非支配株主持分への按分を行うため、次のようになります。

① 内部利益の消去の仕訳：

（利益剰余金当期首残高）	1,875	（商　　　　　品）	1,875

純資産項目　　×税率

② 税効果会計適用の仕訳：　　　　　　　　　純資産項目

（繰　延　税　金　資　産）	750	（利益剰余金当期首残高）	750

①②の差額×非支配株主持分割合

③ 非支配株主持分への按分：

（非支配株主持分当期首残高）	225	（利益剰余金当期首残高）	225

④ 未実現利益の実現の仕訳：

| （商　　　　　品） | 1,875 | （売　上　原　価） | 1,875 |

⑤ 税効果会計適用の仕訳：

損益項目 ← ×税率 ← 損益項目

| （法人税等調整額） | 750 | （繰 延 税 金 資 産） | 750 |

④⑤の差額×非支配株主持分割合

⑥ 非支配株主持分への按分：

| （非支配株主に帰属する当期純損益） | 225 | （非支配株主持分当期変動額） | 225 |

問5　連結会社間の商品売買（総合問題）

(1) 未達の整理

| （商　　　　　品） | 2,000 | （買　　掛　　金） | 2,000 |

(2) 内部取引高の相殺消去

| （売　　上　　高） | 42,000 | （売　上　原　価） | 42,000 |

(3) 開始仕訳（期首未実現利益の消去）

| （利益剰余金当期首残高） | 1,020*1 | （売　上　原　価） | 1,020 |
| （法人税等調整額） | 408*2 | （利益剰余金当期首残高） | 408 |

(4) 未実現利益の消去

| （売　上　原　価） | 1,220*3 | （商　　　　　品） | 1,220 |
| （繰 延 税 金 資 産） | 488*4 | （法人税等調整額） | 488 |

(5) 債権債務の相殺消去・手形割引の修正

（買　　掛　　金）	4,500	（売　　掛　　金）	4,500
（支　払　手　形）	1,300*5	（受　取　手　形）	1,300
（支　払　手　形）	1,800	（短 期 借 入 金）	1,800

(6) 開始仕訳（貸倒引当金の修正）

| （貸 倒 引 当 金） | 275 | （利益剰余金当期首残高） | 275 |
| （利益剰余金当期首残高） | 110*6 | （繰 延 税 金 負 債） | 110 |

(7) 貸倒引当金の修正

| （貸 倒 引 当 金） | 15*7 | （貸倒引当金繰入） | 15 |
| （法人税等調整額） | 6*8 | （繰 延 税 金 負 債） | 6 |

* 1　5,100円×20％＝1,020円
* 2　1,020円×40％＝408円
* 3　（4,100円＋2,000円）×20％＝1,220円
* 4　1,220円×40％＝488円

    ＊5   3,100円－1,800円＝1,300円

    ＊6   275円×40％＝110円

    ＊7   (4,500円＋1,300円)×5％－275円＝15円

    ＊8   15円×40％＝6円

〈解説〉

   未実現損益の相殺消去の問題で未達取引があった場合、買掛金や期末商品の未実現利益に影響しますから、未達の整理を最初に行います。同時に、「未達」を丸で囲むなど目立つようにして、ほかの処理のときに忘れないようにしましょう。資料(2)の期末商品棚卸高や、資料(3)の買掛金の数値を書き換えてしまうのも有効な方法です。

   この問題はダウンストリームですが、アップストリームの場合は非支配株主持分への按分を忘れないよう、メモや書き込みを行うのが有効です。

   論点が多くなると、税効果会計や非支配株主持分への按分で混乱しがちですが、まずは基本となる仕訳を確実に得点し、その仕訳をもとに損益項目が反対側にくるように税効果会計と按分の仕訳を行いましょう。

問6　未実現損益の消去（非償却固定資産）

(1) （固定資産売却益）   3,000＊1   （土   地）   3,000

(2) （固定資産売却益）   3,000＊1   （土   地）   3,000

    （非支配株主持分当期変動額）   600＊2   （非支配株主に帰属する当期純損益）   600

    ＊1   27,000円－24,000円＝3,000円

    ＊2   3,000円×(100％－80％)＝600円

〈解説〉

   この問題では、税効果会計を考慮しないという指示になっています。本試験でもこのような出題があります。

   (1)のようにダウンストリームの場合は、資産・収益の修正のみを行います。

   (2)のようにアップストリームの場合は、非支配株主持分への按分額を計算します。税効果会計を考慮しないため、法人税等調整額を控除せずに行います。

  ① 内部利益の消去の仕訳：

          （固定資産売却益）   3,000   （土   地）   3,000

               損益項目

  ② 税効果会計適用の仕訳：

             仕訳なし   売却益×非支配株主持分割合

  ③ 非支配株主持分への按分：   損益項目

       （非支配株主持分当期変動額）   600 （非支配株主に帰属する当期純損益）   600

問7　未実現損益の消去（非償却固定資産）

(1)　(固定資産売却益)　　　3,000*¹　(土　　　　　地)　　3,000

　　　(繰 延 税 金 資 産)　　1,200*²　(法人税等調整額)　　1,200

(2)　(固定資産売却益)　　　3,000*¹　(土　　　　　地)　　3,000

　　　(繰 延 税 金 資 産)　　1,200*²　(法人税等調整額)　　1,200

　　　(非支配株主持分当期変動額)　540*³　(非支配株主に帰属する当期純損益)　540

　　＊1　27,000円－24,000円＝3,000円

　　＊2　3,000円×40％＝1,200円

　　＊3　(3,000円－1,200円)×(100％－70％)＝540円

問8　未実現損益の消去（償却固定資産）

(1)　(固定資産売却益)　　　2,000*¹　(備　　　　　品)　　2,000

　　　(減 価 償 却 累 計 額)　450*²　(減 価 償 却 費)　　450

(2)　(固定資産売却益)　　　2,000*¹　(備　　　　　品)　　2,000

　　　(減 価 償 却 累 計 額)　450*²　(減 価 償 却 費)　　450

　　　(非支配株主持分当期変動額)　465*³　(非支配株主に帰属する当期純損益)　465

　　＊1　44,000円－42,000円＝2,000円

　　＊2　44,000円×0.9÷4年＝9,900円（取得者側が個別上で計上した減価償却費）

　　　　　42,000円×0.9÷4年＝9,450円（売却側帳簿価額をもとに計算した減価償却費）

　　　　　9,900円－9,450円＝450円　または　2,000円×0.9÷4年＝450円

　　＊3　(2,000円－450円)×(100％－70％)＝465円

問9　未実現損益の消去（償却固定資産）

(1)　(固定資産売却益)　　　2,000*¹　(備　　　　　品)　　2,000

　　　(減 価 償 却 累 計 額)　450*²　(減 価 償 却 費)　　450

　　　(繰 延 税 金 資 産)　　620*³　(法人税等調整額)　　620

(2)　(固定資産売却益)　　　2,000*¹　(備　　　　　品)　　2,000

　　　(減 価 償 却 累 計 額)　450*²　(減 価 償 却 費)　　450

　　　(繰 延 税 金 資 産)　　620*³　(法人税等調整額)　　620

　　　(非支配株主持分当期変動額)　279*⁴　(非支配株主に帰属する当期純損益)　279

　　＊1　44,000円－42,000円＝2,000円

　　＊2　44,000円×0.9÷4年＝9,900円（取得者側が個別上で計上した減価償却費）

　　　　　42,000円×0.9÷4年＝9,450円（売却側帳簿価額をもとに計算した減価償却費）

　　　　　9,900円－9,450円＝450円　または　2,000円×0.9÷4年＝450円

* 3 (2,000円 − 450円) × 40% = 620円
* 4 (2,000円 − 450円 − 620円) × (100% − 70%) = 279円

問10 連結総合問題

連結貸借対照表

×6年3月31日 （単位：千円）

現 金 預 金		18,175	支 払 手 形		18,200
受 取 手 形		60,500	買 掛 金		16,730
売 掛 金		59,500	短 期 借 入 金		55,000
貸 倒 引 当 金	△	6,000	未 払 法 人 税 等		11,900
商 品		26,700	未 払 費 用		1,840
短 期 貸 付 金		10,000	繰 延 税 金 負 債		780
前 払 費 用		2,570	資 本 金		120,000
未 収 収 益		200	利 益 剰 余 金		95,575
建 物		85,000	非支配株主持分		11,494
建物減価償却累計額	△	19,275			
備 品		35,000			
備品減価償却累計額	△	17,100			
土 地		71,675			
繰 延 税 金 資 産		1,910			
の れ ん		2,664			
		331,519			331,519

連結損益計算書
自×5年4月1日　至×6年3月31日　　（単位：千円）

売 上 原 価	130,500	売　上　高	287,200
販売費及び一般管理費	106,900	受 取 利 息	400
貸倒引当金繰入	4,100	受 取 配 当 金	1,450
減 価 償 却 費	8,025	固定資産売却益	12,500
のれん償却額	148	法人税等調整額	2,010
支 払 利 息	2,600		
法 人 税 等	23,250		
非支配株主に帰属する当期純利益	870		
親会社株主に帰属する当期純利益	27,167		
	303,560		303,560

〈解説〉

未達の整理

（商　　　　　品）　2,000　（買　掛　金）　2,000

タイムテーブル

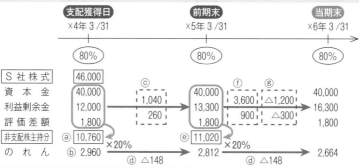

ⓐ　(40,000千円＋12,000千円＋1,800千円)×20％＝10,760千円

ⓑ　(46,000千円＋10,760千円)－(40,000千円＋12,000千円＋1,800千円)＝2,960千円

ⓒ　(13,300千円－12,000千円)×80％＝1,040千円（P社帰属分）
　　(13,300千円－12,000千円)×20％＝260千円（非支配株主帰属分）

ⓓ　2,960千円÷20年＝148千円（のれん償却額）

ⓔ　(40,000千円＋13,300千円＋1,800千円)×20％＝11,020千円
　　または　10,760千円＋260千円＝11,020千円

ⓕ　4,500千円×80％＝3,600千円（P社に帰属するS社純利益）
　　4,500千円×20％＝900千円（非支配株主に帰属するS社純利益）

ⓖ　1,500千円×80％＝1,200千円（P社が受け取ったS社の配当）
　　1,500千円×20％＝300千円（非支配株主が受け取ったS社の配当）

資産・負債の評価替え

(土　　　地)	3,000*1	(評 価 差 額)	1,800*2		
		(繰 延 税 金 負 債)	1,200*3		

子会社

＊1　11,000千円 − 8,000千円 = 3,000千円

＊2　3,000千円 × (100% − 40%) = 1,800千円

＊3　3,000千円 × 40% = 1,200千円

開始仕訳

(資本金当期首残高)	40,000	(S 社 株 式)	46,000
(利益剰余金当期首残高)	12,408*4	(非支配株主持分当期首残高) ⓔ	11,020
(評 価 差 額)	1,800		
(の　　れ　　ん)	2,812*5		

＊4　12,000千円 (支配獲得時) + ⓒ260千円 + ⓓ148千円
　　　= 12,408千円

＊5　ⓑ2,960千円 − ⓓ148千円 = 2,812千円

期中仕訳 (のれんの償却・純利益の振替え・配当金の修正)

(非支配株主に帰属する当期純損益) ⓕ	900	(非支配株主持分当期変動額)	900
(のれん償却額) ⓓ	148	(の　　れ　　ん)	148
(受 取 配 当 金) ⓖ	1,200	(剰 余 金 の 配 当)	1,500
(非支配株主持分当期変動額)	300		

内部取引高の相殺消去

(売 　上 　高)	34,000	(売 上 原 価)	34,000
(受 取 利 息)	200*6	(支 払 利 息)	200

債権債務の相殺消去・手形取引の修正

(買 　掛 　金)	10,000	(売 　掛 　金)	10,000
(支 払 手 形)	10,000*7	(受 取 手 形)	5,000*7
		(短 期 借 入 金)	5,000
(短 期 借 入 金)	20,000	(短 期 貸 付 金)	20,000
(未 払 費 用)	200*6	(未 収 収 益)	200

＊6　$20,000千円 \times 2\% \times \dfrac{6か月}{12か月} = 200千円$

＊7　P社では支払手形10,000千円が計上されていますが、
　　　S社では5,000千円分割り引いているため、P社に対す
　　　る受取手形は残額の5,000千円で計上されています。

貸倒引当金の修正 (期首)

(貸 倒 引 当 金)	600	(利益剰余金当期首残高)	600
(利益剰余金当期首残高)	240*8	(繰 延 税 金 負 債)	240

子会社

(利益剰余金当期首残高)	72*9	(非支配株主持分当期首残高)	72

貸倒引当金の修正 (期末)

(貸倒引当金)	150^{*10}	(貸倒引当金繰入)	150
(法人税等調整額)	60^{*11}	(繰延税金負債)	60

子会社

| (非支配株主に帰属する当期純損益) | 18^{*12} | (非支配株主持分当期変動額) | 18 |

*8 600千円 × 40% = 240千円

*9 (600千円 − 240千円) × (100% − 80%) = 72千円

*10 (10,000千円 + 5,000千円) × 5% = 750千円

750千円 − 600千円 = 150千円

*11 150千円 × 40% = 60千円

*12 (150千円 − 60千円) × (100% − 80%) = 18千円

棚卸資産に関する未実現利益の消去 (期首)

(利益剰余金当期首残高)	1,400^{*13}	(売 上 原 価)	1,400
(法人税等調整額)	560^{*14}	(利益剰余金当期首残高)	560
(非支配株主持分当期首残高)	168^{*15}	(利益剰余金当期首残高)	168
(非支配株主に帰属する当期純損益)	168^{*15}	(非支配株主持分当期変動額)	168

棚卸資産に関する未実現利益の消去 (期末)

(売 上 原 価)	1,800^{*16}	(商 品)	1,800
(繰 延 税 金 資 産)	720^{*17}	(法人税等調整額)	720

子会社

| (非支配株主持分当期変動額) | 216^{*18} | (非支配株主に帰属する当期純損益) | 216 |

*13 3,500千円 × 40% = 1,400千円

*14 1,400千円 × 40% = 560千円

*15 (1,400千円 − 560千円) × (100% − 80%) = 168千円

*16 (2,500千円 + 2,000千円) × 40% = 1,800千円

*17 1,800千円 × 40% = 720千円

*18 (1,800千円 − 720千円) × (100% − 80%) = 216千円

建物の売買に関する未実現利益の消去

(固定資産売却益)	5,000^{*19}	(建 物)	5,000
(繰 延 税 金 資 産)	2,000^{*20}	(法人税等調整額)	2,000

親会社

減価償却費の修正

(減価償却累計額)	225^{*21}	(減 価 償 却 費)	225
(法人税等調整額)	90^{*22}	(繰 延 税 金 資 産)	90

親会社

*19 20,000千円 − 15,000千円 = 5,000千円

*20 5,000千円 × 40% = 2,000千円

*21 5,000千円 × 0.9 ÷ 20年 = 225千円

$$*22 \quad 225千円 \times 40\% = 90千円$$

繰延税金資産と繰延税金負債の相殺
① P社：繰延税金資産；1,910千円
② S社：繰延税金資産； 720千円 ⎤ B/Sの繰延税金負債；
　　　　繰延税金負債；1,500千円 ⎦ 1,500千円 − 720千円 = 780千円

　なお、P社の繰延税金資産とS社の繰延税金負債は、納税主体が異なるため、相殺できません。

CHAPTER 06

持分法

◆関連会社に対する投資を財務諸表に！

　ある会社が、他の企業を実質的に支配してはいないが、他の企業に対して重要な影響を与えることができる場合、投資の成果を適切に開示するために、他の企業（関連会社）の業績を連結財務諸表に計上します。このとき用いられる方法が持分法です。

　連結子会社の場合との異同に注意して、持分法の感覚をつかみましょう。

▶ 1級で学習する内容 ──────────────────────────────●

持分法

2級までに学習済み	→	1級で学習する内容

開始仕訳

投資消去差額の処理

当期純利益・配当金の処理

株式の売却

未実現損益の消去

1 持分法

Ⅰ 持分法とは

持分法とは、投資会社が被投資会社の純資産および損益のうち、投資会社に帰属する部分の変動に応じて、その投資額を連結決算日ごとに修正する方法です。

つまり、連結は、連結会社の財務諸表を科目ごとに合算して連結財務諸表を作成するのに対して、持分法は、投資勘定（投資有価証券など）の額を修正して、その投資損益を連結財務諸表に反映する方法です。

> ### ひとこと
>
> 持分法は連結財務諸表を作成する場合に適用されるものです。したがって、たとえ重要な影響を与えることができる関連会社が存在しても、連結子会社が存在しなければ、持分法は適用されません。

Ⅱ 持分法の適用範囲

1 非連結子会社と関連会社

連結財務諸表の作成にあたって、**非連結子会社**および**関連会社**に対する投資勘定については、原則として持分法を適用しなければなりません。

●非連結子会社と関連会社

◆非連結子会社
　非連結子会社とは、子会社と判定されたものの、重要性の基準等により連結の範囲から除かれた子会社のこと
◆関連会社
　関連会社とは、ある企業が他の企業の財務および営業または事業の方針決定に重要な影響を与えることができる場合の、子会社以外の他の企業のこと

2 **影響力基準**

　投資している企業が関連会社に該当するかどうかの判断は、他の企業の財務および営業または事業の方針決定に重要な影響を与えることができるかどうかという**影響力基準**で判断します。

　影響力基準により他の企業に重要な影響を与えることができる場合とは、基本的には企業の株主総会議決権の20％以上を保有している場合が該当します。

ひ と こ と

　ただし、他の企業の株主総会議決権の15％以上20％未満を保有している場合で、かつ自社の役員・従業員が他の企業の取締役等に就任している場合なども関連会社と判定されます。

　なお、関連会社や非連結子会社であっても、財務および営業または事業の方針決定に対する影響が一時的と認められる会社、持分法を適用することにより利害関係者の判断を著しく誤らせるおそれのある会社は、持分法の適用範囲に含めません。

Ⅲ **持分法の会計処理の基本**

　持分法は、被投資会社の活動の成果を投資会社の連結財務諸表に反映させる方法なので、基本的に投資勘定（被投資会社株式）の増加または減少で処理し、相手科目は持分法による投資損益（営業外費用または営業外収益）で処理します。

❶ **投資勘定が増加した場合**

（A　社　株　式）	××	（持分法による投資損益）	××
被投資会社株式			

❷ **投資勘定が減少した場合**

（持分法による投資損益）	××	（A　社　株　式）	××
		被投資会社株式	

208

2　株式取得時の処理

Ⅰ　株式取得時の処理

　被投資会社の株式を取得した時点では、まだ被投資会社の純資産または損益の増減はありません。そのためこの時点では修正仕訳は行いません。

Ⅱ　持分法における時価評価

　持分法における投資対象の時価評価について、関連会社の場合は、被投資会社の資産・負債のうち、投資会社の持分に応じた部分のみを時価評価します（**部分時価評価法**）。
　一方、非連結子会社の場合は、被投資会社の資産・負債のすべてを時価評価します（**全面時価評価法**）。

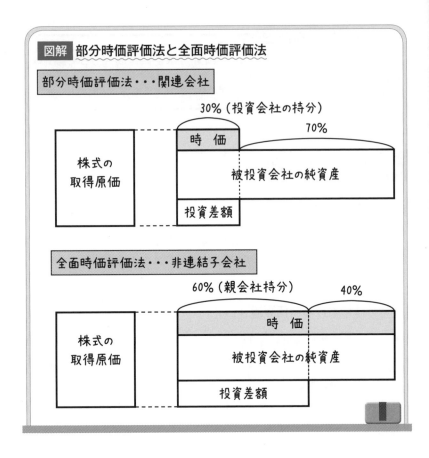

図解 部分時価評価法と全面時価評価法

部分時価評価法・・・関連会社

30%（投資会社の持分）

70%

株式の
取得原価

時　価

被投資会社の純資産

投資差額

全面時価評価法・・・非連結子会社

60%（親会社持分）

40%

株式の
取得原価

時　価

被投資会社の純資産

投資差額

Ⅲ 投資差額の算定

　株式取得時は修正仕訳を行う必要はありませんが、その取得時の投資差額については決算時に償却額を計上しなければなりません。そのため、取得時に**投資差額**を算定しておく必要があります。

　この投資差額は、投資（株式の取得原価）と資本（被投資会社の時価評価された資本のうち投資会社に帰属する部分）の差額となります。

ひとこと

投資差額はのれんや負ののれんのことです。

しかし持分法では、投資勘定に含めて処理するため、**のれん勘定**は使用しません。

例1 ————————————————— 株式取得時の処理

3月31日（当期末）　P社はA社の発行済株式の20％を1,000円で取得し、関連会社として持分法を適用することとした。次の資料にもとづいて、当期の連結財務諸表を作成するために必要な修正仕訳を示すとともに、投資差額を算定しなさい。

［資　料］
(1) 当期末におけるA社の資本勘定は次のとおりである。
　　資本金：800円　　利益剰余金：700円
(2) 当期末におけるA社の土地（帳簿価額500円）の時価は1,000円であった。

例1の解答　　　　　　　　　　　　　仕　訳　な　し

投資差額：600円（借方）＊

＊　評価差額：（1,000円－500円）×20％＝100円
　　投資差額：（800円＋700円）×20％＋100円－1,000円＝600円（借方）

ひとこと

投資差額が貸方に生じた場合、「負ののれん発生益」として一括して利益に計上します。ただし、持分法では、**持分法による投資損益勘定**により処理します。

（A　社　株　式）	××	**（持分法による投資損益）**	××
		負ののれん発生益	

3 投資差額の償却

　投資差額は、20年以内に定額法などによって償却します。このとき、持分法では、のれん勘定の代わりに**投資勘定**（被投資会社の株式）を減額させます。

　また、のれん償却額の代わりに、**持分法による投資損益**で処理します。

▼例2 ──────────────────── 投資差額の償却

　前期末において、Ｐ社はＡ社の発行済株式の20％を1,000円で取得し、関連会社として持分法を適用することとした。次の資料にもとづいて、当期の連結財務諸表を作成するために必要な修正仕訳を示しなさい。

［資　料］
(1)　前期末において投資差額600円（借方）が発生している。
(2)　投資差額は発生年度の翌年から20年で定額法により償却する。

例2の仕訳	（持分法による投資損益）	30*	（Ａ　社　株　式）	30

＊　600円÷20年＝30円

4 当期純利益の計上

　被投資会社が当期純利益を計上した場合、被投資会社の純資産が増加しますが、この利益の一部は投資会社の投資の成果といえます。

　したがって、被投資会社の当期純利益のうち投資会社の持分である**投資勘定**を増やすとともに、**持分法による投資損益**（貸方）を計上します。

▼例3 ──────────────────── 当期純利益の計上

　前期末において、Ｐ社はＡ社の発行済株式の20％を1,000円で取得し、関連会社として持分法を適用することとした。次の資料にもとづいて、当期の連結財務諸表を作成するために必要な修正仕訳を示しなさい。

［資　料］
　当期のＡ社の当期純利益は500円であった。

| 例3の仕訳 | （Ａ　社　株　式） | 100* | （持分法による投資損益） | 100 |

　　　　＊　500円×20％＝100円

ひ と こ と

　被投資会社が当期純損失を計上した場合も、投資会社の持分に応じた負担額を算定して、投資勘定を減らすとともに**持分法による投資損益**（借方）を計上します。

| （持分法による投資損益） | ××　 | （Ａ　社　株　式） | ×× |

5　受取配当金の修正

　被投資会社が配当を行った場合、被投資会社の純資産が減少するので、配当額のうち投資会社の持分を投資勘定で調整します。

　また、投資会社が個別財務諸表上で計上した**受取配当金**（営業外収益）を減少させます。

例4　　　　　　　　　　　　　　　　　　　　　受取配当金の修正

　前期末において、Ｐ社はＡ社の発行済株式の20％を1,000円で取得し、関連会社として持分法を適用することとした。次の資料にもとづいて、当期の連結財務諸表を作成するために必要な修正仕訳を示しなさい。

［資　料］

　Ａ社は当期に剰余金の配当100円を行った。

| 例4の仕訳 | （受　取　配　当　金） | 20* | （Ａ　社　株　式） | 20 |

　　　　＊　100円×20％＝20円

6 開始仕訳

連結の場合と同様に、持分法でも前期末までに行った修正仕訳を開始仕訳として行います。

この場合も、前期末までに計上した損益項目（**持分法による投資損益**など）は利益剰余金当期首残高で処理します。

例5 ―――――――――――――――――――――――― 開始仕訳

P社は前々期末（×1年3月31日）にA社の発行済株式の20%を1,000円で取得し、持分法を適用することとした。

次の資料にもとづいて、当期の連結財務諸表を作成するために必要な開始仕訳を示しなさい。

[資 料]

前期の連結財務諸表を作成するために行った修正仕訳は次のとおりである。

(1) 投資差額の償却

（持分法による投資損益）	30	（A 社 株 式）	30

(2) 当期純利益の計上

（A 社 株 式）	100	（持分法による投資損益）	100

(3) 受取配当金の修正

（受 取 配 当 金）	20	（A 社 株 式）	20

例5の仕訳　(1)　投資差額の償却

| （利益剰余金当期首残高） | 30 | （Ａ　社　株　式） | 30 |

(2)　当期純利益の計上

| （Ａ　社　株　式） | 100 | （利益剰余金当期首残高） | 100 |

(3)　受取配当金の修正

| （利益剰余金当期首残高） | 20 | （Ａ　社　株　式） | 20 |

なお、(1)から(3)の仕訳を次のようにまとめることもできます。

| （Ａ　社　株　式） | 50 | （利益剰余金当期首残高） | 50 |

7　株式の売却損益の修正

　投資会社が保有している被投資会社の株式を売却した場合、個別財務諸表で計上されている株式の売却損益を修正します。

ひとこと

　持分法では、取得原価に利益剰余金の増減額と投資差額の償却額を加減した金額を帳簿価額とするので、個別上の帳簿価額と連結上の帳簿価額の差額分を修正します。

P社は×3年3月31日（当期末）に、所有するA社株式のうち3分の1を600円で売却した。

次の資料にもとづいて、A社株式の売却に関する修正仕訳を示しなさい。

［資　料］

(1) P社は×1年3月31日にA社の発行済株式の30％を1,500円で取得し、関連会社として持分法を適用することとした。

(2) A社の資本の推移は次のとおりである。

	×1年3月31日	×2年3月31日	×3年3月31日
資　本　金	4,000円	4,000円	4,000円
利益剰余金	800円	1,000円	1,300円

(3) ×1年3月31日におけるA社の土地（帳簿価額100円）の時価は200円であった。

(4) 投資差額は発生年度の翌年から10年で均等償却を行う。

例6の仕訳　（関連会社株式売却益）　　48*　（A 社 株 式）　　48

＊　100円－52円＝48円　または　548円－500円＝48円

〈解説〉

個別会計上、A社株式の売却に関して次の仕訳が行われています。

（現 金 な ど）　600　（A 社 株 式）　　500
　　　　　　　　　　　　（関連会社株式売却益）　100

しかし持分法上のA社株式の帳簿価額は、取得原価に当期末までの修正仕訳（利益剰余金の増減のうち持分に対応する部分の計上、投資差額の償却など）による増減を加味した金額となっています。

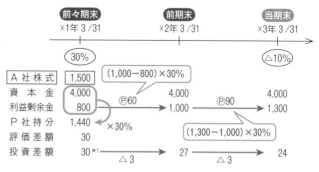

＊1　1,500円－1,440円－30円＝30円

したがって、持分法上の株式売却時のあるべき仕訳は次のようになります。

$$（現金など）\quad 600\quad （Ａ社株式）\quad 548^{*2}$$
$$（関連会社株式売却益）\quad 52^{*3}$$

* 2 持分法上の帳簿価額：1,500円＋（60円－3円）
　　　　　　　　　　　　　　＋（90円－3円）＝1,644円
　　　売却株式の帳簿価額：1,644円÷3＝548円
* 3 600円－548円＝52円

　以上より、個別上の株式売却に関する仕訳を持分法上あるべき仕訳に修正するための仕訳は、解答の仕訳のようになります。

ひ と こ と

　株式の売却損益の修正の仕訳は次の式でも求めることができます。
　　60円＋90円－（3円＋3円）＝144円
　　144円÷3＝48円
　これらの数値は、タイムテーブル上の損益に関する数値（投資会社の持分に応じた純利益や投資差額の償却額）を集計したものです。つまり、144円は持分法適用開始時から一部売却時までの、持分法上の投資の成果で、そのうちの3分の1が株式売却分に対応する投資の成果です。

8 未実現損益の消去

I ダウンストリーム

　持分法でも、連結の場合と同様に、投資会社と被投資会社間で行われた取引の未実現損益を消去する必要があります。

　ただし、連結の場合と異なり、投資会社と被投資会社の財務諸表は合算しないため、投資会社の財務諸表項目を修正します。

1 被投資会社が関連会社の場合

　被投資会社が関連会社の場合、未実現損益のうち投資会社の持分に対応する金額を消去します。

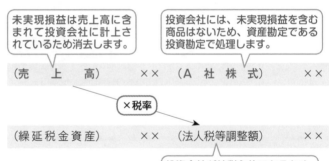

未実現損益は売上高に含まれて投資会社に計上されているため消去します。

投資会社には、未実現損益を含む商品はないため、資産勘定である投資勘定で処理します。

| （売 上 高） | ×× | （Ａ 社 株 式） | ×× |

×税率

| （繰 延 税 金 資 産） | ×× | （法 人 税 等 調 整 額） | ×× |

投資会社が納税主体であるため、法人税等調整額で処理します。

ひとこと

投資会社の損益勘定（売上高など）の代わりに**持分法による投資損益**で処理することも認められています。

例7 ──────────────────────── 未実現損益の消去

前期末において、Ｐ社はＡ社の発行済株式の30%を1,000円で取得し、関連会社として持分法を適用することとした。次の資料にもとづいて、当期の連結財務諸表を作成するために必要な修正仕訳を示しなさい。なお、実効税率は40%である。

［資 料］

Ａ社の期末商品棚卸高のうち500円は、Ｐ社から仕入れたものである。なお、Ｐ社はＡ社に利益率20%で商品を販売している。

| 例7の仕訳 | （売 上 高） | 30*1 | （Ａ 社 株 式） | 30 |
| | （繰 延 税 金 資 産） | 12 | （法 人 税 等 調 整 額） | 12*2 |

＊1　500円×20%×30%（投資割合）＝30円
＊2　30円×40%＝12円

218

2 被投資会社が非連結子会社の場合

　被投資会社が非連結子会社の場合、被投資会社に対する未実現損益の全額を消去します。

▼例8 ━━━━━━━━━━━━━━━━━━━━━━━━━ 未実現損益の消去

　前期末において、Ｐ社はＡ社の発行済株式の70％を5,000円で取得し、非連結子会社として持分法を適用することとした。次の資料にもとづいて、当期の連結財務諸表を作成するために必要な修正仕訳を示しなさい。なお、実効税率は40％である。

［資　料］
　Ａ社の期末商品棚卸高のうち800円は、Ｐ社から仕入れたものである。なお、Ｐ社はＡ社に利益率10％で商品を販売している。

例8の仕訳
(売　上　高)	80*1	(Ａ　社　株　式)	80
(繰延税金資産)	32	(法人税等調整額)	32*2

＊1　800円×10％＝80円
＊2　80円×40％＝32円

Ⅱ アップストリーム

　アップストリームの場合、投資会社の財務諸表に被投資会社との取引から生じる損益は計上されていません。

　したがって、未実現損益を消去する際は売上高ではなく、持分法による投資損益で処理します。

　また、投資会社には、未実現損益が含まれている商品が計上されているため、その未実現損益部分を商品勘定で修正します。

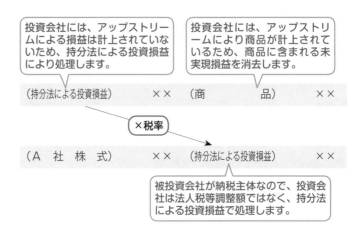

投資会社には、アップストリームによる損益は計上されていないため、持分法による投資損益により処理します。

投資会社には、アップストリームにより商品が計上されているため、商品に含まれる未実現損益を消去します。

| （持分法による投資損益） | ×× | （商　　　品） | ×× |

×税率

| （Ａ　社　株　式） | ×× | （持分法による投資損益） | ×× |

被投資会社が納税主体なので、投資会社は法人税等調整額ではなく、持分法による投資損益で処理します。

　なお、アップストリームの場合、被投資会社が関連会社か非連結子会社かにかかわらず、未実現損益のうち投資会社の持分に対応する金額を消去します。

ひとこと

投資会社の資産勘定（商品など）の代わりに投資勘定（Ａ社株式）で処理することも認められています。

� 例9 ──────────────────────── 未実現損益の消去

　前期末において、Ｐ社はＡ社の発行済株式の20%を1,000円で取得し、関連会社として持分法を適用することとした。次の資料にもとづいて、当期の連結財務諸表を作成するために必要な修正仕訳を示しなさい。なお、実効税率は40%である。

［資　料］
　Ｐ社の期末商品棚卸高のうち1,000円は、Ａ社から仕入れたものである。なお、Ａ社はＰ社に利益率15%で商品を販売している。

| 例9の仕訳 | （持分法による投資損益） | 30*1 | （商　　　品） | 30 |
| | （Ａ　社　株　式） | 12 | （持分法による投資損益） | 12*2 |

　　＊1　1,000円×15%×20%（投資割合）＝30円
　　＊2　30円×40%＝12円

Ⅲ 翌期の処理

　連結の場合と同様、未実現損益を控除した期の翌期においても開始仕訳を行います。

　具体的には、前期において未実現損益であったものが当期に実現したと仮定して処理します。

1 ダウンストリーム

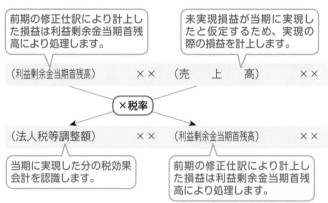

前期の修正仕訳により計上した損益は利益剰余金当期首残高により処理します。

未実現損益が当期に実現したと仮定するため、実現の際の損益を計上します。

（利益剰余金当期首残高）　××　　（売　　上　　高）　××

×税率

（法人税等調整額）　××　　（利益剰余金当期首残高）　××

当期に実現した分の税効果会計を認識します。

前期の修正仕訳により計上した損益は利益剰余金当期首残高により処理します。

2 アップストリーム

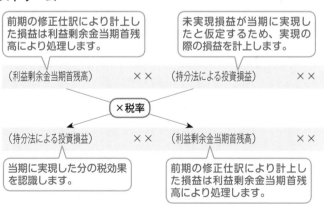

前期の修正仕訳により計上した損益は利益剰余金当期首残高により処理します。

未実現損益が当期に実現したと仮定するため、実現の際の損益を計上します。

（利益剰余金当期首残高）　××　　（持分法による投資損益）　××

×税率

（持分法による投資損益）　××　　（利益剰余金当期首残高）　××

当期に実現した分の税効果を認識します。

前期の修正仕訳により計上した損益は利益剰余金当期首残高により処理します。

未実現損益の消去の処理をまとめると、次のようになります。

●未実現損益の消去額

	関 連 会 社	非連結子会社
ダウンストリーム	未実現損益のうち持分相当額	未実現損益の全額
アップストリーム	未実現損益のうち持分相当額	

●期末の未実現損益の修正仕訳

	原 則 処 理	容 認 処 理
ダウンストリーム	（売　　上　　高）30　　（Ａ　社　株　式）30 （繰 延 税 金 資 産）12　　（法 人 税 等 調 整 額）12	（持分法による投資損益）30　　（Ａ　社　株　式）30 （繰 延 税 金 資 産）12　　（法 人 税 等 調 整 額）12
アップストリーム	（持分法による投資損益）30　　（商　　　品）30 （Ａ　社　株　式）12　　（持分法による投資損益）12	（持分法による投資損益）30　　（Ａ　社　株　式）30 （Ａ　社　株　式）12　　（持分法による投資損益）12

●期首の未実現損益の開始仕訳

	原 則 処 理	容 認 処 理
ダウンストリーム	（利益剰余金当期首残高）30　　（売　　上　　高）30 （法 人 税 等 調 整 額）12　　（利益剰余金当期首残高）12	（利益剰余金当期首残高）30　　（持分法による投資損益）30 （法 人 税 等 調 整 額）12　　（利益剰余金当期首残高）12
アップストリーム	（利益剰余金当期首残高）30　　（持分法による投資損益）30 （持分法による投資損益）12　　（利益剰余金当期首残高）12	

問1　一部売却　答案用紙あり

　以下の資料にもとづいて、×4年3月31日（当期末）の連結損益計算書、連結貸借対照表を作成しなさい。

[資料1]

1．P社は×2年3月31日にA社（資本金5,000円、利益剰余金1,600円）の発行済株式の30％を2,400円で取得し、関連会社とした。また、×4年3月31日にA社の発行済株式の10％を1,100円で売却した。

2．A社の土地（帳簿価額500円）の×2年3月31日および×4年3月31日における時価は600円および700円である。

3．のれんは発生年度の翌年から10年間で均等償却する。

4．税効果会計は無視する。

[資料2]　×3年度個別財務諸表（単位：円）

損 益 計 算 書
自×3年4月1日　至×4年3月31日

借　　方	P社	A社	貸　　方	P社	A社
諸　費　用	2,800	1,800	諸　収　益	2,900	2,000
当期純利益	600	300	受取配当金	200	100
			A社株式売却益	300	—
	3,400	2,100		3,400	2,100

貸 借 対 照 表
×4年3月31日

借　　方	P社	A社	貸　　方	P社	A社
諸　資　産	9,950	7,700	諸　負　債	2,100	1,200
土　　　地	1,000	500	資　本　金	8,000	5,000
A　社　株　式	1,600	—	利益剰余金	2,450	2,000
	12,550	8,200		12,550	8,200

株主資本等変動計算書
自×3年4月1日　至×4年3月31日

		P社	A社
資 本 金	当 期 首 残 高	8,000	5,000
	当 期 末 残 高	8,000	5,000
利益剰余金	当 期 首 残 高	2,000	1,800
	当 期 変 動 額		
	剰 余 金 の 配 当	△150	△100
	当 期 純 利 益	600	300
	当 期 末 残 高	2,450	2,000

問2　未実現利益の調整

　次の資料にもとづいて、×4年3月31日（当期末）の連結財務諸表を作成するための修正仕訳を示しなさい。

［資　料］

1．P社はA社株式の30％を所有しており、これを関連会社としている。

2．A社はP社から甲商品を仕入れている。なお、P社はA社に対して利益率25％で販売している。

3．P社はA社から乙商品を仕入れている。なお、A社はP社に対して利益率20％で販売している。

4．A社が保有しているP社仕入商品（甲商品）は、期首に800円、期末に1,000円である。また、P社が保有しているA社仕入商品（乙商品）は、期首に500円、期末に1,500円である。

5．実効税率は40％とする。

解答

問1　一部売却

連結損益計算書			（単位：円）
借方科目	金　額	貸方科目	金　額
諸　　費　　用	（　　2,800）	諸　　収　　益	（　　2,900）
当 期 純 利 益	（　　　607）	受 取 配 当 金	（　　　170）
		（持分法による投資利益）	（　　　　51）
		A社株式売却益	（　　　286）
	（　　3,407）		（　　3,407）

連結貸借対照表			（単位：円）
諸　資　産	（　9,950）	諸　負　債	（　2,100）
土　　　地	（　1,000）	資　本　金	（　8,000）
A　社　株　式	（　1,628）	利　益　剰　余　金	（　2,478）

〈解説〉

1．タイムテーブル

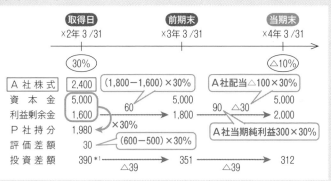

＊1　2,400円－1,980円－30円＝390円

2．開始仕訳

① 利益剰余金

（A　社　株　式）　　60　　（利益剰余金当期首残高）　　60

② 投資差額の償却

（利益剰余金当期首残高）　39 ＊2 （A　社　株　式）　　39

＊2　390円÷10年＝39円

3．当期の修正仕訳

① 当期純利益の認識

（A　社　株　式）　　90　　（持分法による投資損益）　　90

② 投資差額の償却

      （持分法による投資損益）　　　39^{*3}（Ａ　社　株　式）　　　39

      ＊３　390円÷10年＝39円

③ 剰余金の配当

      （受 取 配 当 金）　　　30　（Ａ　社　株　式）　　　30

4．一部売却

      （Ａ社株式売却益）　　　14^{*4}（Ａ　社　株　式）　　　14

$$*4\quad \{(60円+90円-30円)-(39円+39円)\}\times\frac{10\%}{30\%}=14円$$

5．当期純利益

600円＋90円－39円－30円－14円＝607円

問2　未実現利益の調整

1．ダウンストリーム

① 期首商品

（利益剰余金当期首残高）	60	（売　　上　　高）	60^{*1}
（法人税等調整額）	24^{*2}	（利益剰余金当期首残高）	24

② 期末商品

（売　　上　　高）	75^{*3}	（Ａ　社　株　式）	75
（繰 延 税 金 資 産）	30	（法人税等調整額）	30^{*4}

2．アップストリーム

① 期首商品

（利益剰余金当期首残高）	30	（持分法による投資損益）	30^{*5}
（持分法による投資損益）	12^{*6}	（利益剰余金当期首残高）	12

② 期末商品

（持分法による投資損益）	90^{*7}	（商　　　　品）	90
（Ａ　社　株　式）	36	（持分法による投資損益）	36^{*8}

  ＊１　800円×25%×30%＝60円
  ＊２　60円×40%＝24円
  ＊３　1,000円×25%×30%＝75円
  ＊４　75円×40%＝30円
  ＊５　500円×20%×30%＝30円
  ＊６　30円×40%＝12円
  ＊７　1,500円×20%×30%＝90円
  ＊８　90円×40%＝36円

外貨換算会計

◆いつのレートで換算するか！

　ドルやユーロといった外貨で取引を行う場合、財務諸表上日本円に換算する必要があります。また、海外に支店がある場合や子会社がある場合も、日本円に換算しなければなりません。この換算をテーマに学習するのが外貨換算会計です。外貨換算会計のポイントは、どの勘定科目に、いつのタイミングのレートで換算するかを正確におさえることです。

▶ **1級で学習する内容**

外貨換算会計

2級までに学習済み ➡	1級で学習する内容

外貨建取引の換算

外貨建有価証券の換算

為替予約

在外支店の財務諸表項目の換算

在外子会社の財務諸表項目の換算

1 外貨換算会計とは

I 外貨換算会計

　日本企業が外国で取引を行う場合、日本円以外の通貨を用いることになりますが、財務諸表は円で表示しなければならないため、一定のルールにしたがって取引を円に換算しなければなりません。

　ここでは、このような、外貨による取引を円に換算する方法について学習していきます。

II 外国為替相場

　外国為替相場（**為替相場**、**為替レート**ともいいます）とは、ある国の通貨と別の国の通貨の間の交換比率のことをいい、外貨建取引は原則として取引発生時の為替相場で換算します。

> **ひとこと**
>
> 　外貨換算会計では、取引発生時・決算時・期中平均といったいくつかの為替相場を使います。それぞれ、次のように省略することがあります。
> 　取引発生時の為替相場：HR（ヒストリカル・レート）
> 　決算時の為替相場：CR（カレント・レート）
> 　期中平均為替相場：AR（アベレージ・レート）

2 輸入時・輸出時の会計処理

I 基本的な会計処理

　商品を輸入・輸出する場合、その受払額は取引発生時の為替相場（HR）で換算します。

例1 ━━━━━━━━━━━━━━━━━━━━━━━━━━━ 商品の輸出入時

(1) ×1年6月1日　当社はアメリカのA社から100ドルの商品を輸入し、支払いは掛けとした。取引時の為替相場は1ドル80円である。

(2) ×1年7月1日　当社はアメリカのB社に200ドルで商品を輸出し、支払いは掛けとした。取引時の為替相場は1ドル78円である。

例1の仕訳(1)	(仕 入)	8,000	(買 掛 金)	8,000*1
(2)	(売 掛 金)	15,600*2	(売 上)	15,600

* 1　100ドル×@80円＝8,000円
* 2　200ドル×@78円＝15,600円

Ⅱ 前払金・前受金の会計処理

　前払金を支払った場合や前受金を受け取った場合、取引時の為替相場(HR)で換算します。

例2 ━━━━━━━━━━━━━━━━━━━━━━━━━━━ 前払金・前受金

(1) ×1年4月1日　当社はアメリカのA社から商品100ドルを輸入する契約をし、前払金50ドルを現金で支払った。取引時の為替相場は1ドル82円である。

(2) ×1年5月1日　当社はアメリカのB社に商品200ドルを輸出する契約をし、前受金80ドルを現金で受け取った。取引時の為替相場は1ドル81円である。

例2の仕訳(1)	(前 払 金)	4,100*1	(現 金)	4,100
(2)	(現 金)	6,480	(前 受 金)	6,480*2

* 1　50ドル×@82円＝4,100円
* 2　80ドル×@81円＝6,480円

Ⅲ 輸入時の会計処理 (前払金のある場合)

　商品を輸入する前にすでに前払金を支払っている場合、外貨建ての仕入金額から、まず前払金 (支払時の為替相場で換算したもの) を減少させます。そして、外貨建ての仕入金額のうち残った部分について取引時の為替相場

(HR) で換算します。

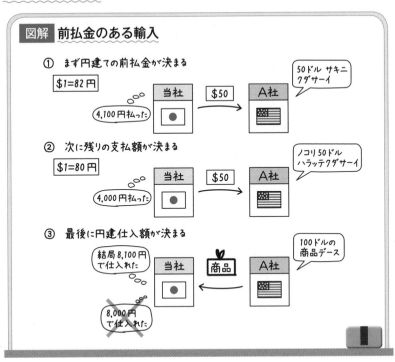

▼ 例3 ———————————————— **輸入時（前払金のある場合）**

(1) ×1年4月1日　当社はアメリカのA社から商品100ドルを輸入する契約
をし、前払金50ドルを現金で支払った。取引時の為替相場は1ドル82円で
ある。

(2) ×1年6月1日　当社はアメリカのA社から100ドルの商品を輸入した。
支払いは前払金50ドルを充当し、残額を現金で支払った。取引時の為替相
場は1ドル80円である。

例3の仕訳(1)	（前　払　金）	4,100*1	（現　　　金）	4,100
(2)	（仕　　　入）	8,100*3	（前　払　金）	4,100
			（現　　　金）	4,000*2

 ＊1　50ドル×@82円＝4,100円
 ＊2　（100ドル－50ドル）×@80円＝4,000円
 ＊3　4,100円＋4,000円＝8,100円

輸入時・輸出時の会計処理

ひとこと

前払金がある場合、仕入は直接計算せずに前払金と買掛金の合計で求めます。これは支払方法が手形や買掛金になっても同じです。

100ドル×@80円＝8,000円と計算しないように気をつけましょう。

Ⅳ 輸出時の会計処理（前受金のある場合）

商品を輸出する前にすでに前受金を受け取っている場合、外貨建ての売上金額のうち、まず前受金（受取時の為替相場で換算したもの）を減少させます。そして、外貨建ての売上金額のうち残った部分について取引時の為替相場（HR）で換算します。

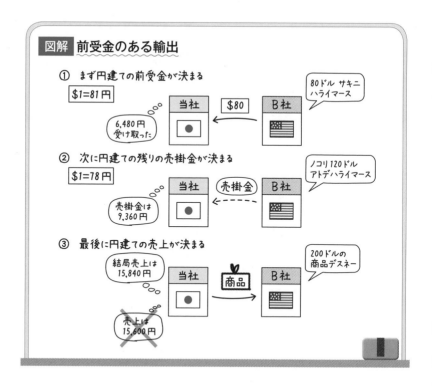

図解 前受金のある輸出

① まず円建ての前受金が決まる
$1＝81円
当社 ← $80 — B社
80ドル サキニ ハライマース
6,480円 受け取った

② 次に円建ての残りの売掛金が決まる
$1＝78円
当社 — 売掛金 ← B社
ノコリ120ドル アトデハライマース
売掛金は 9,360円

③ 最後に円建ての売上が決まる
結局売上は 15,840円
当社 — 商品 → B社
200ドルの 商品デスネー
~~売上は 15,600円~~

例4 ──────────────── 輸出時（前受金のある場合）

(1) ×1年5月1日　当社はアメリカのB社に商品200ドルを輸出する契約をし、前受金80ドルを現金で受け取った。取引時の為替相場は1ドル81円である。

(2) ×1年7月1日　当社はアメリカのB社に200ドルで商品を輸出した。受取りは前受金80ドルを充当し、残額は掛けとした。販売時の為替相場は1ドル78円である。

例4の仕訳(1)	(現 金)	6,480*1	(前 受 金)	6,480
(2)	(前 受 金)	6,480	(売 上)	15,840*3
	(売 掛 金)	9,360*2		

＊1　80ドル×@81円＝6,480円
＊2　(200ドル－80ドル)×@78円＝9,360円
＊3　6,480円＋9,360円＝15,840円

ひとこと

前受金がある場合、売上は直接計算せずに前受金と売掛金の合計で求めます。200ドル×@78円＝15,600円と計算しないように気をつけましょう。

Ⅴ　決済時の会計処理

　商品を掛けで売買している場合、対応する買掛金や売掛金は仕入時・売上時の為替相場で換算しています。

　ここで、仕入時・売上時と決済時では為替相場が異なる場合、その換算差額を**為替差損**（営業外費用）または**為替差益**（営業外収益）で処理します。

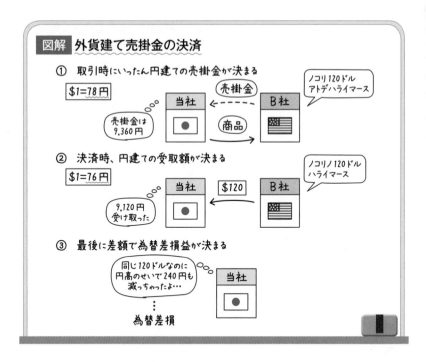

例5

(1) ×1年6月1日　当社はアメリカのB社に200ドルで商品を輸出した。決済は以前にB社から受け取っていた前受金80ドル（受取時の為替相場1ドル81円）を充当し、残額は掛けとした。販売時の為替相場は1ドル78円である。

(2) ×1年6月30日　B社から売掛金120ドルの決済を受けた。決済時の為替相場は1ドル76円である。

(3) ×1年7月1日　当社はアメリカのA社から50ドルの商品を輸入し、支払いは掛けとした。取引時の為替相場は1ドル80円である。

(4) ×1年7月31日　当社はA社に買掛金全額を支払った。決済時の為替相場は1ドル79円である。

例5の仕訳(1)	(前　受　金)	6,480*1	(売　　　　上)	15,840*3
	(売　掛　金)	9,360*2		
(2)	(現　　　　金)	9,120*4	(売　掛　金)	9,360
	(為替差損益)	240*5		
(3)	(仕　　　　入)	4,000*6	(買　掛　金)	4,000
(4)	(買　掛　金)	4,000	(現　　　　金)	3,950*7
			(為替差損益)	50*8

*1　80ドル×@81円＝6,480円
*2　(200ドル－80ドル)×@78円＝9,360円
*3　6,480円＋9,360円＝15,840円
*4　120ドル×@76円＝9,120円
*5　9,360円－9,120円＝240円
*6　50ドル×@80円＝4,000円
*7　50ドル×@79円＝3,950円
*8　4,000円－3,950円＝50円

ひとこと

　なお、取引時と決済時の間に決算がある場合は、決算時の為替レートで財務諸表を作成します。
　したがって、この場合は、決算時の為替レートと決済時の為替レートを比較して為替差損益を計算することに注意しましょう。

3 決算時の換算

I 決算と換算

　為替相場は日々変化していますから、一度日本円に換算した資産・負債であっても、そのまま換算替えを行わないままでいると、その価値を適切に表さなくなってしまいます。

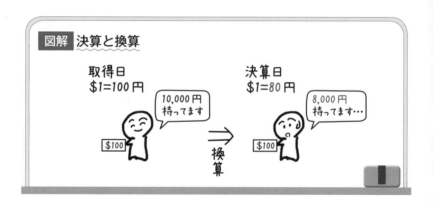

そこで、決算時には資産・負債のうち、**貨幣項目**に分類されるものを決算時の為替相場（CR）で換算します。換算による差額は、**為替差損益**で処理します。

●貨幣項目と非貨幣項目

分　類		項　　目	換　算
貨 幣 項 目	資産	外国通貨、外貨預金、受取手形、売掛金、未収入金、貸付金、未収収益など	CR
	負債	支払手形、買掛金、未払金、社債、借入金、未払費用など	
非貨幣項目	資産	棚卸資産、前払金、前払費用、固定資産など	HR
	負債	前受金、前受収益など	

ひとこと

　前受金・前受収益・前払金・前払費用は、すでに金銭の受取り・支払いが終わっているため、決算日以降為替が変動してもその後の決済額に影響を与えないので、これらの項目は換算替えを行いません。
　一方、未収入金・未収収益・未払金・未払費用はこれから金銭の受取り・支払いが行われるため、為替の変動によって決済額が変わる可能性があります。したがって、期末の状態を表すよう換算替えを行う必要があります。

236

次の資料にもとづいて、決算時の換算替えの仕訳を示しなさい。

[資料1]

決算整理前残高試算表
×2年3月31日　　　　　　（単位：円）

現　　　　　金	51,000	前　受　金	13,390
棚 卸 資 産	23,100	短 期 借 入 金	23,230
売　掛　金	26,000	長 期 借 入 金	29,400
前　払　金	9,900		
土　　　地	76,800		
支 払 利 息	882		

[資料2] 決算整理事項

上記の項目はすべて外貨建てで、取引発生時の相場は次のとおりである。なお、当期末の決算時為替レートは1ドル100円で、当期は×1年4月1日から×2年3月31日までである。

	外貨建帳簿価額	取引発生時の為替相場
現　　　金	500ドル	1ドル102円
棚 卸 資 産	220ドル	1ドル105円
売　掛　金	250ドル	1ドル104円
前　払　金	100ドル	1ドル 99円
土　　　地	800ドル	1ドル 96円
前　受　金	130ドル	1ドル103円
短期借入金[*1]	230ドル	1ドル101円
長期借入金[*2]	300ドル	1ドル 98円

*1　借入期間は、×2年1月1日から6か月、利率年2％、利払日は6月末日（後払い）である。

*2　借入期間は、×1年10月1日から2年間、利率年3％、利払日は10月1日（前払い）である。

例6の仕訳	(為 替 差 損 益)	1,000*1	(現　　　　金)	1,000
	(為 替 差 損 益)	1,000*2	(売　　掛　　金)	1,000
	(短 期 借 入 金)	230*3	(為 替 差 損 益)	230
	(支 払 利 息)	115*4	(未 払 利 息)	115
	(為 替 差 損 益)	600*5	(長 期 借 入 金)	600
	(前 払 利 息)	441*6	(支 払 利 息)	441

* 1　500ドル×(@102円－@100円)=1,000円
* 2　250ドル×(@104円－@100円)=1,000円
* 3　230ドル×(@101円－@100円)=230円
* 4　$230ドル×2\%×\dfrac{3か月}{12か月}×@100円=115円$
* 5　300ドル×(@100円－@98円)=600円
* 6　$300ドル×3\%×\dfrac{6か月}{12か月}×@98円=441円$

なお、棚卸資産・前払金・土地・前受金・前払利息は非貨幣性資産なので、換算替えはしません。

4　外貨建有価証券の換算

Ⅰ　売買目的有価証券の換算

外国の会社の株式などを売買目的で保有している場合、外貨建ての時価を**決算時の為替相場（CR）**で換算することで円建ての時価を求めて貸借対照表価額とします。この場合、為替差損益は計上せず、取得原価との差額をすべて**有価証券評価損益**で処理します。

図解 売買目的有価証券の換算

② B/S：200ドル×@90円＝18,000円

CR @90円

③有価証券評価損益 3,600円

HR @80円

①180ドル×@80円
＝14,400円

取得原価　時価
180ドル　200ドル

① 取得原価＝外貨建取得原価×HR
② 貸借対照表価額＝外貨建時価×CR
③ 換算差額＝有価証券評価損益
　　　　　＝②－①

▼ 例7 ———————————————— 売買目的有価証券の換算

(1) ×1年10月1日　当社はアメリカにあるC社の株式180ドルを売買目的で現金で購入した。購入時の為替相場は1ドル80円である。

(2) ×2年3月31日（決算日）　C社株式の時価は200ドルであった。期末の為替相場は1ドル90円である。

例7の仕訳(1)（売買目的有価証券）	14,400*1	（現　　　　金）	14,400
(2)（売買目的有価証券）	3,600*2	（有価証券評価損益）	3,600

＊1　180ドル×@80円＝14,400円
＊2　200ドル×@90円－14,400円＝3,600円

Ⅱ 満期保有目的債券の換算

満期保有目的の債券は、貸付金のような通常の金銭債権と同様の性質であるため、基本的には決算時に**決算時の為替相場（CR）**で換算を行います。ただし、償却原価法を適用しない場合とする場合では、換算方法が異なります。

1 償却原価法を適用しない場合

償却原価法を適用しない満期保有目的債券は、外貨建ての場合も取得原価で評価しますが、為替変動によって将来受け取る元本の円建額が影響を受けるので、期末に**決算時の為替相場（CR）**で換算替えを行い、貸借対照表に計上し、換算によって生じた差額は**為替差損益**で処理します。

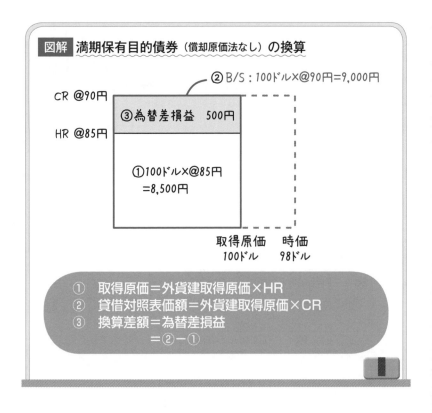

図解 満期保有目的債券（償却原価法なし）の換算

② B/S：100ドル×@90円＝9,000円

CR @90円

③為替差損益　500円

HR @85円

①100ドル×@85円
＝8,500円

取得原価　時価
100ドル　98ドル

① 取得原価＝外貨建取得原価×HR
② 貸借対照表価額＝外貨建取得原価×CR
③ 換算差額＝為替差損益
　　　　　＝②－①

▼ 例8 ───────── 満期保有目的債券の換算（償却原価法なし）

(1) ×1年11月1日　当社はC社の発行した社債100ドル（額面金額100ドル）を現金で購入した。購入時の為替相場は1ドル85円である。

(2) ×2年3月31日（決算日）　C社社債の時価は98ドルであった。期末の為替相場は1ドル90円である。

例8の仕訳(1)	（満期保有目的債券）	8,500*1	（現 　　　　　金）	8,500
(2)	（満期保有目的債券）	500*2	（為 替 差 損 益）	500

　　＊1　100ドル×@85円＝8,500円
　　＊2　100ドル×@90円－8,500円＝500円

2 償却原価法を適用する場合

　外貨建満期保有目的債券で償却原価法を適用する場合、償却原価法の利息部分については**期中平均為替相場（AR）**で換算します。そして、期末に外貨による償却原価を**決算時の為替相場（CR）**で換算して貸借対照表価額とし、換算差額は**為替差損益**で処理します。

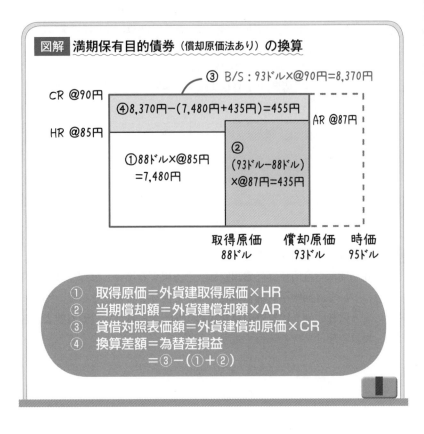

図解 満期保有目的債券（償却原価法あり）の換算

③ B/S：93ドル×@90円＝8,370円

CR @90円

④8,370円−（7,480円＋435円）＝455円

AR @87円

HR @85円

①88ドル×@85円
＝7,480円

②
（93ドル−88ドル）
×@87円＝435円

取得原価
88ドル

償却原価
93ドル

時価
95ドル

① 取得原価＝外貨建取得原価×HR
② 当期償却額＝外貨建償却額×AR
③ 貸借対照表価額＝外貨建償却原価×CR
④ 換算差額＝為替差損益
　　　　　＝③−（①＋②）

例9 ──────── 満期保有目的債券の換算（償却原価法あり）

(1) ×1年11月1日　当社はC社の発行した社債88ドル（額面金額100ドル、満期×2年10月31日）を現金で購入した。購入時の為替相場は1ドル85円である。取得原価と額面金額との差額は定額法による償却原価法を適用する。

(2) ×2年3月31日（決算日）　C社社債の時価は95ドルであった。×1年11月1日から×2年3月31日の期中平均為替相場は1ドル87円、期末の為替相場は1ドル90円である。

例9の仕訳(1)	（満期保有目的債券）	7,480*¹	（現　　　　金）		7,480
(2)	（満期保有目的債券）	435*²	（有価証券利息）		435
	（満期保有目的債券）	455*³	（為替差損益）		455

* 1　88ドル×@85円＝7,480円
* 2　（100ドル－88ドル）× $\frac{5か月}{12か月}$ ＝ 5 ドル

　　5 ドル×@87円＝435円
* 3　償却原価：7,480円＋435円＝7,915円

　　（88ドル＋ 5 ドル）×@90円－7,915円＝455円

Ⅲ その他有価証券の換算

1 その他有価証券の処理 （原則規定）

　外貨建その他有価証券は、外貨による時価を**決算時の為替相場（CR）**で換算した価額で貸借対照表に計上します。そして、取得原価との差額は、全部純資産直入法の場合は**その他有価証券評価差額金**で処理し、部分純資産直入法の場合は**投資有価証券評価損**、または**その他有価証券評価差額金**で処理します。

　なお、市場価格のない株式等の場合、外貨による取得原価を**決算時の為替相場（CR）**で換算します。

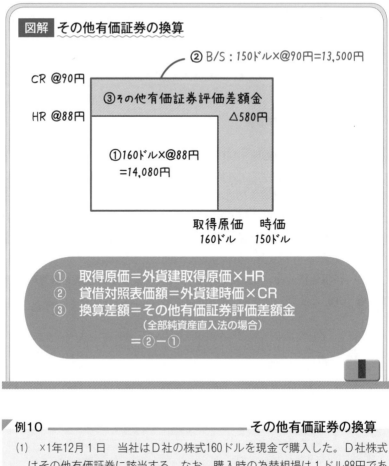

図解　その他有価証券の換算

② B/S：150ドル×@90円＝13,500円

CR @90円

③その他有価証券評価差額金
△580円

HR @88円

①160ドル×@88円
＝14,080円

取得原価　時価
160ドル　150ドル

① 取得原価＝外貨建取得原価×HR
② 貸借対照表価額＝外貨建時価×CR
③ 換算差額＝その他有価証券評価差額金
　（全部純資産直入法の場合）
　＝②－①

▌例10 ―――――――――――――――――　その他有価証券の換算

(1) ×1年12月１日　当社はD社の株式160ドルを現金で購入した。D社株式
はその他有価証券に該当する。なお、購入時の為替相場は１ドル88円であ
り、全部純資産直入法を採用する。

(2) ×2年３月31日（決算日）　D社株式の時価は150ドルであった。期末の
為替相場は１ドル90円である。

例10の仕訳(1) (その他有価証券)	14,080*1 (現　　　　金)	14,080
(2) (その他有価証券評価差額金)	580*2 (その他有価証券)	580

＊1　160ドル×@88円＝14,080円
＊2　150ドル×@90円－14,080円＝△580円

244

2 その他有価証券の処理 （容認規定）

　外貨建その他有価証券のうち債券については、換算差額のうち時価の変動に係る差額を**その他有価証券評価差額金**で処理し、残りの部分を**為替差損益**で処理することも認められています。

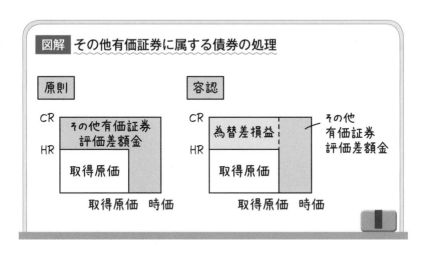

図解　その他有価証券に属する債券の処理

Ⅳ 子会社・関連会社株式の換算

　子会社株式・関連会社株式は、外貨建ての場合も期末に換算替えはしません。したがって、貸借対照表では外貨建ての取得原価を**取得時の為替相場（HR）**で換算した価額で計上します。

例11　　　　　　　　　　　　　　　　　　　　　子会社・関連会社株式の換算

(1)　×2年1月1日　当社はアメリカのE社の発行済株式総数の60％を500ドルで取得し、子会社とした。取得時の為替相場は1ドル89円である。

(2)　×2年3月31日（決算日）　E社株式の時価は505ドルであった。期末の為替相場は1ドル90円である。

例11の仕訳(1)	（子 会 社 株 式）	44,500*	（現　　　　金）	44,500
(2)		仕　訳　な　し		

＊　500ドル×@89円＝44,500円

V 有価証券の減損処理

外貨建有価証券の時価または実質価額が著しく下落し、回復の見込みがあると認められない場合、減損を行うかどうかの判断は外貨ベースの金額を基準に行います。

そして、実際に減損を行う場合、期末の時価または実質価額を**決算時の為替相場（CR）**で換算して貸借対照表価額とし、差額は**投資有価証券評価損、子会社株式評価損、関連会社株式評価損**などの項目で処理します。

●有価証券の減損

◆外貨建取得原価×50％＞外貨建時価（または実質価額）かつ、回復の見込みがあるとは認められない

① 取得原価＝外貨建取得原価×HR
② 貸借対照表価額＝外貨建時価（または実質価額）×CR
③ 換算差額＝①－②
　　　　　　＝○○評価損

◤ 例12 ━━━━━━━━━━━━━━━━━━━━ **有価証券の減損処理**

(1) ×2年2月1日　当社はアメリカのF社の発行済株式総数の30％を200ドルで取得し、関連会社とした。取得時の為替相場は1ドル87円である。
(2) ×2年3月31日（決算日）　F社株式の時価は99ドルであった。F社株式の時価が回復する見込みはない。期末の為替相場は1ドル90円である。

例12の仕訳(1)	（関連会社株式）	17,400*1	（現　　　金）	17,400
(2)	（関連会社株式評価損）	8,490*2	（関連会社株式）	8,490

＊1　200ドル×@87円＝17,400円
＊2　200ドル×50％＞99ドル　∴減損処理を行う
　　　17,400円－99ドル×@90円＝8,490円

246

●有価証券の換算のまとめ

分　類	換算方法		換算差額
売買目的	時価×CR		有価証券評価損益
満期保有目的	償却なし	取得原価×CR	為替差損益
	償却あり	償却原価×CR	為替差損益
その他	時価あり	時価×CR	その他有価証券評価差額金 （または投資有価証券評価損）
	市場価格の ない株式等	取得原価×CR	
子会社・関連会社	取得原価×HR		なし
減損処理適用時	時価あり	時価×CR	○○評価損
	市場価格の ない株式等	実質価額×CR	

5 為替予約

I 為替予約とは

　外貨建てで掛け取引を行った場合、購入時から決済時までの為替相場の変動によって受払額が変わります。この受払額の変動を回避する手段として**為替予約**があります。

　為替予約とは、外貨建金銭債権債務について、決済を行う銀行との間であらかじめ支払う為替相場を定めておく契約をいいます。

ひとこと

　為替予約は、為替予約取引をヘッジ手段、債権債務をヘッジ対象としたヘッジ取引であるといえます。

　また、為替予約の会計処理には、独立処理（原則）と振当処理（容認）がありますが、1級では主に振当処理が出題されるため、ここでは振当処理について学習します。なお、独立処理は巻末の参考で説明しています。

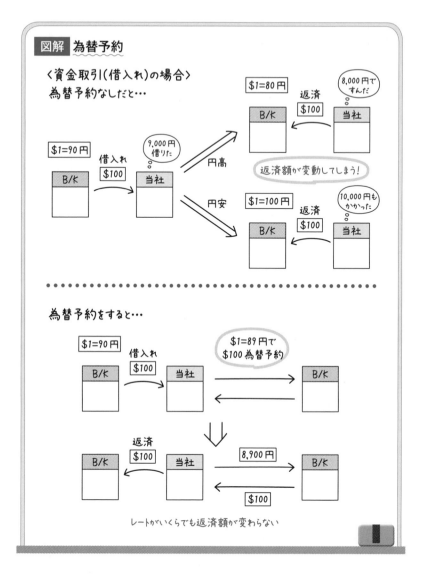

　為替予約は、商品の売買などの**営業取引**と、資金の借入れ・貸付けなど
の**資金取引**で会計処理が異なります。

Ⅱ 取引発生時までに為替予約を付した場合 (営業取引)

　営業取引で、取引発生時までに為替予約を付した場合、その取引を**為替予約時の先物為替相場 (予約レート)** で換算します。そして、その後の決済は予約レートで行われるため、決算時も換算替えは行いません。

> **ひとこと**
>
> 　為替予約は先渡取引 (予約取引) の一種です。先物・先渡取引で用いられる為替相場を**先物為替相場**といいます。また、先物為替相場に対して、その時点の為替相場を**直物為替相場**ともいいます。

▼ 例13 ── 取引発生時までに為替予約を付した場合 (営業取引)

(1) ×1年3月1日　得意先F社に対して商品100ドルを掛け販売し、代金は3か月後に受け取ることとした。また、取引と同時に為替予約を行った。取引時の直物為替相場は1ドル90円、先物為替相場は1ドル89円であった。当該為替予約には振当処理を適用する。

(2) ×1年3月31日 (決算日)　期末の直物為替相場は1ドル91円である。

(3) ×1年5月31日　F社から代金100ドルを受け取った。決済時の為替相場は1ドル88円である。

例13の仕訳(1)	(売　掛　金)	8,900*	(売　　　上)	8,900
(2)		仕　訳　な　し		
(3)	(現　　　金)	8,900	(売　掛　金)	8,900

　　　* 100ドル×@89円＝8,900円

Ⅲ 取引発生時までに為替予約を付した場合 (資金取引)

　資金取引で、取引発生時までに、借入れや貸付けに為替予約を行った場合も、将来の返済時の金額は営業取引のときと同様に予約レートで固定されます。

　しかし、借入時や貸付時には、現金のやり取りが行われており、この現金のやり取りは取引時のレートで計上しますので、取引発生時 (発生時レー

ト）と返済時（予約レート）の円建額に差額が生じます。

この差額は、いったん前払費用・前受収益として処理し、決算時に当期分と次期以降の負担部分を期間按分し、当期分を為替差損益に振り替えます。

また、決済時には残っている前払費用・前受収益を為替差損益に振り替えます。

▼ 例14 ── 取引発生時までに為替予約を付した場合（資金取引）

(1) ×2年3月1日　G銀行から100ドルを借り入れ（決済日は6月30日）、取引と同時に為替予約を行った。取引時の直物為替相場は1ドル95円、先物為替相場は1ドル91円であった。当該為替予約には振当処理を適用する。

(2) ×2年3月31日（決算日）　期末の直物為替相場は1ドル94円である。

(3) ×2年6月30日　G銀行に借入金100ドルを返済した。決済時の為替相場は1ドル92円である。

例14の仕訳(1)	(現　　　　金)	9,500*1	(借　入　金)	9,100*2
			(前 受 収 益)	400*3
(2)	(前 受 収 益)	100*4	(為 替 差 損 益)	100
(3)	(借　入　金)	9,100	(現　　　　金)	9,100
	(前 受 収 益)	300*5	(為 替 差 損 益)	300

＊1　100ドル×@95円＝9,500円
＊2　100ドル×@91円＝9,100円
＊3　9,500円－9,100円＝400円
＊4　400円×$\frac{1\,か月}{4\,か月}$＝100円
＊5　400円×$\frac{3\,か月}{4\,か月}$＝300円

Ⅳ 取引発生後に為替予約を付した場合

取引発生後に為替予約を行った場合、営業取引・資金取引とも同じ処理を行います。

具体的には、取引発生後に為替予約を付した場合、債権債務は予約レートで換算替えします。このときの換算差額は、取引発生時と為替予約時の直物為替相場同士の差額（**直直差額**）と、為替予約時の直物為替相場と先物

為替相場の差額（**直先差額**<ruby>じきさき</ruby>）に分け、直直差額は為替予約をした期（当期）の損益として為替差損益で処理します。直先差額は前払費用または前受収益として処理し、決算時に当期分と次期以降の負担分を期間按分します。

ひとこと

為替予約により計上された前受収益・前払費用についても、ほかの資産・負債と同様に一年基準による長期・短期の分類が必要です。

決算日の翌日から決済日まで1年以上ある場合は、長期前受収益・長期前払費用として表示します。

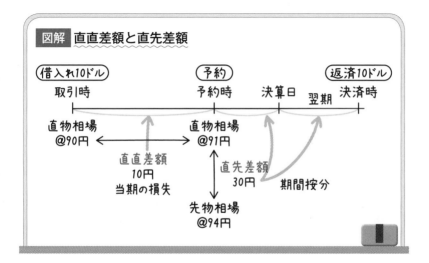

図解 直直差額と直先差額

例15 ——————————— 取引発生後に為替予約を付した場合

(1) ×1年9月1日　G銀行から10ドルを借り入れた（決済日は×4年8月31日）。取引時の直物為替相場は1ドル90円であった。

(2) ×2年3月1日　借入金に為替予約を行った。予約日の直物為替相場は1ドル91円、先物為替相場は1ドル94円であった。当該為替予約には振当処理を適用する。

(3) ×2年3月31日（決算日）　直物為替相場は1ドル92円、先物為替相場は1ドル95円である。

(4) ×4年3月31日（決算日）　直物為替相場は1ドル93円、先物為替相場は1ドル96円である。

例15の仕訳(1)	(現 金)	900*1	(借 入 金)	900
(2)	(為 替 差 損 益)	10*3	(借 入 金)	40*2
	(長 期 前 払 費 用)	30*4		
(3)	(為 替 差 損 益)	1*5	(長 期 前 払 費 用)	1
(4)	(為 替 差 損 益)	12*6	(長 期 前 払 費 用)	12
	(前 払 費 用)	5*7	(長 期 前 払 費 用)	5

* 1　10ドル×@90円＝900円
* 2　10ドル×(@94円－@90円)＝40円
* 3　10ドル×(@91円－@90円)＝10円
* 4　10ドル×(@94円－@91円)＝30円
* 5　$30円 \times \dfrac{1か月}{30か月} = 1円$
* 6　$30円 \times \dfrac{12か月}{30か月} = 12円$
* 7　決済日まで1年未満なので、残額を長期前払費用（固定資産）から前払費用（流動資産）に振り替えます。

●為替予約の会計処理のまとめ

為替予約時点	取引の種類	換 算 差 額
取引発生以前	営業取引	なし
	資金取引	直先差額を期間按分
取引発生後	営業取引	直直差額は当期の費用 直先差額は期間按分
	資金取引	

6　在外支店の財務諸表項目の換算

　外国に支店がある場合、本支店合併財務諸表を作成する際に、在外支店の外国通貨で表示されている財務諸表項目を円換算する必要があります。

I 換算方法

　在外支店の財務諸表項目の換算は、本店の外貨建項目の換算方法と整合させるために、基本的には、本店における外貨建取引と同様に換算します。

1 貸借対照表項目の換算

資産および負債については、貨幣項目は**決算時の為替相場（CR）**で、非貨幣項目は**取得時の為替相場（HR）**で換算します。

ただし、外貨建の子会社株式・関連会社株式は、本店における外貨建取引と同様に取得時の為替相場（HR）で換算し、棚卸資産については、時価または実質価額が付されている場合には、外国通貨による時価を決算時の為替相場で換算します。

なお、本店勘定については、本店の支店勘定と金額を一致させる必要があるため、本店における支店勘定の金額を円換算額として用います。

そして、円換算後の貸借対照表の貸借差額で当期純利益を算定します。

2 損益計算書項目の換算

収益および費用を、それぞれ適用される為替相場で換算します。

ただし、収益および費用に関しては、**期中平均為替相場（AR）**で換算することもできます。

本店より仕入勘定は、本店の支店へ売上勘定と金額を一致させる必要があるので、本店の支店へ売上勘定の金額を円換算額として用います。

最後に、円換算後の損益計算書の貸借差額により、為替差損益を算定します。

在外支店の換算方法をまとめると、次のようになります。

図解 在外支店の換算方法

貸借対照表項目			
外国通貨			決算時の為替相場 CR
外貨建金銭債権債務 （外貨預金、未収収益・未払費用を含む）			決算時の為替相場 CR
貸倒引当金			決算時の為替相場 CR
外貨建 有価証券	売買目的有価証券・満期保有 目的の債券・その他有価証券		決算時の為替相場 CR
	子会社株式・関連会社株式		取得時の為替相場 HR
費用性資産 （非貨幣性 資産）	棚卸資産	取得原価で記録さ れているもの	取得時の為替相場 HR
		時価または実質価 額が付されているもの	決算時の為替相場 CR
	有形固定資産		取得時の為替相場 HR
本店勘定			本店における支店勘定の金額
損益計算書項目			
前受金・前受収益等の収益性負債の収益化額			負債発生時の為替相場 HR
取得原価で記録されている 費用性資産の費用化額	減価償却費		資産取得時の為替相場 HR
	その他		資産取得時の為替相場 HR
その他の収益および費用		原則	計上時の為替相場 HR
		容認	期中平均為替相場 AR
本店より仕入勘定			本店における支店へ売上勘 定の金額
換算差額の 処理	換算によって生じた換算差額は、当期の「為替差損益 （為替差益または為替差損）」として処理する		

254

Ⅱ 換算の順序

　在外支店の財務諸表項目の換算は、貸借対照表 → 損益計算書の順序で行います。

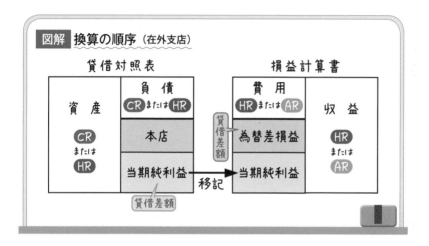

図解 **換算の順序**（在外支店）

次の資料にもとづいて、在外支店の円貨額による当期（×1年4月1日〜×2年3月31日）における貸借対照表および損益計算書を作成しなさい。

［資　料］

決算整理後残高試算表
×2年3月31日　　　　　　（単位：ドル）

現　　　　　金	700	買　掛　金	600
売　　掛　　金	1,000	短 期 借 入 金	200
繰 越 商 品	200	本　　　　店	3,000
建　　　　　物	2,500	売　　　　上	2,700
仕　　　　　入	1,700		
減 価 償 却 費	100		
その他の費用	300		
	6,500		6,500

(1) 本店の決算整理後残高試算表の支店勘定は295,000円である。

(2) 当期商品仕入高は1,900ドルである（期首商品はない）。また、期末において棚卸減耗等は生じていない。

(3) 計上時が不明な収益または費用については、期中平均相場によって換算する。

(4) 為替相場（1ドルあたり）

短期借入金の発生時：90円　　建物の購入時：92円

商品の仕入時：91円　　　　　商品の売上時：93円

期中平均（当期）：94円　　　当期末（決算時）：95円

例16の解答

貸　借　対　照　表
×2年3月31日　　　　　　（単位：円）

現　　　　　金 CR	66,500	買　　掛　　金 CR	57,000
売　　掛　　金 CR	95,000	短 期 借 入 金 CR	19,000
繰 越 商 品 HR	18,200	本　　　　店	295,000
建　　　　　物 HR	230,000	当 期 純 利 益	38,700
	409,700		409,700

損 益 計 算 書
自×1年4月1日 至×2年3月31日（単位：円）

期首商品棚卸高		0	売　　　上　　　高 HR	251,100
当期商品仕入高 HR		172,900	期末商品棚卸高 HR	18,200
減 価 償 却 費 HR		9,200		
その他の費用 AR		28,200		
為 替 差 損		20,300		
当 期 純 利 益		38,700		
		269,300		269,300

〈解説〉
① 貸借対照表項目の換算
　　現金：700ドル×@95円＝66,500円
　　売掛金：1,000ドル×@95円＝95,000円
　　商品：200ドル×@91円＝18,200円
　　　　　　　　　仕入時 HR
　　建物：2,500ドル×@92円＝230,000円
　　　　　　　　　購入時 HR
　　買掛金：600ドル×@95円＝57,000円
　　短期借入金：200ドル×@95円＝19,000円
② 本店の金額
　　本店の支店勘定より、295,000円
③ 当期純利益の計算
　　貸借対照表の貸借差額より、38,700円
④ 損益計算書項目の換算
　　当期商品仕入高：1,900ドル×@91円＝172,900円
　　　　　　　　　　　　　　仕入時 HR
　　減価償却費：100ドル×@92円＝9,200円
　　　　　　　　　　　　購入時 HR
　　その他の費用：300ドル×@94円＝28,200円
　　　　　　　　　　　　　　AR
　　売上高：2,700ドル×@93円＝251,100円
　　　　　　　　　　売上時 HR
　　期末商品棚卸高：200ドル×@91円＝18,200円
　　　　　　　　　　　　　　　仕入時 HR
⑤ 為替差損益の計算
　　損益計算書の貸借差額より、20,300円

7　在外子会社の財務諸表項目の換算

　外国に子会社（在外子会社）がある場合、その子会社も連結の範囲に含めなければなりません。その際、在外支店と同様に外国通貨で表示されている財務諸表項目を円換算する必要があります。

Ⅰ　換算方法

　在外子会社は、在外支店とは異なり、本国の事業体から独立した事業体としての性格をもっています。そのため、現地通貨での表示を重視するため**決算日レート法**という換算方法によって換算を行います。

1　損益計算書項目の換算

　収益と費用、当期純利益については原則として**期中平均為替相場（AR）**で換算しますが、**決算時の為替相場（CR）**で換算することも認められています。

　ただし、親会社との取引により生じた収益および費用は、親会社が換算に用いる為替相場（HR）で換算します。

2　貸借対照表項目の換算

　貸借対照表項目のうち、資産・負債については**決算時の為替相場（CR）**、純資産については**株式取得時または取引発生時の為替相場（HR）**で換算します。

　換算の結果、貸借対照表上で生じる貸借差額は**為替換算調整勘定**（その他の包括利益累計額）で処理します。

　在外子会社の換算方法をまとめると、次のようになります。

図解 在外子会社の換算方法

貸借対照表項目		
資産および負債		決算時の為替相場 CR
純資産	親会社による株式取得時の純資産項目	株式取得時の為替相場 HR
	親会社による株式取得後に生じた純資産項目	当該項目の発生時の為替相場 HR
貸借対照表の換算差額		為替換算調整勘定 (その他の包括利益累計額)
損益計算書項目		
収益および費用	原則	期中平均為替相場 AR
	容認	決算時の為替相場 CR
	親会社との取引によるもの	親会社が換算に用いる為替相場 HR
当期純利益	原則	期中平均為替相場 AR
	容認	決算時の為替相場 CR
損益計算書の換算差額		為替差損益 (営業外損益)

Ⅱ 換算の順序

　在外子会社の財務諸表項目の換算は、損益計算書 → 株主資本等変動計算書 → 貸借対照表の順序で行います。

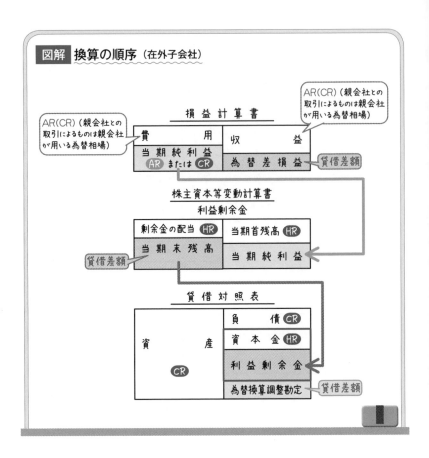

図解 換算の順序（在外子会社）

AR(CR)（親会社との取引によるものは親会社が用いる為替相場）

AR(CR)（親会社との取引によるものは親会社が用いる為替相場）

損 益 計 算 書

| 費　　　　用 | 収　　　　益 |
| 当 期 純 利 益　AR または CR | 為 替 差 損 益　貸借差額 |

株主資本等変動計算書
利益剰余金

| 剰余金の配当 HR | 当期首残高 HR |
| 当 期 末 残 高　貸借差額 | 当 期 純 利 益 |

貸 借 対 照 表

資　　　　産　　CR	負　　　　債 CR
	資 本 金 HR
	利 益 剰 余 金
	為替換算調整勘定　貸借差額

ひ と こ と

　在外子会社の換算の順序は、在外支店の換算の順序とは異なるので注意しましょう。当期純利益は貸借差額で計算せず、ARまたはCRを掛けて計算します。
　また、損益計算書は、親会社との取引によるもの以外はARまたはCRによって換算します。そのため、損益計算書から生じる為替差損益は、親会社との取引によるものを親会社が用いる為替相場（HR）で換算した金額とARまたはCRで換算した金額との差額から生じることになります。

ふむふむ...

例17 ──────────在外子会社の財務諸表項目の換算

次の資料にもとづいて、S社の当期（×2年4月1日から×3年3月31日）における円貨表示の財務諸表を作成しなさい。

[資　料]

(1) P社は×2年3月31日にS社の発行済株式総数の100％を150ドルで取得し、支配を獲得した。×2年3月31日におけるS社の資本金は100ドル、利益剰余金は50ドルであった。

(2) S社は当期中に、P社に商品75ドルを販売しており、P社はこの商品を1ドル87円で換算している。

(3) 為替相場

　　　×2年3月31日：1ドル82円

　　　期中平均相場：1ドル84円

　　　×3年3月31日：1ドル86円

　　　配当金の支払時：1ドル85円

(4) S社の当期純利益は期中平均相場で換算する。

損　益　計　算　書
自×2年4月1日　至×3年3月31日　（単位：ドル）

諸　　費　　用	320	諸　　収　　益	375
減 価 償 却 費	15		
当 期 純 利 益	40		
	375		375

株主資本等変動計算書(利益剰余金のみ)
自×2年4月1日　至×3年3月31日　（単位：ドル）

剰 余 金 の 配 当	10	利益剰余金当期首残高	50
利益剰余金当期末残高	80	当 期 純 利 益	40
	90		90

貸　借　対　照　表
×3年3月31日　（単位：ドル）

諸　　資　　産	220	諸　　負　　債	130
建　　　　　物	120	資　　本　　金	100
減価償却累計額	△30	利 益 剰 余 金	80
	310		310

例17の解答

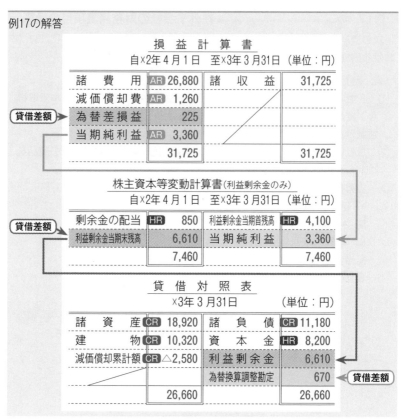

〈解説〉
① 損益計算書項目の換算
　　諸費用：320ドル×@84円＝26,880円
　　減価償却費：15ドル×@84円＝1,260円
　　当期純利益：40ドル×@84円＝3,360円
　　諸収益：(375ドル−75ドル)×@84円＋75ドル×@87円（親会社が用いる為替相場）
　　　　　　　　　　　　　親会社との取引　　　親会社との取引によるもの
　　　　　　　　　　　　　によるもの以外
　　　　＝31,725円
　　為替差損益：貸借差額　または　75ドル×(@84円−@87円)＝△225円
　　　　　　　　　　　　　　　　　　　　　AR　親会社が用いる
　　　　　　　　　　　　　　　　　　　　　　　為替相場

② 株主資本等変動計算書項目の換算
　　利益剰余金当期首残高：50ドル×@82円＝4,100円
　　　　　　　　　　　　　　株式取得時 HR
　　剰余金の配当：10ドル×@85円＝850円
　　　　　　　　　　配当時 HR
　　利益剰余金当期末残高：貸借差額

③ 貸借対照表項目の換算
　諸資産：220ドル×@86円＝18,920円
　建物：120ドル×@86円＝10,320円
　減価償却累計額：30ドル×@86円＝2,580円
　諸負債：130ドル×@86円＝11,180円
　資本金：100ドル×@82円＝8,200円
　　　　　　　　　株式取得時 **HR**
　為替換算調整勘定：貸借差額　または
　　　　　　　　　(100ドル＋80ドル)× @86円－(8,200円＋6,610円)＝670円
　　　　　　　　　純資産合計　　**CR**　　純資産円換算額

Ⅲ 為替換算調整勘定の計算方法

　為替換算調整勘定（その他の包括利益累計額）は、在外子会社の換算の過程で生じる差額です。為替換算調整勘定は貸借対照表の貸借差額により求めることができますが、次の計算方法を用いれば、より効率的に計算することができます。

> **為替換算調整勘定＝子会社純資産×CR－子会社純資産の円換算額**

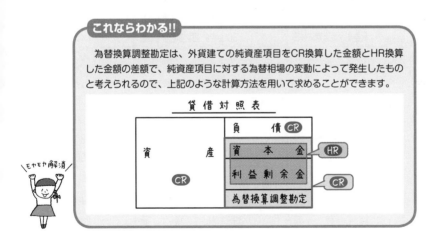

これならわかる!!

　為替換算調整勘定は、外貨建ての純資産項目をCR換算した金額とHR換算した金額の差額で、純資産項目に対する為替相場の変動によって発生したものと考えられるので、上記のような計算方法を用いて求めることができます。

貸 借 対 照 表

負　　債 **CR**
資　本　金 **HR**
利 益 剰 余 金 **CR**
為替換算調整勘定

資　　産 **CR**

モヤモヤ解消

　連結会計の場合と同様に、為替換算調整勘定を計算する際も、タイムテーブルを作成することで、正確かつ効率的に解くことができます。

次の資料にもとづいて、S社の当期末（×3年3月31日）に計上される為替換算調整勘定を求めなさい。

[資料1]

(1) P社は前々期（×1年3月31日）にS社の発行済株式総数の100%を150ドルで取得し、支配を獲得した。×1年3月31日におけるS社の資本金は100ドル、利益剰余金は50ドルであった。

(2) 為替相場

×1年3月31日：1ドル82円

前期期中平均相場：1ドル84円

前期配当金の支払時：1ドル85円

×2年3月31日：1ドル86円

当期期中平均相場：1ドル85円

当期配当金の支払時：1ドル86円

×3年3月31日：1ドル90円

(3) S社の当期純利益は期中平均相場で換算する。

[資料2] S社の財務諸表

株主資本等変動計算書(利益剰余金のみ)

自×1年4月1日 至×2年3月31日 （単位：ドル）

剰余金の配当	10	利益剰余金当期首残高	50
利益剰余金当期末残高	80	当期純利益	40
	90		90

株主資本等変動計算書(利益剰余金のみ)

自×2年4月1日 至×3年3月31日 （単位：ドル）

剰余金の配当	5	利益剰余金当期首残高	80
利益剰余金当期末残高	95	当期純利益	20
	100		100

貸借対照表

×3年3月31日 （単位：ドル）

諸 資 産	395	諸 負 債	200
		資 本 金	100
		利 益 剰 余 金	95
	395		395

例18の解答　為替換算調整勘定：1,470円

〈解説〉
　1．支配獲得日の状況の記入

　　　まず、タイムテーブルに支配獲得日の日付と取得割合、換算レート、S
　　社の純資産項目を、左に円建て、右にドル建てと分けて記入します。

　　　支配獲得日においては、株式取得時の為替相場とCRが一致しているた
　　め、為替換算調整勘定は生じません。

　2．前期末の状況の記入

　　　支配獲得日と同じように、前期末の状況も記入します。まず資本金、利
　　益剰余金の円換算額を計算し、次に純資産合計のドルをCR換算します。

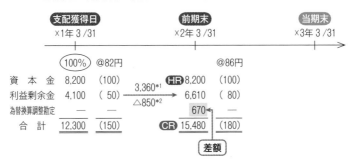

　3．当期末の状況の記入

　　　前期末と同じように、当期末の状況も記入します。

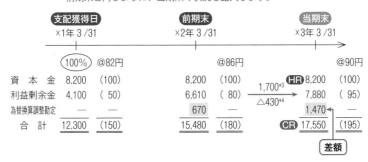

＊1　40ドル×@84円＝3,360円
　　　　　　AR

＊2　△10ドル×@85円＝△850円
　　　　　配当時 HR

＊3　20ドル×@85円＝1,700円
　　　　　　AR

＊4　△5ドル×@86円＝△430円
　　　　　配当時 HR

◎利益剰余金の計算

株主資本等変動計算書(利益剰余金のみ)
自×1年4月1日　至×2年3月31日　（単位：円）

@85円	剰余金の配当	850	利益剰余金当期首残高	4,100	@82円
	利益剰余金当期末残高	6,610	当 期 純 利 益	3,360	@84円
		7,460		7,460	

株主資本等変動計算書(利益剰余金のみ)
自×2年4月1日　至×3年3月31日　（単位：円）

@86円	剰余金の配当	430	利益剰余金当期首残高	6,610	
	利益剰余金当期末残高	7,880	当 期 純 利 益	1,700	@85円
		8,310		8,310	

CHAPTER 07　外貨換算会計　基本問題

問1　外貨建取引の換算①

次の一連の取引の仕訳を示しなさい。

(1)　×1年6月1日　当社は米国のA社から商品を輸入する契約をし、前払金として1,000ドルを現金で支払った。支払時の為替相場は1ドル98円である。

(2)　×1年8月1日　当社はA社から商品5,000ドルを輸入した。決済は(1)の前払金を充当し、残額は掛けとした。輸入時の為替相場は1ドル100円である。

(3)　×1年8月31日　当社はA社に買掛金4,000ドルを現金で支払った。決済時の為替相場は1ドル99円である。

問2　外貨建取引の換算②

次の一連の取引の仕訳を示しなさい。

(1)　×1年9月1日　当社は米国のB社に対して商品を輸出する契約をし、前受金として1,500ドルを現金で受け取った。受取時の為替相場は1ドル100円である。

(2)　×1年10月1日　当社はB社に商品7,000ドルを輸出した。決済は(1)の前受金を充当し、残額は掛けとした。輸出時の為替相場は1ドル102円である。

(3)　×1年11月10日　当社はB社から売掛金5,500ドルを現金で回収した。決済時の為替相場は1ドル103円である。

問3　外貨建取引の換算③　答案用紙あり

次の資料にもとづいて、決算整理後残高試算表を作成しなさい。

決算整理前残高試算表
×2年3月31日　　　　　　（単位：円）

現　　　　　金	25,800	買　　掛　　金	13,440
棚　卸　資　産	20,880	短 期 借 入 金	17,200
前　　払　　金	10,560	長 期 借 入 金	25,200
土　　　　　地	58,800		
支　払　利　息	756		

［資　料］決算整理事項

上記の項目はすべて外貨建て取引によるものであり、取引発生時の相場は次のとおりである。なお、当期末の決算時為替レートは1ドル85円で、当期は×1年

4月1日から×2年3月31日までである。

	外貨建帳簿価額	換算レート
現　　金	300ドル	1ドル86円
棚卸資産	240ドル	1ドル87円
前　払　金	120ドル	1ドル88円
土　　地	700ドル	1ドル84円
買　掛　金	160ドル	1ドル84円
短期借入金(注1)	200ドル	1ドル86円
長期借入金(注2)	300ドル	1ドル84円

（注1）　借入期間×2年1月1日から1年間、利率年2％、
　　　　利払日は6月末日と12月末日（後払い）である。

（注2）　借入期間×1年10月1日から2年間、利率年3％、
　　　　利払日は10月1日（1年分前払い）である。

問4　売買目的有価証券の換算　答案用紙あり

次の資料にもとづいて、当期の損益計算書に計上される有価証券評価益・為替差損益、貸借対照表に計上される売買目的有価証券の金額を答えなさい。なお、当期末の為替相場は1ドル88円である。

	取得原価	取得時為替相場	期末時価
A社株式	230ドル	1ドル84円	220ドル
B社株式	425ドル	1ドル87円	433ドル

上記株式はすべて売買目的で保有している。

問5　満期保有目的債券の換算　答案用紙あり

次の資料にもとづいて、当期の損益計算書に計上される有価証券利息・為替差損益、貸借対照表に計上される満期保有目的債券の金額を答えなさい。なお、当期は×1年4月1日から×2年3月31日までである。また、当期末の為替相場は1ドル79円、期中平均為替相場は1ドル82円である。

決算整理前残高試算表
×2年3月31日　　　　　　　　　　（単位：円）

満期保有目的債券	40,860	有価証券利息	504

	額　面	取得原価	取得時為替相場
C社社債	300ドル	300ドル	1ドル84円
D社社債	200ドル	180ドル	1ドル87円

　上記社債はすべて満期保有目的で保有している。

　D社社債の取得日は×1年10月1日、満期は×6年9月30日であり、額面と取得原価との差額は金利の調整であるため定額法による償却原価法を適用する。なお、利払日の処理は適切に行われている。

問6　有価証券の換算　答案用紙あり

　次の資料にもとづいて、貸借対照表（一部）を完成させなさい。当期末の為替相場は1ドル89円である。なお、税効果会計は無視する。

	取得原価	取得時為替相場	期末時価	分　類
E社株式	35ドル	1ドル85円	39ドル	その他
F社株式^(注1)	28ドル	1ドル87円	なし	その他
G社株式	42ドル	1ドル86円	40ドル	子会社
H社株式^(注2)	23ドル	1ドル88円	なし	関連会社

（注1）　市場価格のない株式等である。

（注2）　市場価格のない株式等である。H社の実質価額が著しく低下したため、実価法を適用する。当社の保有割合は30％であり、H社の期末貸借対照表における資産は150ドル、負債は120ドルである。

問7　為替予約（営業取引）

　次の一連の取引について、仕訳を示しなさい。なお、為替予約は振当処理によること。決算日は3月31日である。

(1)　×1年1月1日　仕入先I社から商品500ドルを掛けで仕入れ、代金は×1年5月31日に支払うこととした。また、取引と同時に為替予約を行った。取引時の直物為替相場は1ドル86円、先物為替相場は1ドル89円であった。当該為替予約には振当処理を適用する。

(2)　×1年3月31日（決算日）　期末の直物為替相場は1ドル88円である。

(3)　×1年5月31日　I社に買掛金500ドルを現金で支払った。決済時の為替相場は1ドル89円である。

問8 為替予約（資金取引）

次の一連の取引について、為替予約に関する仕訳を示しなさい。なお、為替予約は振当処理によること。決算日は 3 月31日である。

⑴ ×2年 2 月 1 日　 J 社に300ドルを現金で貸し付けた（決済日 4 月30日）。また、取引と同時に元本について為替予約を行った。取引時の直物為替相場は 1 ドル82円、先物為替相場は 1 ドル79円であった。当該為替予約には振当処理を適用する。

⑵ ×2年 3 月31日（決算日）　期末の直物為替相場は 1 ドル81円である。

⑶ ×2年 4 月30日　 J 社から貸付金300ドルの返済を現金で受けた。決済時の為替相場は 1 ドル80円である。

問9 為替予約（取引後・営業取引）

次の一連の取引について、仕訳を示しなさい。なお、為替予約は振当処理によること。決算日は 3 月31日である。

⑴ ×1年 2 月 1 日　得意先 K 社に商品420ドルを掛けで輸出した。支払日は×1年 4 月30日で、取引時の直物為替相場は 1 ドル83円である。

⑵ ×1年 3 月 1 日　売掛金に為替予約を行った。予約日の直物為替相場は 1 ドル82円、先物為替相場は 1 ドル81円であった。当該為替予約には振当処理を適用する。

⑶ ×1年 3 月31日（決算日）　直物為替相場は 1 ドル81円、先物為替相場は 1 ドル79円である。

⑷ ×1年 4 月30日　 K 社から売掛金の支払いを現金で受けた。直物為替相場は 1 ドル78円である。

問10 為替予約（取引後・資金取引）

次の一連の取引について、仕訳を示しなさい。なお、為替予約は振当処理によること。決算日は 3 月31日である。

⑴ ×1年 5 月 1 日　 L 銀行から1,000ドルを現金で借り入れた（返済日は×2年 4 月30日）。取引時の直物為替相場は 1 ドル85円であった。

⑵ ×2年 1 月 1 日　借入金に為替予約を行った。予約日の直物為替相場は 1 ドル84円、先物為替相場は 1 ドル83円であった。当該為替予約には振当処理を適用する。

(3) ×2年3月31日（決算日）　直物為替相場は1ドル84円、先物為替相場は1ドル85円である。

(4) ×2年4月30日　L銀行に借入金を現金で返済した。直物為替相場は1ドル85円である。

問11　在外支店の財務諸表項目の換算　答案用紙あり

次の資料にもとづいて、円貨額による在外支店の貸借対照表および損益計算書を作成しなさい。

［資料1］在外支店の貸借対照表および損益計算書

貸 借 対 照 表
×2年3月31日　　　（単位：ドル）

資　　　産	金　　額	負債・純資産	金　　額
現　　　　金	2,000	買　　掛　　金	400
売　　掛　　金	820	長 期 借 入 金	900
商　　　　品	980	本　　　　店	7,500
短 期 貸 付 金	900	当 期 純 利 益	200
建　　　　物	4,500		
減価償却累計額	△　200		
	9,000		9,000

損 益 計 算 書
自×1年4月1日　至×2年3月31日（単位：ドル）

借 方 科 目	金　　額	貸 方 科 目	金　　額
売 上 原 価	1,950	売　　上　　高	2,700
商 品 評 価 損	20	その他の収益	300
減 価 償 却 費	100		
そ の 他 の 費 用	730		
当 期 純 利 益	200		
	3,000		3,000

［資料2］

1. 期首商品はない。なお、商品は低価基準を適用している。

2. 本店勘定はすべて本店からの送金金額である。

3. 換算に必要な1ドルあたりの為替相場は次のとおりである。

建物購入時	85円	本店からの送金時	83円
仕入計上時	82円	売上計上時	84円
期中平均相場	81円	決算時	80円

4. 計上時の為替相場が不明な項目は、期中平均相場で換算すること。

問12　在外子会社の財務諸表項目の換算　答案用紙あり

次の資料にもとづいて、次のドル表示の子会社（S社）の財務諸表から、当期（×3年4月1日から×4年3月31日）の円貨表示の財務諸表を作成しなさい。

［資　料］

1. P社は×3年3月31日にS社の発行済株式総数の100％を32,500ドルで取得し、支配を獲得した。×3年3月31日のS社の純資産は資本金30,000ドル、利益剰余金2,500ドルであった。

2. 当期中にS社はP社から商品10,000ドルを仕入れているが、この商品はすべて当期中に販売されている。

3. 1ドルあたりの為替レート

前期末	90円	期中平均相場	86円
親会社からの仕入時	87円	当期末	85円
配当金支払時	88円		

4. S社財務諸表の換算にあたり、当期純利益は期中平均レートで換算する。

貸　借　対　照　表
×4年3月31日　　　　　　（単位：ドル）

現　金　預　金	5,500	買　　掛　　金	15,000
売　　掛　　金	12,000	長　期　借　入　金	11,000
商　　　　　品	16,000	資　　本　　金	30,000
建　　　　　物	35,000	利　益　剰　余　金	7,000
減価償却累計額	△5,500		
	63,000		63,000

損 益 計 算 書
自×3年4月1日　至×4年3月31日（単位：ドル）

売 上 高	35,000
売 上 原 価	22,500
売 上 総 利 益	12,500
減 価 償 却 費	5,500
そ の 他 の 費 用	1,000
当 期 純 利 益	6,000

株主資本等変動計算書（利益剰余金のみ）
自×3年4月1日　至×4年3月31日（単位：ドル）

剰 余 金 の 配 当	1,500	利益剰余金当期首残高	2,500
利益剰余金当期末残高	7,000	当 期 純 利 益	6,000
	8,500		8,500

解答

問1　外貨建取引の換算①

(1)	(前 払 金)	98,000*1	(現		金)	98,000			
(2)	(仕 入)	498,000*3	(前 払		金)	98,000			
			(買 掛		金)	400,000*2			
(3)	(買 掛 金)	400,000	(現		金)	396,000*4			
			(為 替 差 損 益)			4,000*5			

*1　1,000ドル×@98円＝98,000円
*2　(5,000ドル－1,000ドル)×@100円＝400,000円
*3　98,000円＋400,000円＝498,000円
*4　4,000ドル×@99円＝396,000円
*5　400,000円－396,000円＝4,000円

問2　外貨建取引の換算②

(1)	(現	金)	150,000*1	(前 受	金)	150,000		
(2)	(前 受	金)	150,000	(売	上)	711,000*3		
	(売 掛	金)	561,000*2					
(3)	(現	金)	566,500*4	(売 掛	金)	561,000		
				(為 替 差 損 益)		5,500*5		

*1　1,500ドル×@100円＝150,000円
*2　(7,000ドル－1,500ドル)×@102円＝561,000円
*3　150,000円＋561,000円＝711,000円
*4　5,500ドル×@103円＝566,500円
*5　566,500円－561,000円＝5,500円

問3　外貨建取引の換算③

決算整理後残高試算表
×2年3月31日　　　（単位：円）

現　　　　　金	(25,500)	買　　掛　　金	(13,600)
棚 卸 資 産	(20,880)	未 払 利 息	(85)
前 払 利 息	(378)	短 期 借 入 金	(17,000)
前　払　　金	(10,560)	長 期 借 入 金	(25,500)
土　　　　　地	(58,800)		
支 払 利 息	(463)		
為 替 差 損 益	(560)		

〈解説〉

　決算整理仕訳を示すと次のとおりです。

現　　　金：	（為 替 差 損 益）	300*1	（現			金）	300
棚 卸 資 産：		仕訳なし*2					
前 払 金：		仕訳なし*3					
土 　 地：		仕訳なし*3					
買 掛 金：	（為 替 差 損 益）	160*4	（買	掛		金）	160
短期借入金：	（短 期 借 入 金）	200*5	（為 替 差 損 益）				200
	（支 払 利 息）	85*6	（未 払 利 息）				85
長期借入金：	（為 替 差 損 益）	300*7	（長 期 借 入 金）				300
	（前 払 利 息）	378*8	（支 払 利 息）				378

＊1　300ドル×（@86円－@85円）＝300円

＊2　原価評価なので、換算しません。

＊3　非貨幣項目なので、換算しません。

＊4　160ドル×（@85円－@84円）＝160円

＊5　200ドル×（@86円－@85円）＝200円

＊6　$200\text{ドル} \times 2\% \times \dfrac{3\text{か月}}{12\text{か月}} \times @85\text{円} = 85\text{円}$

＊7　300ドル×（@85円－@84円）＝300円

＊8　前払いなので、HRで換算します。

　　　$300\text{ドル} \times 3\% \times \dfrac{6\text{か月}}{12\text{か月}} \times @84\text{円} = 378\text{円}$

問4　売買目的有価証券の換算

勘定科目	金　額
有 価 証 券 評 価 益	1,169円
為 替 差 損 益	0円
売 買 目 的 有 価 証 券	57,464円

〈解説〉

A 社 株 式：	（売買目的有価証券）	40*1	（有価証券評価損益）	40
B 社 株 式：	（売買目的有価証券）	1,129*2	（有価証券評価損益）	1,129

＊1　220ドル×@88円－230ドル×@84円＝40円

＊2　433ドル×@88円－425ドル×@87円＝1,129円

問5　満期保有目的債券の換算

勘定科目	金　額
有 価 証 券 利 息	668円
為 替 差 損 益	2,946円
満 期 保 有 目 的 債 券	38,078円

〈解説〉

C社社債： （為替差損益） 1,500[*1] （満期保有目的債券） 1,500
D社社債： （満期保有目的債券） 164[*2] （有価証券利息） 164
　　　　　（為替差損益） 1,446[*3] （満期保有目的債券） 1,446

*1　300ドル×（@84円−@79円）＝1,500円

*2　（200ドル−180ドル）×$\frac{6か月}{60か月}$＝2ドル

　　2ドル×@82円＝164円

*3　182ドル×@79円＝14,378円

　　180ドル×@87円＋164円−14,378円＝1,446円

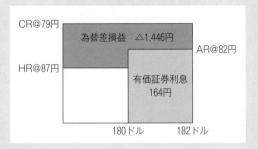

問6　有価証券の換算

貸　借　対　照　表	（単位：円）
その他有価証券　（　　5,963　）	その他有価証券評価差額金　（　　552　）
子　会　社　株　式　（　　3,612　）	
関　連　会　社　株　式　（　　801　）	

〈解説〉

E社株式： （その他有価証券） 496[*1] （その他有価証券評価差額金） 496
F社株式： （その他有価証券） 56[*2] （その他有価証券評価差額金） 56
G社株式： 　　　　　　　　　　　　　仕訳なし
H社株式： （関連会社株式評価損） 1,223[*3] （関連会社株式） 1,223

*1　39ドル×@89円−35ドル×@85円＝496円

*2　28ドル×@89円−28ドル×@87円＝56円

*3　（150ドル−120ドル）×30％＝9ドル

　　23ドル×50％＝11.5ドル＞9ドルなので、減損処理
　　を行います。

　　23ドル×@88円−9ドル×@89円＝1,223円

問7 為替予約（営業取引）

(1)　（仕　　　　　入）　44,500*　（買　掛　金）　44,500

(2)　　　　　　　　　　　　　　仕訳なし

(3)　（買　　掛　　金）　44,500　（現　　　　　金）　44,500

　　　＊　500ドル×@89円＝44,500円

問8 為替予約（資金取引）

(1)　（貸　　付　　金）　23,700*²　（現　　　　　金）　24,600*¹

　　　（前　払　費　用）　　900*³

(2)　（為　替　差　損　益）　　600*⁴　（前　払　費　用）　　600

(3)　（現　　　　　金）　23,700　（貸　　付　　金）　23,700

　　　（為　替　差　損　益）　　300　（前　払　費　用）　　300

　　　＊1　300ドル×@82円＝24,600円

　　　＊2　300ドル×@79円＝23,700円

　　　＊3　24,600円－23,700円＝900円

　　　＊4　$900円 \times \dfrac{2\,か月}{3\,か月} = 600円$

問9 為替予約（取引後・営業取引）

(1)　（売　　掛　　金）　34,860*¹　（売　　　　　上）　34,860

(2)　（為　替　差　損　益）　　420*²　（売　　掛　　金）　　840

　　　（前　払　費　用）　　420*³

(3)　（為　替　差　損　益）　　210*⁴　（前　払　費　用）　　210

(4)　（現　　　　　金）　34,020　（売　　掛　　金）　34,020

　　　（為　替　差　損　益）　　210　（前　払　費　用）　　210

　　　＊1　420ドル×@83円＝34,860円

　　　＊2　420ドル×（@83円－@82円）＝420円（直直差額）

　　　＊3　420ドル×（@82円－@81円）＝420円（直先差額）

　　　＊4　$420円 \times \dfrac{1\,か月}{2\,か月} = 210円$

問10　為替予約（取引後・資金取引）

(1)	（現　　　　金）	85,000[*1]	（借　入　金）	85,000
(2)	（借　入　金）	2,000	（為 替 差 損 益）	1,000[*2]
			（前 受 収 益）	1,000[*3]
(3)	（前 受 収 益）	750[*4]	（為 替 差 損 益）	750
(4)	（借　入　金）	83,000	（現　　　　金）	83,000
	（前 受 収 益）	250	（為 替 差 損 益）	250

　　　*1　1,000ドル×@85円＝85,000円

　　　*2　1,000ドル×（@85円－@84円）＝1,000円 （直直差額）

　　　*3　1,000ドル×（@84円－@83円）＝1,000円 （直先差額）

　　　*4　$1,000円 \times \dfrac{3か月}{4か月} = 750円$

問11　在外支店の財務諸表項目の換算

貸 借 対 照 表

×2年 3 月31日　　　　　（単位：円）

資　　　産	金　額	負債・純資産	金　額
現　　　　金	160,000	買　　掛　　金	32,000
売　　掛　　金	65,600	長 期 借 入 金	72,000
商　　　　品	78,400	本　　　　店	622,500
短 期 貸 付 金	72,000	当 期 純 利 益	15,000
建　　　　物	382,500		
減価償却累計額	△　17,000		
	741,500		741,500

損 益 計 算 書

自×1年 4 月 1 日　至×2年 3 月31日　　　　　（単位：円）

借 方 科 目	金　額	貸 方 科 目	金　額
売 上 原 価	159,900	売　　上　　高	226,800
商 品 評 価 損	3,600	その他の収益	24,300
減 価 償 却 費	8,500		
その他の費用	59,130		
為 替 差 損	4,970		
当 期 純 利 益	15,000		
	251,100		251,100

〈解説〉
貸借対照表と損益計算書の換算替え

(1) 貸借対照表の換算

項　目	外　貨	レート	円　貨	項　目	外　貨	レート	円　貨
現　　金	2,000	CR @80円	160,000	買　掛　金	400	CR @80円	32,000
売　掛　金	820	CR @80円	65,600	長期借入金	900	CR @80円	72,000
商　　品	980	（*）	78,400	本　　店	7,500	HR @83円	622,500
短期貸付金	900	CR @80円	72,000	当期純利益	200	差額	15,000
建　　物	4,500	HR @85円	382,500				
減価償却累計額	△ 200	HR @85円	△ 17,000				
	9,000		741,500		9,000		741,500

(2) 損益計算書の換算

項　目	外　貨	レート	円　貨	項　目	外　貨	レート	円　貨
売 上 原 価	1,950	HR @82円	159,900	売 上 高	2,700	HR @84円	226,800
商品評価損	20	（*）	3,600	その他の収益	300	AR @81円	24,300
減価償却費	100	HR @85円	8,500				
その他の費用	730	AR @81円	59,130				
為 替 差 損		差額	4,970				
当期純利益	200	B/Sより	15,000				
	3,000		251,100		3,000		251,100

*

原価：(980ドル＋20ドル)×@82円＝82,000円 HR

商品評価損 3,600円

時価：980ドル×@80円＝78,400円 CR

P/L商品評価損 20ドル
原価 @82円 HR
B/S商品 980ドル
時価 @80円 CR

問12　在外子会社の財務諸表項目の換算

貸 借 対 照 表
×4年 3 月31日　　　　　　　（単位：円）

現 金 預 金	467,500	買　　掛　　金	1,275,000
売　　掛　　金	1,020,000	長 期 借 入 金	935,000
商　　　　品	1,360,000	資　　本　　金	2,700,000
建　　　　物	2,975,000	利 益 剰 余 金	609,000
減価償却累計額　△	467,500	為替換算調整勘定　△	164,000
	5,355,000		5,355,000

損　益　計　算　書

自×3年4月1日　至×4年3月31日（単位：円）

売　　　　上　　　　高		3,010,000
売　　上　　原　　価	△	1,945,000
売　上　総　利　益		1,065,000
減　価　償　却　費	△	473,000
そ　の　他　の　費　用	△	86,000
為　　替　　差　　益		10,000
当　期　純　利　益		516,000

株主資本等変動計算書（利益剰余金のみ）

自×3年4月1日　至×4年3月31日　　（単位：円）

剰余金の配当	132,000	利益剰余金当期首残高	225,000
利益剰余金当期末残高	609,000	当　期　純　利　益	516,000
	741,000		741,000

〈解説〉

1．損益計算書の換算

項　　目	外　貨	レート	円　貨
売　　　上　　　高	35,000	AR @86円	3,010,000
売　上　原　価	22,500	（＊1）	△ 1,945,000
売　上　総　利　益	12,500	—	1,065,000
減　価　償　却　費	5,500	AR @86円	△ 473,000
そ　の　他　の　費　用	1,000	AR @86円	△ 86,000
為　替　差　益	—	差額（＊2）	10,000
当　期　純　利　益	6,000	AR @86円	516,000

＊1　（22,500ドル－10,000ドル）×@86円（親会社との取引によるもの以外）
　　　＋10,000ドル×@87円（親会社が用いる為替相場）＝1,945,000円

＊2　516,000円－（3,010,000円－2,504,000円）＝10,000円
　　　当期純利益　　収益項目合計　費用項目合計
　　　または　10,000ドル×（@87円－@86円）＝10,000円
　　　　　　　　親会社が用いる為替相場　　　　AR

280

2．株主資本等変動計算書の換算

項　目	外　貨	レート	円　貨	項　目	外　貨	レート	円　貨
剰余金の配当	1,500	HR @88円	132,000	利益剰余金当期首残高	2,500	HR @90円	225,000
利益剰余金当期末残高	7,000	差額	609,000	当期純利益	6,000	AR @86円	516,000
	8,500		741,000		8,500		741,000

3．貸借対照表の換算

項　目	外　貨	レート	円　貨	項　目	外　貨	レート	円　貨
現 金 預 金	5,500	CR @85円	467,500	買 掛 金	15,000	CR @85円	1,275,000
売 掛 金	12,000	CR @85円	1,020,000	長 期 借 入 金	11,000	CR @85円	935,000
商　　品	16,000	CR @85円	1,360,000	資 本 金	30,000	HR @90円	2,700,000
建　　物	35,000	CR @85円	2,975,000	利益剰余金	7,000	S/Sより	609,000
減価償却累計額	△5,500	CR @85円	△467,500	為替換算調整勘定	―	差額*3	△164,000
	63,000		5,355,000		63,000		5,355,000

＊3　貸借差額　または

$$(30,000ドル + 7,000ドル) \times @85円 - (2,700,000円 + 609,000円)$$
純資産合計　　CR　　純資産円換算額
$$= △164,000円$$

CHAPTER 08

キャッシュ・フロー計算書

◆企業の資金の流れを把握します！

　ここでは、貸借対照表、損益計算書、株主資本等変動計算書などと同様に、財務諸表の１つを構成するキャッシュ・フロー計算書について学習します。損益計算書とは違って、現金主義により資金の流れを把握する点がポイントです。推定計算が多いので、Ｔ勘定をうまく使って解きましょう。

▶１級で学習する内容 ──────────────────────────

キャッシュ・フロー計算書	
２級までに学習済み　➡	１級で学習する内容
	直接法
	間接法

1　キャッシュ・フロー計算書

I　キャッシュ・フロー計算書とは

　キャッシュ・フロー計算書 (C/S) とは、一会計期間におけるキャッシュ・フロー（資金の収入と支出）の状況を一定の活動区分別に表示する財務諸表をいいます。

ひ と こ と

　キャッシュ・フロー計算書は、貸借対照表および損益計算書と同様に企業活動全体を対象とする重要な情報を提供するもので、財務諸表の1つとして位置づけられています。

Ⅱ キャッシュ・フロー計算書の必要性

　損益計算書では、発生主義にもとづいて収益・費用を計上するため、損益計算書上の金額は、実際の収入額や支出額とは異なります。

　また、貸借対照表は、期末時点の財政状態を表していますが、資産や負債の増減額は表していません。

　そこで、企業活動における実際の資金の増減状況や期末の資金残高を表すキャッシュ・フロー計算書が必要とされるのです。

これならわかる!!

　たとえば、×1年度の期首に、建物を100,000円（残存価額0円、耐用年数5年）で購入した場合を考えてみます。

　この場合、×1年度の損益計算書では、発生主義にもとづき、費用が20,000円（＝100,000円÷5年）計上されますが、資金の収入・支出という観点でとらえると、100,000円の支出ということになります。×1年度のキャッシュ・フロー計算書にはこの100,000円の支出が計上されます。もし、このときに支出100,000円という指標を無視して、20,000円の費用の計上という点だけを注視してしまうと、資金繰りが行き詰まってしまい、支払いが滞って倒産してしまう可能性があります。

　このようなことを防ぐために、資金情報を明らかにするキャッシュ・フロー計算書の作成が求められています。

モヤモヤ解消

| P/L | 収益－費用＝利益 | 発生主義 |
| C/S | 収入－支出＝収支 | 現金主義 |

Ⅲ 資金の範囲

　キャッシュ・フロー計算書における資金の範囲は、**現金及び現金同等物**とされています。

1 現 金

現金とは、**手許現金**および**要求払預金**をいいます。**要求払預金**とは、預入期間の定めのない預金をいい、具体的には普通預金、当座預金、通知預金などがあります。

2 現金同等物

現金同等物とは、容易に換金が可能で、かつ、価値の変動リスクが少ない短期の投資をいい、具体的には取得日から満期日までの期間が3か月以内の定期預金、譲渡性預金などがあります。

> **ひ と こ と**
>
> 市場性のある株式などは、換金が容易であっても、価値の変動リスクが少ないとはいえないので、現金同等物には含まれません。

●資金（キャッシュ）の範囲

資 金 （キャッシュ）	現　　金	要求払預金	手許現金
			普通預金
			当座預金
			通知預金*1
	現金同等物	容易に換金が可能で、かつ、価値の変動リスクが少ない短期の投資	定期預金
			譲渡性預金(CD)*2
			コマーシャル・ペーパー(CP)*3
			公社債投資信託*4
			売戻し条件付現先*5

* 1　引出予定日の一定期間前に通知を要する預金。
* 2　銀行が発行する無記名の預金証書。預金者はこれを金融市場で自由に売買できます。
* 3　市場を通じて短期資金を調達するために発行する無担保の証券。
* 4　投資家などが信託銀行に対し金銭で信託し、信託銀行はその預かった金銭で公社債を運用し、信託終了時に信託財産を投資家などに金銭で交付するもの。
* 5　債権を担保とした短期貸付金。

> **ひとこと**
>
> 上記の各用語の意味は覚える必要はありません。どのようなものが現金及び現金同等物になるのかが重要なため、用語の意味は一読する程度で大丈夫ですが、資金の範囲はしっかりおさえておきましょう。

2 キャッシュ・フロー計算書の表示

I キャッシュ・フロー計算書の区分

キャッシュ・フロー計算書は、**営業活動によるキャッシュ・フロー**、**投資活動によるキャッシュ・フロー**、**財務活動によるキャッシュ・フロー**の３つに大きく区分されます。

なお、営業活動によるキャッシュ・フローには、**直接法**と**間接法**の２つの表示方法があります。

キャッシュ・フロー計算書のひな形

1 **直接法によるキャッシュ・フロー計算書**

キャッシュ・フロー計算書
自×1年4月1日　至×2年3月31日

営業活動によるキャッシュ・フロー	
営　業　収　入	××
原材料又は商品の仕入れによる支出	△××
人　件　費　の　支　出	△××
そ　の　他　の　営　業　支　出	△××
小　　　　計	××
利　息及び配当金の受取額	××
利　息　の　支　払　額	△××
損　害　賠　償　金　の　支　払　額	△××
法　人　税　等　の　支　払　額	△××
営業活動によるキャッシュ・フロー	××
投資活動によるキャッシュ・フロー	
有価証券の取得による支出	△××
有価証券の売却による収入	××
有形固定資産の取得による支出	△××
有形固定資産の売却による収入	××
投資有価証券の取得による支出	△××
投資有価証券の売却による収入	××
貸　付　け　に　よ　る　支　出	△××
貸付金の回収による収入	××
投資活動によるキャッシュ・フロー	××
財務活動によるキャッシュ・フロー	
短　期借入れによる収入	××
短期借入金の返済による支出	△××
長　期借入れによる収入	××
長期借入金の返済による支出	△××
社　債　の　発　行　による収入	××
社　債　の　償　還　による支出	△××
株　式　の　発　行　による収入	××
自己株式の取得による支出	△××
配　当　金　の　支　払　額	△××
財務活動によるキャッシュ・フロー	××
現金及び現金同等物に係る換算差額	××
現金及び現金同等物の増減額（△は減少）	××
現金及び現金同等物の期首残高	××
現金及び現金同等物の期末残高	××

2 間接法によるキャッシュ・フロー計算書

キャッシュ・フロー計算書
自×1年4月1日　至×2年3月31日

営業活動によるキャッシュ・フロー
　税 引 前 当 期 純 利 益　　　　　　××
　減 価 償 却 費　　　　　　××
　貸倒引当金の増減額(△は減少)　　　　　　××
　受 取 利 息 及 び 受 取 配 当 金　　　　△××
　支 払 利 息　　　　　　××
　為 替 差 損 益 (△ は 益)　　　　　　××
　有形固定資産売却損益(△は益)　　　△××
　損 害 賠 償 損 失　　　　　　××
　売上債権の増減額（△は増加）　　　△××
　棚卸資産の増減額（△は増加）　　　　　　××
　仕入債務の増減額（△は減少）　　　△××
　　　　　小　　　　　計　　　　　　××
　利 息 及 び 配 当 金 の 受 取 額　　　　　　××
　利 息 の 支 払 額　　　　△××
　損 害 賠 償 金 の 支 払 額　　　　△××
　法 人 税 等 の 支 払 額　　　　△××
　営業活動によるキャッシュ・フロー　　××
投資活動によるキャッシュ・フロー
　　　（直接法と同じ。前ページ参照）
　投資活動によるキャッシュ・フロー　　××
財務活動によるキャッシュ・フロー
　　　（直接法と同じ。前ページ参照）
　財務活動によるキャッシュ・フロー　　××
現金及び現金同等物に係る換算差額　　　××
現金及び現金同等物の増減額（△は減少）　　××
現金及び現金同等物の期首残高　　　××
現金及び現金同等物の期末残高　　　××

3 営業活動によるキャッシュ・フロー（直接法）

営業活動によるキャッシュ・フローの表示方法には**直接法**と**間接法**があり、継続適用を条件に、選択して適用することができます。

キ

I 直接法

直接法とは、主要な取引ごとに収入総額と支出総額を表示する方法です。

この方法には、営業活動によるキャッシュ・フローが総額で表示されるというメリットがあります。

II 記載内容

営業活動によるキャッシュ・フローを直接法により表示する場合、商品の販売およびサービスの提供による収入、商品およびサービスの購入による支出など、営業活動から生じた取引を記載します。

また、営業活動、投資活動、財務活動のいずれにも属さない取引によるキャッシュ・フローについても記載します。

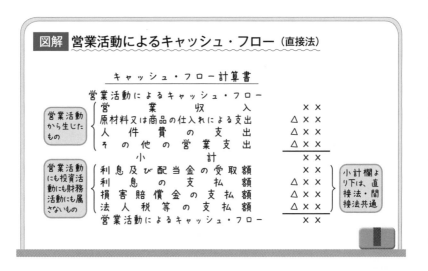

図解 営業活動によるキャッシュ・フロー（直接法）

キャッシュ・フロー計算書

営業活動によるキャッシュ・フロー		
営業活動から生じたもの	営業収入	×××
	原材料又は商品の仕入れによる支出	△××
	人件費の支出	△××
	その他の営業支出	△××
	小計	×××
営業活動にも投資活動にも財務活動にも属さないもの	利息及び配当金の受取額	×××
	利息の支払額	△××
	損害賠償金の支払額	△××
	法人税等の支払額	△××
	営業活動によるキャッシュ・フロー	×××

小計欄より下は、直接法・間接法共通

ひとこと

小計欄は本来の意味での営業活動によるキャッシュ・フローの金額を示しています。また、直接法と間接法はあくまで営業活動によるキャッシュ・フローの小計欄より上の表示方法の違いを示していることに注意しましょう。

Ⅲ 会計処理

1 営業収入

営業収入には、商品の売上による受取り（現金売上、売掛金の回収、受取手形の回収・割引）、前受金の受取りなどによる収入額を計上します。

例1 ─────────────────────────────── **営業収入**

次の資料にもとづいて、営業収入の金額を計算しなさい。

[資 料]
(1) 貸借対照表

	前 期 末	当 期 末
売 掛 金	62,500円	75,000円
貸 倒 引 当 金	1,250円	1,500円

(2) 損益計算書
　　売上高 340,000円、貸倒引当金繰入 750円
(3) その他
　① 商品売買はすべて掛けで行っている。
　② 貸倒引当金は売上債権期末残高に対して設定している。なお、前期に取得した売掛金500円が期中に貸し倒れた。

例1の解答　　営業収入　327,000円

〈解説〉
売掛金ボックスを作って、売掛金の当期回収額（収入額）を計算します。

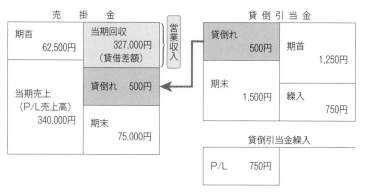

2 原材料又は商品の仕入れによる支出

原材料又は商品の仕入れによる支出には、原材料や商品の仕入れによる支払い（現金仕入れ、買掛金の支払い、支払手形の支払い）、前払金の支払いなどによる支出額を計上します。

▶**例2** ─────────── **原材料又は商品の仕入れによる支出**
次の資料にもとづいて、商品の仕入れによる支出の金額を計算しなさい。

［資　料］
(1) 貸借対照表

	前　期　末	当　期　末
商　　　　品	32,400円	21,600円
買　掛　金	43,200円	37,800円

(2) 損益計算書
　　売上原価 237,600円
(3) 商品売買はすべて掛けで行っている。

例2の解答　　商品の仕入れによる支出　232,200円

〈解説〉
　買掛金と商品のボックスを作って、商品と仕入債務（買掛金）の増減額から商品の仕入れによる支出を計算します。

3 人件費の支出

人件費の支出には、従業員や役員の給料や報酬、賞与などのうち、当期の実際支払額を計上します。

　人件費の支出について、期首に未払額があった場合は、期首の未払額は当期に支出されるだろうと考え、いったん当期の支出額に含めます。期首に前払額があった場合は、当期の支出額に含めません。

一方、期末に未払額があった場合は、期首の場合とは反対に、未払額は当期に最終的に支出されていないので、当期の支出額に含めません。期末に前払額があった場合は、前払額を当期の支出額に含めます。

例3　人件費の支出

次の資料にもとづいて、人件費の支出の金額を計算しなさい。

［資　料］

(1)　貸借対照表

	前期末	当期末
未払給料	560円	840円
前払給料	350円	520円
退職給付引当金	53,400円	54,600円

(2)　損益計算書

給料 28,000円、退職給付費用 4,800円

例3の解答　人件費の支出　**31,490円***

*　①27,890円（給料の支払額）＋②3,600円（退職給付の支払額）＝31,490円

〈解説〉

①　給料

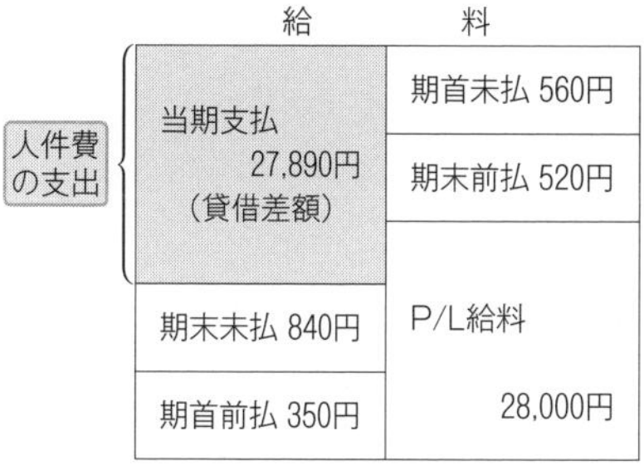
給　料
人件費の支出
当期支払
27,890円
（貸借差額）
期末未払 840円
期首前払 350円
期首未払 560円
期末前払 520円
P/L給料
28,000円

②　退職給付引当金

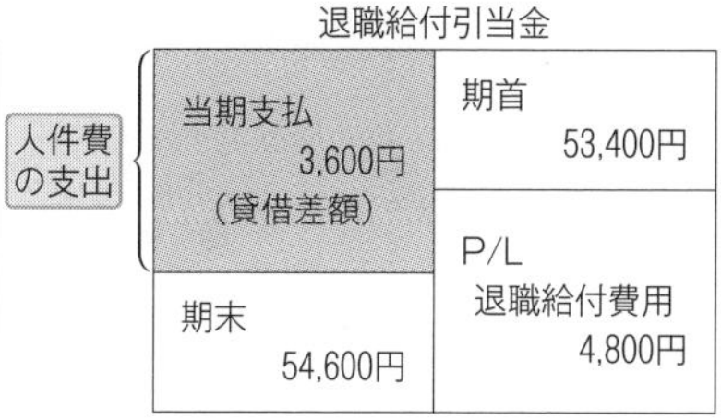
退職給付引当金
人件費の支出
当期支払
3,600円
（貸借差額）
期末
54,600円
期首
53,400円
P/L
退職給付費用
4,800円

ひとこと

ふむふむ…

退職給付の支払額は、期首退職給付引当金＋退職給付費用－期末退職給付引当金により計算します。これにより算定される現金支払額は、退職一時金の支払いと年金掛金の拠出額の合計額を示します。

4 その他の営業支出

その他の営業支出には、人件費以外の販売費及び一般管理費の支出額を計上します。

なお、減価償却費や貸倒引当金繰入は現金の支出をともなわない費用なので、支出額には含めません。

▼ 例4 ━━━━━━━━━━━━━━━━━━━━━━━ その他の営業支出

次の資料にもとづいて、その他の営業支出の金額を求めなさい。

[資　料]
(1) 貸借対照表

	前 期 末	当 期 末
前 払 営 業 費	480円	960円

(2) 損益計算書
　　 営業費 5,800円

例4の解答　　その他の営業支出　**6,280円**＊

　　＊　960円（期末前払営業費）＋5,800円（営業費）－480円（期首前払営業費）＝6,280円

営　業　費

期首前払 480円	P/L営業費 5,800円
当期支払 6,280円 （貸借差額）	期末前払 960円

その他の
営業支出

例1から例4より、キャッシュ・フロー計算書（営業活動によるキャッシュ・フロー、小計欄まで）を作成すると、次のようになります。

キャッシュ・フロー計算書	（単位：円）
営業活動によるキャッシュ・フロー	
営　業　収　入	327,000
商品の仕入れによる支出	△232,200
人　件　費　の　支　出	△ 31,490
その他の営業支出	△ 6,280
小　　　　計	57,030

ふむふむ...

5 小計欄以下の項目

小計欄以下には、営業活動、投資活動、財務活動のいずれの活動にも属さない活動から生じたキャッシュ・フロー（法人税等の支払いや損害賠償金の支払いなど）を記載します。

例5 ━━━━━━━━━━━━━━━━━ 小計欄以下の項目

次の資料にもとづいて、営業活動によるキャッシュ・フローに係る小計欄以下を作成しなさい。

［資　料］
(1) 建物（帳簿価額2,000円）の火災にともなって、保険会社より保険金5,000円を現金で受け取った。
(2) 貸借対照表

	前 期 末	当 期 末
未 払 法 人 税 等	12,000円	11,000円

(3) 損益計算書
法人税等 26,400円

例5の解答

```
              キャッシュ・フロー計算書  （単位：円）
営業活動によるキャッシュ・フロー
                          ：
                                            ×××
          小        計                      ×××
      保 険 金 の 受 取 額                    5,000
      法 人 税 等 の 支 払 額                △27,400*
```

* 12,000円（期首未払法人税等）＋26,400円（法人税等）－11,000円（期末未払法人税等）
   ＝27,400円

```
                法 人 税 等
              ┌─────────────┬─────────────┐
              │ 当期支払     │ 期首未払     │
  法人税等    │   27,400円   │   12,000円   │
  の支払額    │  （貸借差額） │             │
              ├─────────────┼─────────────┤
              │ 期末未払     │ P/L法人税等  │
              │   11,000円   │   26,400円   │
              └─────────────┴─────────────┘
```

4 営業活動によるキャッシュ・フロー（間接法）

I 間接法

　間接法とは、損益計算書の**税引前当期純利益**を基準に、①小計欄以降の
キャッシュ・フローに係る営業外損益・特別損益項目、②非資金損益項
目、③営業資産・営業負債の増減を加減して表示する方法をいいます。

　この方法には、純利益と営業活動によるキャッシュ・フローとの関係が
明示される、直接法と比べて作成が簡便であるといったメリットがありま
す。

図解 営業活動によるキャッシュ・フロー（間接法）

キャッシュ・フロー計算書

	営業活動によるキャッシュ・フロー	
②非資金損益取引	税 引 前 当 期 純 利 益	××
	減 価 償 却 費	××
	貸倒引当金の増減額（△は減少）	××
①小計欄以降のキャッシュ・フローに係る営業外損益・特別損益項目	受取利息及び受取配当金	△××
	支 払 利 息	××
	為 替 差 損 益（△は益）	××
	有形固定資産売却損益（△は益）	△××
	損 害 賠 償 損 失	××
③営業資産・営業負債の増減	売上債権の増減額（△は増加）	△××
	棚卸資産の増減額（△は増加）	××
	仕入債務の増減額（△は減少）	△××
	小 計	××
	利息及び配当金の受取額	××
	利 息 の 支 払 額	△××
	損 害 賠 償 金 の 支 払 額	△××
	法 人 税 等 の 支 払 額	△××
	営業活動によるキャッシュ・フロー	××

小計欄より下は、直接法・間接法共通

Ⅱ 間接法における調整の流れ

間接法において小計（本来の営業キャッシュ・フロー）を計算するための、間接法の調整の流れは次のとおりです。

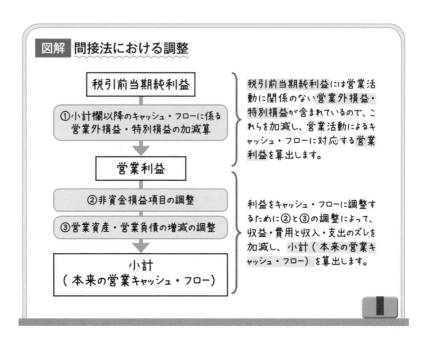

図解 間接法における調整

税引前当期純利益

①小計欄以降のキャッシュ・フローに係る
営業外損益・特別損益の加減算

営業利益

税引前当期純利益には営業活
動に関係のない営業外損益・
特別損益が含まれているので、こ
れらを加減し、営業活動によるキャッ
シュ・フローに対応する営業
利益を算出します。

②非資金損益項目の調整

③営業資産・営業負債の増減の調整

小計
（本来の営業キャッシュ・フロー）

利益をキャッシュ・フローに調整す
るために②と③の調整によって、
収益・費用と収入・支出のズレを
加減し、小計（本来の営業キ
ャッシュ・フロー）を算出します。

Ⅲ 会計処理

1 小計欄以降のキャッシュ・フローに係る営業外損益・特別損益項目

　営業活動によるキャッシュ・フローは、損益計算書の営業損益区分に対応しています。

　したがって、税引前当期純利益には、営業活動に関係のない、小計欄以降のキャッシュ・フローに係る営業外損益・特別損益が含まれているので、これらを加減します。

　具体的な調整項目には、受取利息および受取配当金・支払利息、固定資産売却損益、有価証券評価損益・売却損益、営業資産・営業負債以外に係る為替差損益などがあります。

図解 営業外損益・特別損益項目の調整

```
            損 益 計 算 書
                 ⋮
            営 業 利 益
    Ⅳ 営 業 外 収 益     ⊖ 減 算 調 整
    Ⅴ 営 業 外 費 用     ⊕ 加 算 調 整
            経 常 利 益
    Ⅵ 特 別 利 益       ⊖ 減 算 調 整
    Ⅶ 特 別 損 失       ⊕ 加 算 調 整
        税引前当期純利益
```

ひとこと

営業活動によるキャッシュ・フローに係る営業外損益・特別損益項目（商品評価損、仕入割引、営業資産・営業負債に係る為替差損益など）は「営業資産・営業負債の増減の調整」で調整されるため、これらはこの段階では調整は行いません。

ふむふむ…

例6 ──────────────────── 営業外損益・特別損益項目

次の資料にもとづいて、営業活動によるキャッシュ・フローに係る小計欄の金額を求めなさい。

[資 料] 損益計算書
　受取利息配当金 1,200円、支払利息 1,700円
　有価証券売却損 1,000円、固定資産売却益 2,520円
　税引前当期純利益 35,000円、法人税等 14,000円
　当期純利益 21,000円

例6の解答　　営業活動によるキャッシュ・フローに係る小計欄　33,980円

〈解説〉

営業活動によるキャッシュ・フロー	（単位：円）
税 引 前 当 期 純 利 益	35,000
受 取 利 息 及 び 受 取 配 当 金	△1,200
支 　 払 　 利 　 息	1,700
有 価 証 券 売 却 損	1,000
固 定 資 産 売 却 益	△2,520
小 　 　 　 計	33,980

２ 非資金損益項目

　利益をキャッシュ・フローの金額に調整するため、**非資金損益項目**（損益計算には含まれるが現金などの支出をともなわない項目）を調整します。

　この調整項目には、減価償却費や引当金の増減額などがあります。

ひとこと

　棚卸減耗費と商品評価損も非資金損益項目ですが、税引前当期純利益には加算しません。これは、**３**営業資産・営業負債の増減による処理の中で、棚卸資産の増減として処理する際に、棚卸減耗費と商品評価損による影響額が反映されているためです。理由はともかく、結論（棚卸減耗費と商品評価損は税引前当期純利益に加算しない）は覚えておきましょう。

ふむふむ...

▎例7 ─────────────────────── 非資金損益項目

　次の資料にもとづいて、営業活動によるキャッシュ・フローに係る小計欄の金額を求めなさい。

［資　料］　損益計算書
　減価償却費 12,000円、税引前当期純利益 △12,000円

例 7 の解答　営業活動によるキャッシュ・フローに係る小計欄　0円

〈解説〉

営業活動によるキャッシュ・フロー	（単位：円）
税 引 前 当 期 純 利 益	△12,000
減 価 償 却 費	12,000
小 計	0

3　営業資産・営業負債の増減

　利益をキャッシュ・フローの金額に調整するため、**営業資産・営業負債の増減**を調整します。

　調整項目には、売上債権・仕入債務の増減額、棚卸資産の増減額、営業活動に係る経過勘定の増減額などがあります。

図解　営業資産・営業負債の増減

営業資産・営業負債	項 目		調 整
売上債権、棚卸資産、前払費用*、仕入債務、未払費用*など	営業資産	増加	減算
	営業負債	減少	
	営業資産	減少	加算
	営業負債	増加	

＊　経過勘定項目は、営業損益計算の対象となった項目（営業費、給料など）のみを営業資産・営業負債の増減として調整します。営業損益計算の対象外の項目（未払利息など）は調整を行いません。

これならわかる!!

　なぜ、前ページの図解のような結果が導き出されるのかについて、売掛金、買掛金を例に確認してみましょう。

【例１】売掛金期首残高1,000円、当期の売上高10,000円（掛売上）、当期の売掛金回収高9,000円、売掛金期末残高2,000円

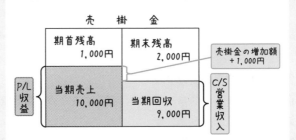

　損益計算書上の収益は10,000円ですが、キャッシュ・フロー計算書上の収入は9,000円です。そのため、損益計算書上の利益よりキャッシュ・フローの方が1,000円少ないことがわかります。これは、売掛金の期末残高が期首残高と比べて1,000円増加したことにより生じた差額であるといえます。営業資産が増加すると、その分キャッシュによる回収高が少なくなるため、<u>営業資産（売掛金）の増加 → 減算調整</u>となります。

　逆に、営業資産が減少すると、その分キャッシュによる回収が多くなるため、<u>営業資産（売掛金）の減少 → 加算調整</u>となります。

【例２】買掛金期首残高1,000円、当期の仕入高10,000円（掛仕入）、当期の買掛金支払高9,000円、買掛金期末残高2,000円

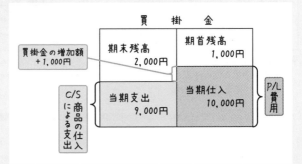

　損益計算書上の費用は10,000円ですが、キャッシュ・フロー計算書上の支出は9,000円です。そのため、損益計算書上の利益よりキャッシュ・フローの方が1,000円多いことがわかります。これは、買掛金の期末残高が期首残高と比べて1,000円増加したことにより生じた差額であるといえます。営業負債が増加すると、その分キャッシュによる支払いが少なくてすむため、<u>営業負債（買</u>

掛金）の増加 → 加算調整となります。逆に、営業負債が減少すると、その分キャッシュによる支払いをしなければならないため、**営業負債（買掛金）の減少 → 減算調整**となります。

例8 ——————————————— 営業資産・営業負債の増減

　次の資料にもとづいて、営業活動によるキャッシュ・フローに係る小計欄の金額を求めなさい。

[資　料]
(1) 貸借対照表（一部）

貸　借　対　照　表　　　　　　（単位：円）

資　　産	前期末	当期末	負債・純資産	前期末	当期末
売　掛　金	21,000	22,000	支払手形	15,000	9,000
受取手形	14,000	19,000	買　掛　金	8,400	11,200
貸倒引当金	△700	△850	未払給料	300	450
商　　　品	16,800	11,200			
前払営業費	300	600			

(2) 損益計算書
　　税引前当期純利益　35,000円、棚卸減耗費　2,500円
　　商品評価損　3,000円

例8の解答　営業活動によるキャッシュ・フローに係る小計欄　31,400円

〈解説〉

営業活動によるキャッシュ・フロー	（単位：円）
税引前当期純利益	35,000
貸倒引当金の増加額	150*1
売上債権の増加額	△6,000*2
棚卸資産の減少額	5,600*3
前払費用の増加額	△300*4
仕入債務の減少額	△3,200*5
未払費用の増加額	150*6
小　　　計	31,400

* 1 貸倒引当金の増加 ⇒ 非資金損益項目 ∴加算調整
850円−700円=150円
* 2 売上債権の増加 ⇒ 営業資産の増加 ∴減算調整
(22,000円+19,000円)−(21,000円+14,000円)=6,000円
* 3 棚卸資産の減少 ⇒ 営業資産の減少 ∴加算調整
11,200円−16,800円=△5,600円
* 4 前払費用の増加 ⇒ 営業資産の増加 ∴減算調整
600円−300円=300円
* 5 仕入債務の減少 ⇒ 営業負債の減少 ∴減算調整
(9,000円+11,200円)−(15,000円+8,400円)=△3,200円
* 6 未払費用の増加 ⇒ 営業負債の増加 ∴加算調整
450円−300円=150円

なお、棚卸減耗費と商品評価損は、棚卸資産の減少額にその影響額が反映されているため、処理は行いません。

5 投資活動によるキャッシュ・フロー

Ⅰ 記載内容

投資活動によるキャッシュ・フローには、固定資産の取得および売却、現金同等物に含まれない短期投資（預入期間が3か月を超える定期預金の預入れによる支出、満期または解約による収入など）の取得および売却などによるキャッシュ・フローを記載します。

投資活動によるキャッシュ・フローに記載する主要な項目は、次のとおりです。

●投資活動によるキャッシュ・フローに記載する主要項目

◆有形固定資産および無形固定資産の取得による支出
◆有形固定資産および無形固定資産の売却による収入
◆有価証券（現金同等物を除く）および投資有価証券の取得による支出
◆有価証券（現金同等物を除く）および投資有価証券の売却による収入
◆貸付けによる支出
◆貸付金の回収による収入

> ### ひ と こ と
>
> 投資活動によるキャッシュ・フローは、先に投資を行ってから投資額を回収するという流れになっているため、支出を先に、収入を後に記載します。

Ⅱ 会計処理

　投資活動によるキャッシュ・フローは、主要な取引ごとにキャッシュ・フローを総額表示します。

▌例9 ─────────────── 投資活動によるキャッシュ・フロー

　次の資料にもとづいて、投資活動によるキャッシュ・フローの区分を作成しなさい。

[資　料]

(1) 貸借対照表

	前 期 末	当 期 末
有 価 証 券	12,000円	5,400円
建　　　　物	84,000円	73,000円
減価償却累計額	20,000円	16,000円
貸 付 金	3,000円	1,500円

(2) 有価証券（帳簿価額10,000円）を13,500円で売却し、代金は現金で受け取った。また、当期末における有価証券評価損が400円あった。

(3) 建物（取得原価20,000円、減価償却累計額4,000円）を15,000円で売却し、代金は現金で受け取った。

(4) 貸付金の当期回収額は2,000円であった。

例 9 の解答

キャッシュ・フロー計算書　（単位：円）

投資活動によるキャッシュ・フロー

　　有価証券の取得による支出　　　　△ 3,800[*1]

　　有価証券の売却による収入　　　　　13,500

　　有形固定資産の取得による支出　　△ 9,000[*2]

　　有形固定資産の売却による収入　　　15,000

　　貸　付　け　に　よ　る　支　出　　△ 500[*3]

　　貸付金の回収による収入　　　　　　2,000

　　投資活動によるキャッシュ・フロー　17,200

＊1　10,000円（当期売却分簿価）＋400円（評価損）＋5,400円（期末残高）
　　　－12,000円（期首残高）＝3,800円

有　価　証　券

期首 12,000円	当期売却 10,000円
	評価損　400円
当期取得 3,800円 （貸借差額）	期末 5,400円

有価証券の取得による支出

＊2　20,000円（当期売却分簿価）＋73,000円（期末残高）－84,000円（期首残高）
　　　＝9,000円

有　形　固　定　資　産

期首 84,000円	当期売却 20,000円
	期末 73,000円
当期取得 9,000円 （貸借差額）	

有形固定資産の取得による支出

304

＊3 2,000円（当期回収高）＋1,500円（期末残高）－3,000円（期首残高）＝500円

貸 付 金

6 財務活動によるキャッシュ・フロー

I 記載内容

財務活動によるキャッシュ・フローには、資金の調達および返済による
キャッシュ・フローを記載します。

財務活動によるキャッシュ・フローに記載する主要な項目は、次のとお
りです。

> **●財務活動によるキャッシュ・フローに記載する主要項目**
>
> ◆株式の発行による収入
> ◆自己株式の取得による支出
> ◆配当金の支払額（中間配当の支払いを含む）
> ◆社債の発行または借入れによる収入
> ◆社債の償還または借入金の返済による支出

ひ と こ と

財務活動によるキャッシュ・フローは、まず資金を調達してから返済すると
いう流れになっているため、収入を先に、支出を後に記載します。

Ⅱ 会計処理

財務活動によるキャッシュ・フローは、投資活動によるキャッシュ・フローと同様に、主要な取引ごとにキャッシュ・フローを総額表示します。

例10 ―― 財務活動によるキャッシュ・フロー

次の資料にもとづいて、財務活動によるキャッシュ・フローの区分を作成しなさい。

［資　料］

(1)　貸借対照表

	前期末	当期末
短期借入金	17,500円	12,500円
資本金	50,000円	54,000円

(2)　短期借入金の当期返済額は10,000円である。

(3)　当期において、株式の発行を行い、全額を資本金に計上した。

(4)　当期に配当金7,500円を支払った。

例10の解答

キャッシュ・フロー計算書　（単位：円）

財務活動によるキャッシュ・フロー	
短期借入れによる収入	5,000*1
短期借入金の返済による支出	△10,000
株式の発行による収入	4,000*2
配当金の支払額	△ 7,500
財務活動によるキャッシュ・フロー	△ 8,500

＊1　10,000円（当期返済高）＋12,500円（期末残高）－17,500円（期首残高）
＝5,000円

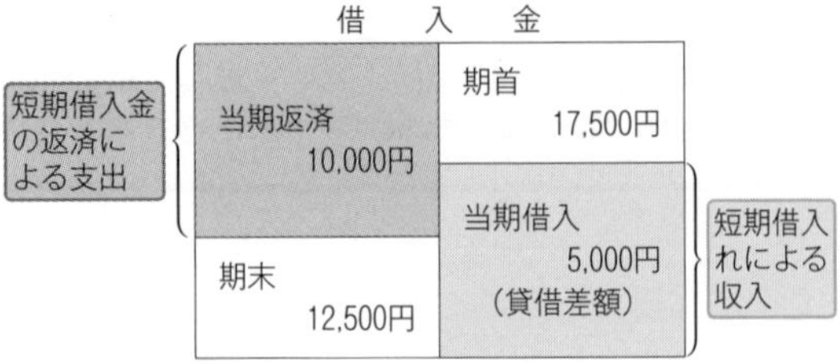

* 2　54,000円（期末残高）－50,000円（期首残高）＝4,000円

資　本　金

	期首　　　50,000円
期末　54,000円	当期発行　4,000円（貸借差額） → 株式の発行による収入

7　その他の項目

Ⅰ　利息及び配当金の表示

利息及び配当金に係るキャッシュ・フローは、■損益計算書項目かどうかで区分する方法、❷活動によって区分する方法のいずれかによって表示します。

1　損益計算書項目かどうかで区分する方法

損益計算書項目である**受取利息・受取配当金・支払利息**は**営業活動によるキャッシュ・フロー**に表示し、損益計算書項目ではない**支払配当金**は**財務活動によるキャッシュ・フロー**に表示する方法です。

2　活動によって区分する方法

投資活動の成果である**受取利息・受取配当金**は**投資活動によるキャッシュ・フロー**に表示し、財務活動上のコストである**支払利息・支払配当金**は**財務活動によるキャッシュ・フロー**に表示する方法です。

図解 利息および配当金の表示

❶損益計算書項目かどうかで区分する方法	科 目	❷活動によって区分する方法
営業活動によるキャッシュ・フロー	受 取 利 息	投資活動によるキャッシュ・フロー
	受 取 配 当 金	
財務活動によるキャッシュ・フロー	支 払 利 息	財務活動によるキャッシュ・フロー
	支 払 配 当 金	

ひとこと

　上記のいずれの方法を採用した場合でも、支払配当金は財務活動によるキャッシュ・フローに記載されます。

▶例11 ────── 利息及び配当金に係るキャッシュ・フロー

　次の利息及び配当金に係るキャッシュ・フローについて、①損益計算書項目かどうかで区分する方法、②活動によって区分する方法のそれぞれによってキャッシュ・フロー計算書を作成しなさい。

[資　料]
(1)　貸借対照表

	前 期 末	当 期 末
未 収 利 息	800円	700円
未 払 利 息	1,000円	1,200円

(2)　損益計算書
　　受取利息　3,150円、受取配当金　2,000円、支払利息　4,200円
(3)　当期に配当金7,500円を支払った。

例11の解答　① 損益計算書項目かどうかで区分する方法

キャッシュ・フロー計算書　（単位：円）

営業活動によるキャッシュ・フロー

　　　　　小　　　　計　　　　　　　×××

　　利 息 及 び 配 当 金 の 受 取 額　　5,250*1

　　利　息　の　支　払　額　　△4,000*2

　　　　　　　　⋮

財務活動によるキャッシュ・フロー

　　配　当　金　の　支　払　額　　△7,500

---

② 活動によって区分する方法

キャッシュ・フロー計算書　（単位：円）

投資活動によるキャッシュ・フロー

　　利 息 及 び 配 当 金 の 受 取 額　　5,250*1

　　　　　　　　⋮

財務活動によるキャッシュ・フロー

　　利　息　の　支　払　額　　△4,000*2

　　配　当　金　の　支　払　額　　△7,500

＊1　(1)　利息の受取額：800円(前期末未収利息)＋3,150円(当期受取額)
　　　　　　　　　－700円(当期末未収利息)＝3,250円

受 取 利 息

| 期首未収 800円 | 当期受取 3,250円 (貸借差額) | 利息及び配当金の受取額 |
| 当期発生(P/L) 3,150円 | 期末未収 700円 | |

　　(2)　配当金の受取額：2,000円
　　∴(1)＋(2)＝5,250円

＊2　1,000円（前期末未払利息）＋4,200円（当期支払額）－1,200円（当期末未払利息）
　　＝4,000円

支 払 利 息

利息の 支払額	当期支払額 4,000円 （貸借差額）	期首未払 1,000円
	期末未払 1,200円	当期発生（P/L） 4,200円

Ⅱ 為替差損益の取扱い

1 売上債権、仕入債務から生じた為替差損益

　間接法により表示した場合、売上債権や仕入債務などの換算や決済により生じた為替差損益は売上債権または仕入債務の増減調整によってキャッシュ・フローに反映されます。

　したがって、売上債権または仕入債務により生じた為替差損益は、税引前当期純利益に加減しません。

2 投資活動、財務活動から生じた為替差損益

　貸付金や借入金の換算や決済など、投資活動や財務活動から生じた為替差損益は、間接法では税引前当期純利益に加減します。

3 現金及び現金同等物の換算から生じた為替差損益

　現金及び現金同等物から生じた換算差額は、税引前当期純利益に加減するとともに、**現金及び現金同等物に係る換算差額**として、他の項目と区別して、キャッシュ・フロー計算書の末尾に表示します。

ひ と こ と

　間接法による為替差損益の調整の考え方は、ほかの営業外損益、特別損益の調整の考え方と同様です。

例12 ━━━━━━━━━━━━━━━━━━━━ **為替差損益の取扱い**

次の資料にもとづいて、間接法によるキャッシュ・フロー計算書を作成しなさい。

[資　料]

(1) 貸借対照表

	前 期 末	当 期 末
売　　掛　　金	8,500円	12,000円

(2) 損益計算書

税引前当期純利益　8,000円、為替差益　2,000円

為替差損益の内訳は、売掛金の決済、換算から生じたもの3,000円、貸付金の決済、換算から生じたもの△5,000円、現金の換算から生じたもの4,000円である。

例12の解答

```
            キャッシュ・フロー計算書　（単位：円）
営業活動によるキャッシュ・フロー
    税 引 前 当 期 純 利 益          8,000
                    ⋮
    為　替　差　損　益            1,000*1
    売 上 債 権 の 増 加 額        △3,500*2
                    ⋮
現金及び現金同等物に係る換算差額        4,000
```

* 1　売掛金から生じた為替差損益は、売上債権の増減調整によって自動的に調整されるため、税引前当期純利益に加減しません。

　　△5,000円（貸付金から生じた為替差損）＋4,000円（現金から生じた為替差益）
　　＝△1,000円（為替差損：営業外費用）　∴加算調整

* 2　12,000円（売掛金当期末残高）−8,500円（売掛金前期末残高）＝3,500円
　　⇒ 売上債権の増加　∴減算調整

問1　直接法　答案用紙あり

　次の資料にもとづいて、直接法における営業活動によるキャッシュ・フロー計算書を作成しなさい。なお、受取利息、受取配当金および支払利息は、営業活動によるキャッシュ・フローの区分に記載し、キャッシュ・フローの減少項目には「△」を付すこと。また、配当金の支払額は3,000円であり、商品の売買はすべて掛けで行っている。

[資料1] 貸借対照表（一部）

貸　借　対　照　表　　　　（単位：円）

	×1年12月31日		×2年12月31日	
	借　方	貸　方	借　方	貸　方
売　掛　金	3,000		4,500	
商　　　品	3,600		3,300	
未　収　利　息	300		150	
買　掛　金		3,900		4,200
未　払　給　料		600		900
未払法人税等		1,800		2,100

[資料2] 損益計算書（一部）

損　益　計　算　書
自×2年1月1日　至×2年12月31日　（単位：円）

売　　上　　高		60,000
売　上　原　価		30,000
販売費及び一般管理費		
給　　　　　料	9,750	
減　価　償　却　費	1,500	
そ　の　他　の　経　費	7,500	18,750
：		
受取利息及び受取配当金		2,400
支　払　利　息		1,950
：		
法　人　税　等		4,800
当　期　純　利　益		×　×　×

問2　間接法　答案用紙あり

　次の資料にもとづいて、間接法における営業活動によるキャッシュ・フロー計算書と投資活動によるキャッシュ・フロー計算書を作成しなさい。なお、当期は×2年1月1日から×2年12月31日までの1年間である。また、キャッシュ・フローの減少項目には「△」を付すこと。

[資料1] 貸借対照表（一部）

貸借対照表　　　　（単位：円）

	×1年12月31日		×2年12月31日	
	借　方	貸　方	借　方	貸　方
売　　掛　　金	750,000		950,000	
貸 倒 引 当 金	△　80,000		△ 100,000	
商　　　　　品	450,000		350,000	
備　　　　　品	900,000		800,000	
減価償却累計額	△486,000		△576,000	
買　　掛　　金		240,000		180,000
未 払 法 人 税 等		55,000		95,000
繰越利益剰余金		400,000		640,000

[資料2]

1．税引前当期純利益は400,000円である。

2．備品

　⑴　×2年5月31日に取得原価100,000円の備品を売却し、20,000円の売却益を得た。なお、この備品は当期首現在で購入から3年が経過している。

　⑵　備品の減価償却は定額法を採用しており、残存価額は取得原価の10%、耐用年数は5年である。

3．法人税等

　⑴　当期の法人税等の金額として、税引前当期純利益の40%を計上している。

解答

問1 直接法

キャッシュ・フロー計算書

自×2年1月1日 至×2年12月31日 （単位：円）

I 営業活動によるキャッシュ・フロー

営　業　収　入	（	58,500 ）
原材料又は商品の仕入れによる支出	（△	29,400 ）
人　件　費　の　支　出	（△	9,450 ）
そ　の　他　の　営　業　支　出	（△	7,500 ）
小　　　　　計	（	12,150 ）
利　息　及　び　配　当　金　の　受　取　額	（	2,550 ）
利　息　の　支　払　額	（△	1,950 ）
法　人　税　等　の　支　払　額	（△	4,500 ）
営業活動によるキャッシュ・フロー	（	8,250 ）

〈解説〉

1．営業収入

売掛金ボックスを作って、売掛金の当期回収額（収入額）を計算します。

2．原材料又は商品の仕入れによる支出

買掛金と商品のボックスを作って、商品と仕入債務（買掛金）の増減額から商品の仕入れによる支出を計算します。

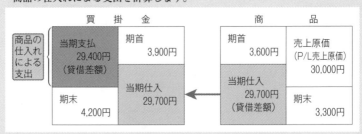

314

3. 人件費の支出

給料ボックスを作って、当期に実際に支払った金額を計算します。

4. その他の営業支出

本問では、その他の経費が「その他の営業支出」となります。

5. 利息及び配当金の受取額

受取利息及び受取配当金に未収利息を加減した額が「利息及び配当金の受取額」となります。

6. 利息の支払額

本問では、支払利息が「利息の支払額」となります。

7. 法人税等の支払額

法人税等に未払法人税等を加減した額が「法人税等の支払額」となります。

問2　間接法

キャッシュ・フロー計算書

自×2年1月1日　至×2年12月31日　（単位：円）

I　営業活動によるキャッシュ・フロー

税 引 前 当 期 純 利 益	（　400,000　）
減 価 償 却 費	（　151,500　）
貸 倒 引 当 金 の 増 加 額	（　20,000　）
有 形 固 定 資 産 売 却 益	（△　20,000　）
売 上 債 権 の 増 加 額	（△　200,000　）
棚 卸 資 産 の 減 少 額	（　100,000　）
仕 入 債 務 の 減 少 額	（△　60,000　）
小　　　　　計	（　391,500　）
法 人 税 等 の 支 払 額	（△　120,000　）
営業活動によるキャッシュ・フロー	（　271,500　）

II　投資活動によるキャッシュ・フロー

有形固定資産の売却による収入	（　58,500　）
投資活動によるキャッシュ・フロー	（　58,500　）

〈解説〉

1．有形固定資産

① 有形固定資産の売却による収入 （売却時）

（減価償却累計額）	54,000*1	（備　　品）	100,000
（減 価 償 却 費）	7,500*2	（備品売却益）	20,000*3
（現 金 預 金）	58,500		

$$* 1 \quad 100,000円 \times 0.9 \times \frac{3年}{5年} = 54,000円$$

$$* 2 \quad 100,000円 \times 0.9 \div 5年 \times \frac{5か月（×2年1月～×2年5月）}{12か月} = 7,500円$$

* 3　［資料II］2.（1）より。

有形固定資産の売却による収入：58,500円

② 減価償却費の計算

当期分：800,000円×0.9÷5年＝144,000円

売却分：7,500円

合　計：144,000円＋7,500円＝151,500円

2．貸倒引当金の増加額

貸倒引当金の増加 ⇒ 非資金損益項目　∴加算調整

100,000円−80,000円＝20,000円

3．売上債権の増加額

売上債権の増加 ⇒ 営業資産の増加　∴減算調整
950,000円 − 750,000円 = 200,000円

4．棚卸資産の減少額

棚卸資産の減少 ⇒ 営業資産の減少　∴加算調整
350,000円 − 450,000円 = △100,000円

5．仕入債務の減少額

仕入債務の減少 ⇒ 営業負債の減少　∴減算調整
180,000円 − 240,000円 = △60,000円

6．法人税等

当期法人税等：400,000円 × 40% = 160,000円

法　人　税　等		
法人税等の支払額	当期支払 120,000円 （貸借差額）	期首未払 55,000円
	期末未払 95,000円	P/L法人税等 160,000円

CHAPTER 09

連結キャッシュ・フロー計算書

◆企業グループの資金の流れを把握します！

　ここでは、CHAPTER 08で学習したキャッシュ・フロー計算書を、企業グループで作成した場合はどのようになるのか学習していきます。連結キャッシュ・フロー計算書の作成においては、連結会計で学習した考え方が重要になってきます。

▶ 1級で学習する内容 ━━━━━━━━━━━━━━━━━━━━━━━━━━━━━━━━━━━━━━━●

連結キャッシュ・フロー計算書

2級までに学習済み	➡	1級で学習する内容
		原則法
		簡便法

1　連結キャッシュ・フロー計算書

　連結キャッシュ・フロー計算書は、企業集団の一会計期間におけるキャッシュ・フロー（資金の収入・支出）の状況を報告するために作成します。

　連結キャッシュ・フロー計算書の作成方法には、**原則法**と**簡便法**の2つの方法があります。

Ⅰ 原則法

原則法とは、親会社と子会社の個別キャッシュ・フロー計算書を基礎として連結キャッシュ・フロー計算書を作成する方法です。

具体的には、まず親会社と子会社が作成した個別キャッシュ・フロー計算書を合算し、次に連結手続上で連結会社間のキャッシュ・フローを相殺消去して、連結キャッシュ・フロー計算書を作成します。

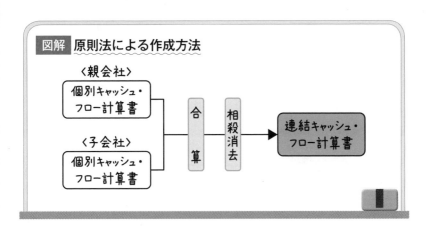

図解 原則法による作成方法

〈親会社〉
個別キャッシュ・フロー計算書

〈子会社〉
個別キャッシュ・フロー計算書

合算 → 相殺消去 → 連結キャッシュ・フロー計算書

Ⅱ 簡便法

簡便法とは、連結財務諸表を基礎として連結キャッシュ・フロー計算書を作成する方法をいいます。

具体的には、まず親会社と子会社で作成した個別キャッシュ・フロー計算書以外の個別財務諸表を合算します。次に連結手続を行うことにより連結財務諸表を作成します。そして、連結財務諸表から必要な調整をして連結キャッシュ・フロー計算書を作成します。

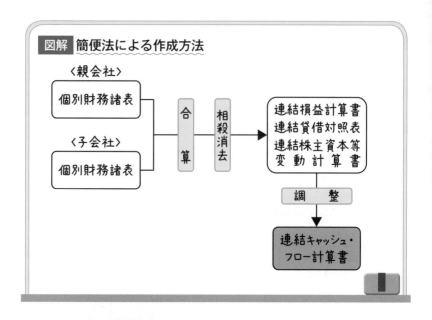

図解 簡便法による作成方法

〈親会社〉

個別財務諸表

〈子会社〉

個別財務諸表

合算

相殺消去

連結損益計算書
連結貸借対照表
連結株主資本等
変動計算書

調整

連結キャッシュ・
フロー計算書

ふむふむ...

ひとこと

簡便法によった場合、親会社、子会社の個別キャッシュ・フロー計算書は作成せず、連結キャッシュ・フロー計算書のみを作成します。

Ⅲ 原則法・簡便法と直接法・間接法の関係

連結キャッシュ・フロー計算書を作成する場合、原則法・簡便法と直接法・間接法の組み合わせは次のとおりです。

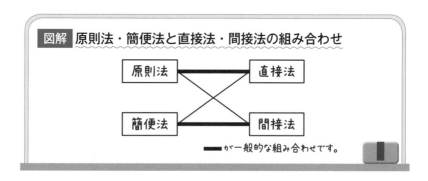

図解 原則法・簡便法と直接法・間接法の組み合わせ

原則法 ——— 直接法

簡便法 ——— 間接法

■■■■ が一般的な組み合わせです。

2 原則法・直接法による連結キャッシュ・フロー計算書

I 作成方法

　原則法・直接法により連結キャッシュ・フロー計算書を作成する場合、連結会社間のキャッシュ・フローを相殺消去する必要があります。そして、相殺消去の対象となる連結会社間のキャッシュ・フローには、次のようなものがあります。

> ●**相殺消去の対象となるキャッシュ・フロー**
>
> ◆営業収入と仕入支出
> ◆貸付けによる支出と借入れによる収入
> ◆利息の受取額と利息の支払額
> ◆有形固定資産の売却による収入と有形固定資産の取得による支出
> ◆配当金の受取額と配当金の支払額

II 会計処理

1 営業収入と仕入支出の相殺消去

　連結会社間で現金及び現金同等物による商品の売買を行った場合、個々の会社としては資金の増減は営業収入および仕入支出となりますが、企業グループの観点からはその取引はなかったものとみなします。

　したがって、連結会社間の取引による営業収入と仕入支出は相殺消去します。

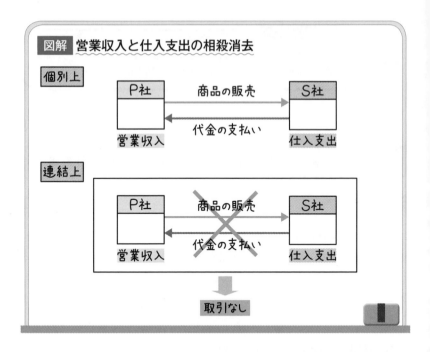

例1 ——————————————— 営業収入と仕入支出の相殺消去

次の資料にもとづいて、連結キャッシュ・フロー計算書を作成しなさい。

［資 料］

(1) 個別キャッシュ・フロー計算書（単位：円）

	P 社	S 社	合 計
営業活動によるキャッシュ・フロー			
営 業 収 入	700,000	250,000	950,000
商品の仕入れによる支出	△370,000	△180,000	△550,000
小 計	330,000	70,000	400,000

(2) P社は、S社株式を60%所有している。

(3) P社からS社へ商品54,000円を掛けにより販売した。

(4) P社の売掛金には、S社に対するものが期首時点で25,000円、期末時点で20,000円ある。

例1の解答

（単位：円）

	P 社	S 社	合 計	修 正	連 結
営業活動によるキャッシュ・フロー					
営　業　収　入	700,000	250,000	950,000	△59,000	891,000
商品の仕入れによる支出	△370,000	△180,000	△550,000	59,000	△491,000
小　　計	330,000	70,000	400,000	0	400,000

〈解説〉
1．営業収入
① 営業収入と仕入支出の相殺消去高
25,000円（期首売掛金）＋54,000円（当期掛売上高）－20,000円（期末売掛金）
＝59,000円

S社に対する売掛金

期首 25,000円	S社に対する 営業収入 59,000円 （貸借差額）	相殺消去高
売上 54,000円	期末 20,000円	

② 営業収入
950,000円（営業収入合計）－59,000円（相殺消去高）＝891,000円

2．商品の仕入れによる支出
550,000円（商品の仕入れによる支出合計）－59,000円（相殺消去高）＝491,000円

2 貸付けによる支出と借入れによる収入の相殺消去

連結会社間で現金及び現金同等物による資金の貸借を行った場合、個々の企業としては資金の増減は貸付けによる支出および借入れによる収入となりますが、企業グループの観点からはその取引はなかったものとみなします。

したがって、連結会社間の貸付けによる支出と借入れによる収入は相殺消去します。

また、資金の貸借にともなう利息の受取りと支払いも同様に相殺消去します。

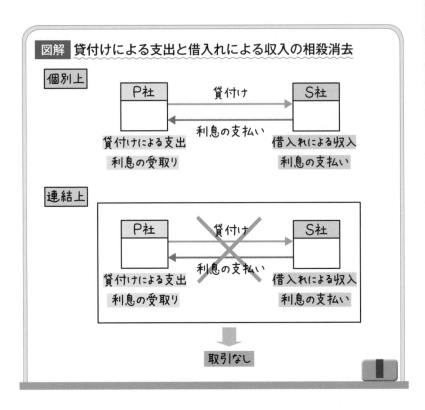

図解 貸付けによる支出と借入れによる収入の相殺消去

個別上

P社 → 貸付け → S社
S社 → 利息の支払い → P社

貸付けによる支出
利息の受取り

借入れによる収入
利息の支払い

連結上

P社 ╳ 貸付け ╳ S社
利息の支払い

貸付けによる支出
利息の受取り

借入れによる収入
利息の支払い

↓

取引なし

例2 ──── 貸付けによる支出と借入れによる収入の相殺消去

次の資料にもとづいて、連結キャッシュ・フロー計算書を作成しなさい。

[資 料]

(1) 当期にP社はS社に対して70,000円を貸し付けた（貸付期間3年）。

(2) S社はP社に対して、借入金に係る利息700円を支払った。

(3) P社は、S社株式を60%所有している。

(4) 個別キャッシュ・フロー計算書（単位：円）

	P 社	S 社	合 計
営業活動によるキャッシュ・フロー			
⋮	⋮	⋮	⋮
小 計	××	××	××
利息及び配当金の受取額	1,500	400	1,900
利 息 の 支 払 額	△1,200	△1,000	△2,200
営業活動によるキャッシュ・フロー	××	××	××
投資活動によるキャッシュ・フロー			
貸 付 け に よ る 支 出	△85,000	△30,000	△115,000
投資活動によるキャッシュ・フロー	△85,000	△30,000	△115,000
財務活動によるキャッシュ・フロー			
長 期 借 入 れ に よ る 収 入	50,000	92,000	142,000
財務活動によるキャッシュ・フロー	50,000	92,000	142,000

例2の解答

（単位：円）

	P 社	S 社	合 計	修 正	連 結
営業活動によるキャッシュ・フロー					
⋮	⋮	⋮	⋮	⋮	⋮
小 計	××	××	××	××	××
利息及び配当金の受取額	1,500	400	1,900	△ 700	1,200
利 息 の 支 払 額	△1,200	△1,000	△2,200	700	△1,500
営業活動によるキャッシュ・フロー	××	××	××	××	××
投資活動によるキャッシュ・フロー					
貸 付 け に よ る 支 出	△85,000	△30,000	△115,000	70,000	△45,000
投資活動によるキャッシュ・フロー	△85,000	△30,000	△115,000	70,000	△45,000
財務活動によるキャッシュ・フロー					
長 期 借 入 れ に よ る 収 入	50,000	92,000	142,000	△70,000	72,000
財務活動によるキャッシュ・フロー	50,000	92,000	142,000	△70,000	72,000

3 有形固定資産の売却収入と取得支出の相殺消去

　連結会社間で、現金及び現金同等物による有形固定資産の売買を行った場合、個々の企業としては資金の増減は有形固定資産の売却による収入および有形固定資産の取得による支出となりますが、企業グループの観点からは取引はなかったものとみなします。

　したがって、連結会社間の取引による有形固定資産の売却による収入と取得による支出は相殺消去します。

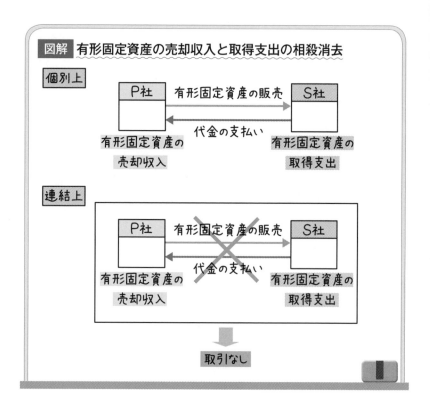

例3 ──── 有形固定資産の売却収入と取得支出の相殺消去

次の資料にもとづいて、連結キャッシュ・フロー計算書を作成しなさい。

[資 料]

(1) 当期にP社はS社に対して帳簿価額50,000円の土地を57,000円で売却し、代金は現金で受け取った。

(2) P社は、S社株式を60%所有している。

(3) 個別キャッシュ・フロー計算書（単位：円）

	P 社	S 社	合 計
投資活動によるキャッシュ・フロー			
有形固定資産の取得による支出	△25,000	△77,000	△102,000
有形固定資産の売却による収入	80,000	30,000	110,000
投資活動によるキャッシュ・フロー	55,000	△47,000	8,000

例3の解答

（単位：円）

	P 社	S 社	合 計	修 正	連 結
投資活動によるキャッシュ・フロー					
有形固定資産の取得による支出	△25,000	△77,000	△102,000	57,000	△45,000
有形固定資産の売却による収入	80,000	30,000	110,000	△57,000	53,000
投資活動によるキャッシュ・フロー	55,000	△47,000	8,000	0	8,000

4 配当金の受取額と支払額の相殺消去

子会社から親会社へ配当を行った場合、個々の企業としてはその取引による資金の増減は配当金の受取額および配当金の支払額となりますが、企業グループの観点からは取引はなかったものとみなします。

したがって、子会社の配当金の支払額のうち親会社に対する支払額（子会社の配当金の支払額×親会社持分割合）と親会社の受取額は相殺消去します。

なお、子会社から非支配株主へ配当を行った場合は、企業集団の観点からも配当金の支払いとなりますので、子会社の配当金の支払額のうち非支配株主への支払額（子会社の配当金の支払額×非支配株主持分割合）は、**非支配株主への配当金の支払額**として、親会社の配当金の支払いである**配当金の支払額**とは区別して記載します。

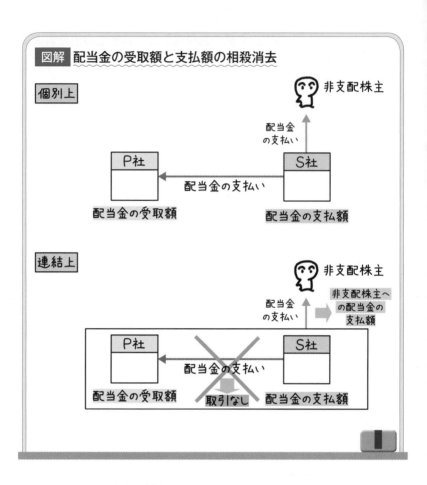

図解 配当金の受取額と支払額の相殺消去

個別上

非支配株主

配当金
の支払い

P社 ← 配当金の支払い S社

配当金の受取額   配当金の支払額

連結上

非支配株主

配当金
の支払い   非支配株主へ
の配当金の
支払額

P社 ← 配当金の支払い S社

配当金の受取額   取引なし   配当金の支払額

ひとこと

　連結キャッシュ・フロー計算書上における配当金の支払額は、親会社の配当金の支払額の金額のみとなります。本試験で出題された場合、この項目は簡単に埋めることができるので、確実に正答できるようにしましょう。

例4 ——————————— 配当金の受取額と支払額の相殺消去

次の資料にもとづいて、連結キャッシュ・フロー計算書を作成しなさい。

[資 料]
(1) 当期にS社は利益剰余金による配当金15,000円を支払った。
(2) P社は、S社株式を60%所有している。
(3) 個別キャッシュ・フロー計算書（単位：円）

	P 社	S 社	合 計
営業活動によるキャッシュ・フロー			
⋮	⋮	⋮	⋮
小　　計	××	××	××
利息及び配当金の受取額	20,000	12,000	32,000
営業活動によるキャッシュ・フロー	××	××	××
財務活動によるキャッシュ・フロー			
配 当 金 の 支 払 額	△30,000	△15,000	△45,000
財務活動によるキャッシュ・フロー	△30,000	△15,000	△45,000

例4の解答

（単位：円）

	P 社	S 社	合 計	修 正	連 結
営業活動によるキャッシュ・フロー					
⋮	⋮	⋮	⋮	⋮	⋮
小　　計	××	××	××	××	××
利息及び配当金の受取額	20,000	12,000	32,000	△9,000	23,000
営業活動によるキャッシュ・フロー	××	××	××	××	××
財務活動によるキャッシュ・フロー					
配 当 金 の 支 払 額	△30,000	△15,000	△45,000	15,000	△30,000
非支配株主への配当金の支払額	—	—	—	△6,000	△6,000
財務活動によるキャッシュ・フロー	△30,000	△15,000	△45,000	9,000	△36,000

〈解説〉
1．配当金の受取額と配当金の支払額の相殺消去
　① 子会社の配当金の支払額のうち親会社に対する支払額と親会社の受取額の相殺消去
　　　15,000円×60％＝9,000円
　② 子会社の配当金の支払額のうち非支配株主への支払額の振替え
　　　15,000円×40％＝6,000円

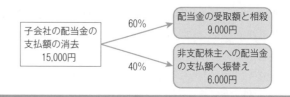

| 子会社の配当金の
支払額の消去
15,000円 | 60% | 配当金の受取額と相殺
9,000円 |
| | 40% | 非支配株主への配当金
の支払額へ振替え
6,000円 |

5 持分法適用会社からの配当金の受取額

　持分法適用会社からの配当金は、相殺消去せず、利息及び配当金の受取額に計上します。原則法・直接法の場合は、投資会社の個別キャッシュ・フロー計算書上の利息及び配当金の受取額に、持分法適用会社からの配当金の受取額がすでに含まれているため、そのままの金額を合算します。

> ### ひとこと
>
> 　原則法により連結キャッシュ・フロー計算書を作成する場合、持分法適用会社の個別キャッシュ・フロー計算書は合算しないので、投資会社の配当金の受取額と相殺消去の対象となる配当金の支払額は存在しません。そのため、持分法適用会社からの配当金の受取額は連結キャッシュ・フロー計算書上に計上されます。

3 簡便法・間接法による連結キャッシュ・フロー計算書

I 作成方法

　簡便法・間接法による連結キャッシュ・フロー計算書の作成は、個別キャッシュ・フロー計算書の間接法の作成と同様に行います。

　簡便法では、連結財務諸表を作成する際に、すでに連結会社間取引について相殺消去が行われているため、連結キャッシュ・フロー計算書の作成にあたり、改めて連結会社間のキャッシュ・フローの相殺消去を行う必要はありません。

ひとこと

個別キャッシュ・フロー計算書の間接法の作成は、CHAPTER 08 キャッシュ・フロー計算書を参照してください。

Ⅱ 会計処理

個別キャッシュ・フロー計算書の間接法と作成方法は基本的に同様ですが、次の点に留意する必要があります。

●留意すべき事項

◆営業活動によるキャッシュ・フローが税金等調整前当期純利益から始まること
◆連結特有の科目（非支配株主に帰属する当期純利益、持分法による投資損益、のれん償却額など）が存在すること

1 非支配株主に帰属する当期純利益

非支配株主に帰属する当期純利益は、税金等調整前当期純利益を計算した後に計上される項目であるため、間接法における調整項目にはなりません。

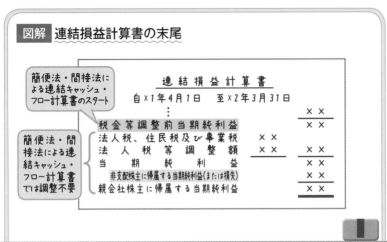

2 持分法による投資損益

持分法による投資損益は、営業活動に関係のない営業外損益項目なので、税金等調整前当期純利益に対する調整項目となります。

●持分法による投資損益

◆持分法による投資利益（営業外収益）⇒ 税金等調整前当期純利益から減算
◆持分法による投資損失（営業外費用）⇒ 税金等調整前当期純利益に加算

3 のれん償却額、負ののれん発生益

のれん償却額および負ののれん発生益は非資金損益項目なので、税金等調整前当期純利益に対する調整項目となります。

●のれん償却額、負ののれん発生益

◆の れ ん 償 却 額 ⇒ 税金等調整前当期純利益に加算
◆負ののれん発生益 ⇒ 税金等調整前当期純利益から減算

例5 ── 簡便法・間接法による連結キャッシュ・フロー計算書

次の資料にもとづいて、間接法により連結キャッシュ・フロー計算書を作成しなさい。

［資　料］連結損益計算書
　税金等調整前当期純利益　50,000円
　非支配株主に係る当期純利益　12,000円
　持分法による投資利益　2,000円
　のれん償却額　3,000円

例5の解答

連結キャッシュ・フロー計算書 （単位：円）	
営業活動によるキャッシュ・フロー	
税金等調整前当期純利益	50,000
の れ ん 償 却 額	3,000
持 分 法 に よ る 投 資 利 益	△ 2,000
小 計	51,000

4 持分法適用会社からの配当金の受取額

　持分法適用会社からの配当金の受取額は、利息及び配当金の受取額に計上します。

　そのため、簡便法・間接法の場合に利息及び配当金の受取額を求める際は、持分法適用会社からの配当金の受取額を、連結損益計算書の受取利息配当金の金額に加えて算定する必要があります。

ひとこと

　簡便法・間接法の場合は、連結修正仕訳の際に持分法適用会社からの配当金の受取分は受取配当金から消去しているため、連結損益計算書の受取利息配当金には持分法適用会社からの配当金の受取分は含まれていません。そのため、連結キャッシュ・フロー計算書作成時には、連結損益計算書の金額に、持分法適用会社からの配当金の受取分を別途加算する必要があります。

ふむふむ…

Ⅰ 直接法による連結キャッシュ・フロー計算書

連結キャッシュ・フロー計算書
自×1年4月1日　至×2年3月31日

営業活動によるキャッシュ・フロー
　　営　業　収　入　　　　　　　　　　××
　　原材料又は商品の仕入れによる支出　　△××
　　人　件　費　の　支　出　　　　　　△××
　　その他の営業支出　　　　　　　　　△××
　　　　小　　　　計　　　　　　　　　××
　　利息及び配当金の受取額　　　　　　××
　　利　息　の　支　払　額　　　　　　△××
　　損害賠償金の支払額　　　　　　　　△××
　　法人税等の支払額　　　　　　　　　△××
　　営業活動によるキャッシュ・フロー　××
投資活動によるキャッシュ・フロー
　　有価証券の取得による支出　　　　　△××
　　有価証券の売却による収入　　　　　××
　　有形固定資産の取得による支出　　　△××
　　有形固定資産の売却による収入　　　××
　　投資有価証券の取得による支出　　　△××
　　投資有価証券の売却による収入　　　××
　　貸付けによる支出　　　　　　　　　△××
　　貸付金の回収による収入　　　　　　××
　　投資活動によるキャッシュ・フロー　××
財務活動によるキャッシュ・フロー
　　短期借入れによる収入　　　　　　　××
　　短期借入金の返済による支出　　　　△××
　　長期借入れによる収入　　　　　　　××
　　長期借入金の返済による支出　　　　△××
　　社債の発行による収入　　　　　　　××
　　社債の償還による支出　　　　　　　△××
　　株式の発行による収入　　　　　　　××
　　自己株式の取得による支出　　　　　△××
　　配当金の支払額　　　　　　　　　　△××
　　非支配株主への配当金の支払額　　　△××
　　財務活動によるキャッシュ・フロー　××
現金及び現金同等物に係る換算差額　　　××
現金及び現金同等物の増減額（△は減少）××
現金及び現金同等物の期首残高　　　　　××
現金及び現金同等物の期末残高　　　　　××

Ⅱ 間接法による連結キャッシュ・フロー計算書

連結キャッシュ・フロー計算書
自×1年4月1日　至×2年3月31日

営業活動によるキャッシュ・フロー	
税金等調整前当期純利益	××
減価償却費	××
のれん償却額	××
貸倒引当金の増減額（△は減少）	××
受取利息及び受取配当金	△××
支払利息	××
為替差損益（△は益）	××
持分法による投資損益（△は益）	××
有形固定資産売却損益（△は益）	△××
損害賠償損失	××
売上債権の増減額（△は増加）	△××
棚卸資産の増減額（△は増加）	××
仕入債務の増減額（△は減少）	△××
小計	××
利息及び配当金の受取額	××
利息の支払額	△××
損害賠償金の支払額	△××
法人税等の支払額	△××
営業活動によるキャッシュ・フロー	××
投資活動によるキャッシュ・フロー	
（直接法と同じ。前ページ参照）	
投資活動によるキャッシュ・フロー	××
財務活動によるキャッシュ・フロー	
（直接法と同じ。前ページ参照）	
財務活動によるキャッシュ・フロー	××
現金及び現金同等物に係る換算差額	××
現金及び現金同等物の増減額（△は減少）	××
現金及び現金同等物の期首残高	××
現金及び現金同等物の期末残高	××

問1　原則法　答案用紙あり

次の資料にもとづいて、連結キャッシュ・フロー計算書（直接法）を作成しなさい。なお、キャッシュ・フローの減少項目には「△」を付すこと。

[資料1] 個別キャッシュ・フロー計算書（一部）

（単位：円）

	P社	S社
営業活動によるキャッシュ・フロー		
営　業　収　入	9,000	3,000
商品の仕入れによる支出	△　4,500	△　1,500
小　　　計	4,500	1,500
利息及び配当金の受取額	2,400	1,200
利　息　の　支　払　額	△　900	△　600
営業活動によるキャッシュ・フロー	6,000	2,100
投資活動によるキャッシュ・フロー		
貸付けによる支出	△　450	0
投資活動によるキャッシュ・フロー	△　450	0
財務活動によるキャッシュ・フロー		
長期借入れによる収入	210	300
財務活動によるキャッシュ・フロー	210	300

[資料2] 参考事項

1．P社はS社株式の60％を所有している。

2．P社の長期貸付金期末残高には、当期にS社に対して貸し付けた300円が含まれている。

3．P社の受取利息には当期にS社から現金で受け取った150円が含まれている。

問2　簡便法　答案用紙あり

次の資料にもとづいて、連結キャッシュ・フロー計算書（間接法）を作成しなさい。なお、当期は×2年3月31日を決算日とする1年である。また、キャッシュ・フローの減少項目には「△」を付すこと。

[資料1] 連結貸借対照表

連 結 貸 借 対 照 表
×2年3月31日　　　　　　　　（単位：円）

借方科目	前期末	当期末	貸方科目	前期末	当期末
現金及び預金	1,063,320	1,219,860	仕 入 債 務	593,400	553,560
売 上 債 権	652,680	811,440	短 期 借 入 金	285,000	216,000
棚 卸 資 産	306,000	295,200	未 払 費 用	3,150	2,340
有形固定資産	2,688,000	2,481,000	未払法人税等	300,000	255,000
の れ ん	84,000	78,000	資 本 金	2,700,000	2,700,000
投資有価証券	570,000	580,500	利 益 剰 余 金	1,032,450	1,229,100
			非支配株主持分	450,000	510,000
合 計	5,364,000	5,466,000	合 計	5,364,000	5,466,000

[資料2] 連結損益計算書の一部

連 結 損 益 計 算 書
自×1年4月1日　至×2年3月31日　　（単位：円）

借方科目	金 額	貸方科目	金 額
支 払 利 息	29,400	受取利息配当金	49,500
法 人 税 等	360,000	仕 入 割 引	10,500
非支配株主に帰属する当期純利益	67,500		

[資料3] 解答上の留意事項

1．P社は×2年3月現在、S社の発行済議決権株式の80％を所有し、これを子会社として支配している。

2．売上債権の期末残高に対して毎期2％の貸倒引当金を設定している。

3．貸倒引当金および減価償却累計額は対象資産から直接控除している。

4．当期において有形固定資産の売買および除却は一切行っていない。

5．投資有価証券はすべて当社の関連会社であるA社株式であり、連結財務諸表の作成にあたって持分法を適用している。なお、A社は当期において利益剰余金の配当を行っていない。

6．未払費用はすべて支払利息に係るものである。

7．当期において子会社株式および関連会社株式の追加取得や一部売却等は一切なかった。

8．当期の連結キャッシュ・フロー計算書における営業活動によるキャッシュ・フローの金額は514,890円であった。

9．連結キャッシュ・フロー計算書の作成にあたり、利息及び配当金の受取額ならびに利息の支払額については、営業活動によるキャッシュ・フローの区分に記載している。

解答

問1 原則法

連結キャッシュ・フロー計算書

(単位：円)

営業活動によるキャッシュ・フロー
営　業　収　入	(	12,000)
商品の仕入れによる支出	(△	6,000)
小　　　計	(	6,000)
利息及び配当金の受取額	(	3,450)
利　息　の　支　払　額	(△	1,350)
営業活動によるキャッシュ・フロー	(	8,100)

投資活動によるキャッシュ・フロー
貸付けによる支出	(△	150)
投資活動によるキャッシュ・フロー	(△	150)

財務活動によるキャッシュ・フロー
長期借入れによる収入	(	210)
財務活動によるキャッシュ・フロー	(	210)

〈解説〉

1．個別キャッシュ・フロー計算書の合算

　　原則法による連結キャッシュ・フロー計算書の作成は、個別キャッシュ・フロー計算書を合算した後、連結会社相互のキャッシュ・フローを相殺消去して作成します。

(単位：円)

	P　社	S　社	合　算
営業活動によるキャッシュ・フロー			
営　業　収　入	9,000	3,000	12,000
商品の仕入れによる支出	△ 4,500	△ 1,500	△ 6,000
小　　　計	4,500	1,500	6,000
利息及び配当金の受取額	2,400	1,200	3,600
利　息　の　支　払　額	△ 900	△ 600	△ 1,500
営業活動によるキャッシュ・フロー	6,000	2,100	8,100
投資活動によるキャッシュ・フロー			
貸付けによる支出	△ 450	0	△ 450
投資活動によるキャッシュ・フロー	△ 450	0	△ 450
財務活動によるキャッシュ・フロー			
長期借入れによる収入	210	300	510
財務活動によるキャッシュ・フロー	210	300	510

2．連結修正仕訳

連結会社相互のキャッシュ・フローを相殺するため修正消去します。

（単位：円）

	合　算	修正消去	連結C/S
営業活動によるキャッシュ・フロー			
営　業　収　入	12,000		12,000
商品の仕入れによる支出	△ 6,000		△ 6,000
小　　　計	6,000		6,000
利息及び配当金の受取額	3,600	△　150	3,450
利　息　の　支　払　額	△ 1,500	150	△ 1,350
営業活動によるキャッシュ・フロー	8,100	0	8,100
投資活動によるキャッシュ・フロー			
貸付けによる支出	△　450	300	△　150
投資活動によるキャッシュ・フロー	△　450	300	△　150
財務活動によるキャッシュ・フロー			
長期借入れによる収入	510	△　300	210
財務活動によるキャッシュ・フロー	510	△　300	210

　Ｐ社の「貸付けによる支出」300円と、Ｓ社の「長期借入れによる収入」300円を相殺します。

　また、Ｐ社の「利息及び配当金の受取額」150円と、Ｓ社の「利息の支払額」150円を相殺します。

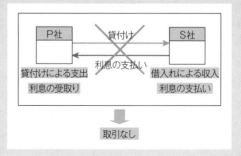

問2 簡便法

連結キャッシュ・フロー計算書

自×1年4月1日　至×2年3月31日　（単位：円）

I　営業活動によるキャッシュ・フロー

税金等調整前当期純利益	（　906,000　）
減 価 償 却 費	（　207,000　）
の れ ん 償 却 額	（　6,000　）
貸 倒 引 当 金 の 増 加 額	（　3,240　）
受 取 利 息 及 び 受 取 配 当 金	（　△　49,500　）
支 払 利 息	（　29,400　）
持 分 法 に よ る 投 資 利 益	（　△　10,500　）
売 上 債 権 の 増 加 額	（　△　162,000　）
棚 卸 資 産 の 減 少 額	（　10,800　）
仕 入 債 務 の 減 少 額	（　△　39,840　）
小　　計	（　900,600　）
利 息 及 び 配 当 金 の 受 取 額	（　49,500　）
利 息 の 支 払 額	（　△　30,210　）
法 人 税 等 の 支 払 額	（　△　405,000　）
営業活動によるキャッシュ・フロー	（　514,890　）

〈解説〉

1．減価償却費

　有形固定資産は減価償却累計額を直接減額しており、また当期に売買も除却もしていないことから、有形固定資産の変動額は減価償却費と同額であることがわかります。

　減価償却費：2,688,000円－2,481,000円＝207,000円

2．のれん償却額

　のれんは無形固定資産で、償却額を直接控除法で処理するため、のれんの変動額がのれん償却額と同額となります。

　のれん償却額：84,000円－78,000円＝6,000円

3．貸倒引当金の増加額

前期末と当期末の貸倒引当金の設定額を計算し、その差額をキャッシュ・フロー計算書に計上します。

前期末貸倒引当金：$652,680円 \times \dfrac{0.02}{1-0.02} = 13,320円$

当期末貸倒引当金：$811,440円 \times \dfrac{0.02}{1-0.02} = 16,560円$

貸倒引当金の増加 ⇒ 非資金損益項目 ∴加算調整
16,560円 − 13,320円 = 3,240円

4．利息及び配当金

連結損益計算書の受取利息配当金49,500円と支払利息29,400円を計上します。また、利息の支払額は前期と当期の未払利息を加減して計算します。

```
              支 払 利 息
         ┌─────────────┬─────────────┐
         │ 当期支払    │ 期首未払     │
利息の    │  30,210円   │  3,150円     │
支払額    │ （貸借差額）├─────────────┤
         │             │ 当期発生     │
         ├─────────────┤ （P/L）      │
         │ 期末未払    │  29,400円    │
         │  2,340円    │              │
         └─────────────┴─────────────┘
```

5．持分法による投資利益

連結貸借対照表の投資有価証券は関連会社であるＡ社の株式で、持分法を適用しています。

持分法による投資利益：580,500円 − 570,000円 = 10,500円

6．売上債権の増加額

直接減額した貸倒引当金を戻して、売上債権の変動額を計算します。
前期末売上債権：652,680円 + 13,320円 = 666,000円
当期末売上債権：811,440円 + 16,560円 = 828,000円
売上債権の増加 ⇒ 営業資産の増加 ∴減算調整
828,000円 − 666,000円 = 162,000円

7．棚卸資産の減少額

連結貸借対照表の棚卸資産の変動額を連結キャッシュ・フロー計算書に計上します。

棚卸資産の減少 ⇒ 営業資産の減少 ∴加算調整
295,200円 − 306,000円 = △10,800円

8. 仕入債務の減少額

連結貸借対照表の仕入債務の変動額を連結キャッシュ・フロー計算書に計上します。

仕入債務の減少 ⇒ 営業負債の減少 ∴減算調整

553,560円 − 593,400円 = △39,840円

9. 法人税等の支払額

連結損益計算書の法人税等に、連結貸借対照表の未払法人税等を加減した額が「法人税等の支払額」となります。

法　人　税　等

法人税等の支払額	当期支払 405,000円 （貸借差額）	期首未払 300,000円
	期末未払 255,000円	P/L法人税等 360,000円

10. 税金等調整前当期純利益

本問では、営業活動によるキャッシュ・フローの金額が資料で与えられているので、ここから逆算し、税金等調整前当期純利益を計算します。

CHAPTER 10
包括利益

◆包括利益の考え方・開示方法をおさえよう

　ここでは、包括利益を学習していきます。1級で初めて学習する論点ですので、まず、包括利益とは何かを理解しましょう。特に純利益との違いをしっかり理解しましょう。また、包括利益がどのように開示されるかは、試験で直接問われますので、必ずおさえましょう。

▶ 1級で学習する内容

包括利益

2級までに学習済み	→	1級で学習する内容

包括利益の意味

その他の包括利益

連結包括利益計算書の表示

組替調整額

1 包括利益とは

包括利益とは、ある企業の特定期間の財務諸表において認識された純資産の変動額のうち、当該企業の純資産に対する持分所有者との直接的な取引によらない部分をいいます。当該企業の純資産に対する持分所有者には、当該企業の株主のほか当該企業の発行する新株予約権の所有者が含まれ、連結財務諸表においては、当該企業の子会社の非支配株主も含まれます。

持分所有者との直接的な取引によらない部分とは、株式の発行、新株予約権の発行、剰余金の配当といった資本取引以外の部分をいいます。

包括利益には、収益・費用に加え、その他有価証券評価差額金のように、損益計算書を経由せずに純資産の部に計上される項目（**その他の包括利益**）も含まれます。

連結財務諸表におけるその他の包括利益には、親会社株主に係る部分と非支配株主に係る部分が含まれます。

●純利益と包括利益の比較

	純利益	包括利益
定　義	純資産の変動のうち、当期にリスクから解放された部分	純資産の変動部分
対　象	リスクから解放された損益項目	リスクから解放されておらず、純資産を直接変動させる項目も含む（その他有価証券評価差額金など）

当期分のみを考慮した当期純利益と包括利益の関係を計算式にすると、次のようになります。

包括利益 ＝ 当期純利益 ± その他の包括利益
親会社株主に帰属する当期純利益
＋非支配株主に帰属する当期純利益

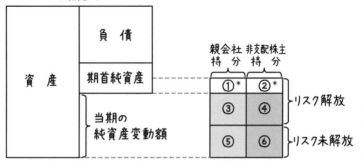

図解 包括利益

当期B/S

負 債

資 産　　期首純資産

当期の
純資産変動額

親会社　非支配株主
持 分　持 分

①*　　②*

③　　④　　リスク解放

⑤　　⑥　　リスク未解放

親会社株主に帰属する当期純利益：①＋③
非支配株主に帰属する当期純利益：②＋④
その他の包括利益：⑤＋⑥－①－②
当期包括利益：③＋④＋⑤＋⑥

＊ 過年度の包括利益のうち、当期にリスクから解放された部分

ひとこと

ここでは純利益から加減して包括利益を算定しましたが、次のように、定義どおりに期首と期末の純資産の差額から、資本取引を差し引いて計算することもできます。

包括利益＝期末純資産－期首純資産－持分所有者との直接的な取引額

ふむふむ…

2 その他の包括利益

その他の包括利益とは、包括利益のうち、当期純利益に含まれない部分のことです。

その他の包括利益に含まれる項目には、次のようなものがあります。

> ●**その他の包括利益に含まれる項目**
>
> ◆その他有価証券評価差額金
> ◆繰延ヘッジ損益
> ◆為替換算調整勘定
> ◆退職給付に係る調整額

例1 ────────────── その他の包括利益と包括利益

当社（親会社）は当期中に500千円の配当を行っている。また、その他有価証券評価差額金は、すべて親会社が保有する株式に係るものである。このとき、当期のその他の包括利益および包括利益を求めなさい。

[資 料]

連結貸借対照表（一部） （単位：千円）

借 方	期首	期末	貸 方	期首	期末
			資 本 金	6,000	6,000
			利 益 剰 余 金	4,000	4,900
			その他有価証券評価差額金	1,000	2,000
			非 支 配 株 主 持 分	2,000	2,600
			純資産合計	13,000	15,500

連結損益計算書（一部） （単位：千円）

:	
当 期 純 利 益	2,000
非支配株主に帰属する当期純利益	600
親会社株主に帰属する当期純利益	1,400

3　その他の包括利益累計額

　連結財務諸表において包括利益の表示が導入されたことにより、個別財務諸表では**評価・換算差額等**として表示されている項目が、連結貸借対照表や連結株主資本等変動計算書では**その他の包括利益累計額**として表示されます。

4　連結包括利益計算書の表示

　包括利益を表示する計算書は、**2計算書方式**と**1計算書方式**のいずれかを選択することができます。

I　2計算書方式

　2計算書方式とは、当期純利益を表示する損益計算書と、包括利益を表示する包括利益計算書を別々に作る方式です。2計算書方式では、**連結損益計算書**と**連結包括利益計算書**が作成されます。

```
                  連結包括利益計算書
            自×1年4月1日  至×2年3月31日（単位：千円）
P/Lから転載→ 当　期　純　利　益           200
            そ の 他 の 包 括 利 益
                その他有価証券評価差額金      100
            包　括　利　益              300
            （内訳）
                親会社株主に係る包括利益      240
                非支配株主に係る包括利益       60
```

Ⅱ 1計算書方式

　1計算書方式とは、1つの計算書で当期純利益と包括利益を表示する方式です。1計算書方式にもとづいて作成される計算書を、**連結損益及び包括利益計算書**といいます。

```
              連結損益及び包括利益計算書
          自×1年4月1日　至×2年3月31日　（単位：千円）
           ⋮                            ⋮

税 金 等 調 整 前 当 期 純 利 益                     × ×

法 人 税 ・ 住 民 税 及 び 事 業 税        × ×

法 人 税 等 調 整 額              × ×        × ×

当    期    純    利    益                      200

（内訳）

   親会社株主に帰属する当期純利益                  140

   非支配株主に帰属する当期純利益                   60


そ の 他 の 包 括 利 益

      その他有価証券評価差額金                    100

包      括      利      益                     300

（内訳）

   親会社株主に係る包括利益                       240

   非支配株主に係る包括利益                        60
```

原則表示と容認表示

　その他の包括利益は、原則として税効果控除後の金額で表示しますが、税効果控除前の金額で表示し、税効果会計による控除額を一括して加減する方式で記載することも認められています。

原則表示（2計算書方式の場合）

```
                    連結包括利益計算書
            自×1年4月1日　至×2年3月31日（単位：千円）

当　　期　　純　　利　　益              400
そ　の　他　の　包　括　利　益

    その他有価証券評価差額金              60  ◀── 税効果控除後
    繰　延　ヘ　ッ　ジ　損　益              30

包　　　括　　　利　　　益              490
（内訳）
    親会社株主に係る包括利益             350
    非支配株主に係る包括利益             140
```

容認表示（2計算書方式の場合）

```
                    連結包括利益計算書
            自×1年4月1日　至×2年3月31日（単位：千円）

当　　期　　純　　利　　益              400
そ　の　他　の　包　括　利　益

    その他有価証券評価差額金             100  ◀── 税効果控除前
    繰　延　ヘ　ッ　ジ　損　益              50

    その他の包括利益に係る税効果額       △60  ◀── 税効果控除額

包　　　括　　　利　　　益              490
（内訳）
    親会社株主に係る包括利益             350
    非支配株主に係る包括利益             140
```

連結財務諸表で包括利益を開示する場合、包括利益のうち親会社株主に係る金額と非支配株主に係る金額を付記します。

連結包括利益計算書
自×1年4月1日　至×2年3月31日（単位：千円）

当　期　純　利　益	200
その他の包括利益	
その他有価証券評価差額金	100
包　括　利　益	300
（内訳）	
親会社株主に係る包括利益	240
非支配株主に係る包括利益	60

親会社株主に係る包括利益とは、連結損益計算書の親会社株主に帰属する当期純利益と、親会社の持分に相当するその他の包括利益の合計です。

親会社の持分に相当するその他の包括利益は、期首と期末の連結貸借対照表に計上されたその他の包括利益累計額の差額にあたります。

非支配株主に係る包括利益とは、連結損益計算書の非支配株主に帰属する当期純利益と、非支配株主の持分に相当するその他の包括利益の合計です。

非支配株主の持分に相当するその他の包括利益は、連結貸借対照表上では非支配株主持分に含まれています。

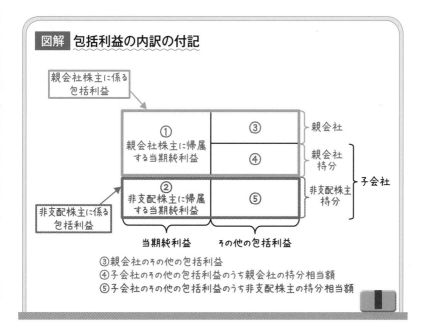

図解 包括利益の内訳の付記

親会社株主に係る
包括利益

① 親会社株主に帰属する当期純利益	③	親会社
	④	親会社持分
② 非支配株主に帰属する当期純利益	⑤	非支配株主持分

子会社

非支配株主に係る
包括利益

当期純利益　　その他の包括利益

③親会社のその他の包括利益
④子会社のその他の包括利益のうち親会社の持分相当額
⑤子会社のその他の包括利益のうち非支配株主の持分相当額

▸ 例2 ───────────────────────────────── 包括利益①

当社（親会社）は当期中に500千円の配当を行っている。また、その他有価証券評価差額金は、すべて親会社が保有する株式に係るものである。このとき、当期の親会社株主に係る包括利益および非支配株主に係る包括利益の金額を求めなさい。税効果会計は適用しないものとする。

［資　料］

連結貸借対照表（一部）　　　　　　（単位：千円）

借　方	期首	期末	貸　方	期首	期末
			資　本　金	6,000	6,000
			利　益　剰　余　金	4,000	4,900
			その他有価証券評価差額金	1,000	2,000
			非　支　配　株　主　持　分	2,000	2,600
			純資産合計	13,000	15,500

連結損益計算書（一部）（単位：千円）

$\vdots$

当　期　純　利　益	2,000
非支配株主に帰属する当期純利益	600
親会社株主に帰属する当期純利益	1,400

例2の解答　　親会社株主に係る包括利益：**2,400千円**[*1]

非支配株主に係る包括利益：　**600千円**[*2]

* 1　1,400千円（親会社株主に帰属する当期純利益）
　　　＋2,000千円（期末その他有価証券評価差額金）
　　　－1,000千円（期首その他有価証券評価差額金）＝2,400千円

* 2　600千円（非支配株主に帰属する当期純利益）

354

▮**例3** ━━━━━━━━━━━━━━━━━━━━━━━━━ **包括利益②**

当社は前期末にS社の発行済株式数の60%を取得し、S社を子会社とした。S社は当期にその他有価証券を1,000千円で取得したが、当該その他有価証券の当期末時価は2,000千円である。なお、当社はこれまでにその他有価証券を保有したことはない。このとき、当期の親会社株主に係る包括利益および非支配株主に係る包括利益の金額を求めなさい。税効果会計は適用しないものとする。

[資　料]

連結貸借対照表（一部）　　　（単位：千円）

借　　方	期首	期末	貸　　方	期首	期末
			資　本　金	6,000	6,000
			利　益　剰　余　金	4,000	5,400
			その他有価証券評価差額金	－	（各自推定）
			非 支 配 株 主 持 分	2,000	（各自推定）
			純資産合計	12,000	15,000

連結損益計算書（一部）　（単位：千円）

⋮

当　期　純　利　益	2,000
非支配株主に帰属する当期純利益	600
親会社株主に帰属する当期純利益	1,400

例3の解答　親会社株主に係る包括利益：2,000千円*1

非支配株主に係る包括利益：1,000千円*2

＊1　1,400千円（親会社株主に帰属する当期純利益）
＋(2,000千円－1,000千円)×60％(その他有価証券評価差額金当期変動額に
係る親会社持分)＝2,000千円

＊2　600千円（非支配株主に帰属する当期純利益）
＋(2,000千円－1,000千円)×40％(その他有価証券評価差額金当期変動額に
係る非支配株主持分)＝1,000千円

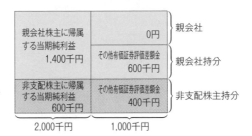

連結貸借対照表（一部）　　　　　　（単位：千円）

借　　　方	期首	期末	貸　　　方	期首	期末
			資　本　金	6,000	6,000
			利　益　剰　余　金	4,000	5,400
			その他有価証券評価差額金	－	600*3
			非 支 配 株 主 持 分	2,000	3,000*4
			純資産合計	12,000	15,000

＊3　(2,000千円－1,000千円)×60％＝600千円

＊4　貸方差額

356

6 組替調整額

組替調整額とは、当期純利益を構成する項目のうち、当期または過去の期間にその他の包括利益に含まれていた部分をいいます。

> **ひとこと**
>
> すでに、包括利益として計上された部分が後に当期純利益として計上されると二重に包括利益を計上することになります。そこで、組替調整（リサイクリング）を行い、「その他の包括利益」を調整することで、包括利益の二重計上を防止します。

例4 ———————————————————— 組替調整

次の資料にもとづいて、×0年度および×1年度の当期純利益、包括利益、その他の包括利益および組替調整額を答えなさい。

［資　料］
(1) 当社は、×0年度にY社株式を1,000円で取得し、その他有価証券に分類した。×0年度末にY社株式の時価は1,300円であった。
(2) ×1年度にY社株式を時価1,100円で売却し、現金を受け取った。

例4の解答　(1) ×0年度
　　　　　　　　当 期 純 利 益：　　0円
　　　　　　　　包　括　利　益：300円
　　　　　　　　その他の包括利益：300円
　　　　　　　　組 替 調 整 額：　　0円

　　　　　　(2) ×1年度
　　　　　　　　当 期 純 利 益：　100円
　　　　　　　　包　括　利　益：△200円
　　　　　　　　その他の包括利益：△300円
　　　　　　　　組 替 調 整 額：△100円

〈解説〉
(1) ×0年度
　① 当期純利益
　　　その他有価証券から損益が生じていないため、ゼロです。
　② 包括利益
　　　当期の純資産の変動額（その他有価証券評価差額金）が包括利益の金額です。
　　　1,300円(×0年度末時価)－1,000円(取得原価)＝300円(純資産の変動額)

〈その他有価証券の時価の変動〉

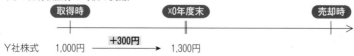

③ その他の包括利益

包括利益のうち、当期純利益に含まれない部分がその他の包括利益なので、①と②の差額から求めます。

300円(包括利益)− 0 円(当期純利益)＝300円

または、その他有価証券評価差額金の金額からも求めることができます。

300円(評価差額金当期発生額)

④ 組替調整額

その他の包括利益は生じていますが、当期純利益には含まれていないため、組替調整額はゼロとなります。

(2) x1年度

① 当期純利益

1,100円(売却価額)−1,000円(取得原価)＝100円(売却益)

② 包括利益

1,100円(売却時時価)−1,300円(X0年度末時価)＝△200円(純資産の変動額)

〈その他有価証券の時価の変動〉

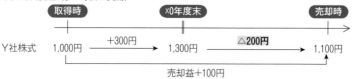

③ その他の包括利益

△200円(包括利益)−100円(当期純利益)＝△300円(その他の包括利益)

または、その他有価証券評価差額金の当期発生額に組替調整額を加減することで求めることができます。

△200円(評価差額金当期発生額)−100円(組替調整額)＝△300円

④ 組替調整額

当期純利益（売却益100円）のうち、過去または当期のその他の包括利益に含まれていた部分（前期に含まれていた部分300円＋当期に含まれている部分△200円＝100円）が組替調整額となります。

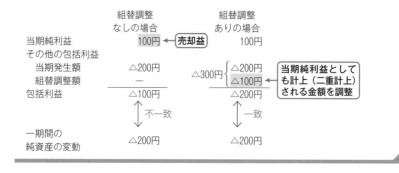

組替調整額は、過去または当期のその他の包括利益に含まれていた部分の純
額がプラスの場合は減算調整し、マイナスの場合は加算調整します。

7 組替調整額の注記

組替調整額は、その他の包括利益の内訳項目ごとに注記します。

図解 組替調整額の注記

その他の包括利益の内訳項目の金額

その他有価証券評価差額金：
　　当期発生額　　　　　　　4,000
　　組替調整額　　　　　△2,000　　2,000　← 当期発生額に組替調整額を加減します。
為替換算調整勘定：
　　当期発生額　　　　　　　 600
　　組替調整額　　　　　 △200　　　400
　　　税効果調整前合計　　　　　　2,400
　　　税効果額　　　　　　　　　△960　← 税効果額を加減してその他の包括利益を表示します。
　　その他の包括利益合計　　　　　1,440

　上記のように、その他の包括利益の内訳を項目ごとに表示し、税効果額をま
とめて加減する方法のほかに、その他の包括利益の内訳項目ごとに税効果額を
表示する方法もあります。本試験では、答案用紙の形式から判断しましょう。

組替調整額／組替調整額の注記

CHAPTER 10 包括利益　359

　以下の資料にもとづき、×2年度決算における連結包括利益計算書およびその他の包括利益の内訳の注記表を完成させなさい。なお、Ｐ社は、Ｓ社の株式100％を保有しており、法定実効税率は40％である。

［資　料］
(1)　Ｐ社は、期中にその他有価証券のうちＹ社株式（×1年3月末の取得原価11,000円、×2年3月末の時価12,000円、売却時における時価11,800円）を、11,800円で売却した。
(2)　Ｐ社は、×1年3月末に取得したＳ社の株式すべてを、×2年4月1日に売却し、為替換算調整勘定700円（税効果調整前）を子会社株式売却益に計上している。なお、当該売却取引については×2年3月末に売却を社内で決定していたため、すでに為替換算調整勘定に係る繰延税金負債を計上していた。
(3)　当期純利益は40,000円である。

例5の解答

連結包括利益計算書

×2年4月1日～×3年3月31日　　　　（単位：円）

当　期　純　利　益	40,000
そ の 他 の 包 括 利 益：	
その他有価証券評価差額金	（　　△600　）
為 替 換 算 調 整 勘 定	（　　△420　）
その他の包括利益合計	（　△1,020　）
包　　括　　利　　益	（　38,980　）
（内訳）	
親会社株主に係る包括利益	×××
非支配株主に係る包括利益	×××

その他の包括利益の内訳項目の金額		（単位：円）

その他有価証券評価差額金：

当 期 発 生 額	（	△200 ）
組 替 調 整 額	（	△800 ）
税 効 果 調 整 前	（	△1,000 ）
税 効 果 額	（	400 ）
	（	△600 ）

為替換算調整勘定：

当 期 発 生 額	（	0 ）
組 替 調 整 額	（	△700 ）
税 効 果 調 整 前	（	△700 ）
税 効 果 額	（	280 ）
	（	△420 ）
その他の包括利益合計	（	△1,020 ）

〈解説〉

1．その他有価証券評価差額金

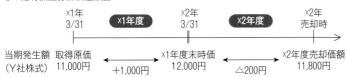

その他の包括利益の内訳項目に関する注記（注記表）

	×1年度	×2年度	
当 期 発 生 額	+1,000 *1	△200 *2	
組 替 調 整 額	0	△800 *3	←当期純利益を構成する項目
税 効 果 調 整 前	+1,000	△1,000	←税効果調整前
税 効 果 額（40 ％）	△400	+400	←税効果調整前×40%
税効果調整後（60%）	+600	△600	←税効果調整後

＊1　12,000円(×1年度末時価)－11,000円(取得原価)＝1,000円

＊2　11,800円－12,000円＝△200円

＊3　当期純利益を構成する売却益800円のうち、過去または当期のその他の包括利益に含まれ
　　ていた部分800円(＝前期に含まれていた部分1,000円＋当期に含まれている部分△200円)

2．為替換算調整勘定
その他の包括利益の内訳項目に関する注記（注記表）

	×1年度	×2年度
当 期 発 生 額	700	0
組 替 調 整 額	0	△700 *4
税 効 果 調 整 前	700	△700
税 効 果 額（40 ％）	△280	＋280
税効果調整後（60%）	420	△420

＊4　×2年3月末為替換算調整勘定＝売却益に含まれる額

　次の［資料］にもとづいて、×5年度における連結包括利益計算書およびその他の包括利益の内訳の注記表を作成しなさい。なお、当期は×6年3月31日を決算日とする1年間である。

［資　料］
1．有価証券に関するデータは以下のとおりである。

銘　柄	取得原価	前期末時価	当期末時価	分　類	備　考
甲社株式	20,000円	21,000円	－	その他	（注1）
乙社株式	15,000円	18,000円	19,200円	その他	（注2）

（注1）×4年5月19日に取得したものである。なお、×5年9月13日に22,250円で売却している。

（注2）×5年3月2日に取得したものである。

2．その他有価証券はすべて親会社が保有しており、評価差額については全部純資産直入法を採用している。

3．×5年度の当期純利益は50,000円である。

4．税効果会計を適用しており、法人税等の実効税率は毎期40%である。

連結包括利益計算書

（単位：円）

当期純利益 　　　　　　　　　　　　　　（　50,000　）
その他の包括利益
　その他有価証券評価差額金 　　　　　　（　　120　）
　　　その他の包括利益合計 　　　　　　（　　120　）
包括利益 　　　　　　　　　　　　　　　（　50,120　）

その他の包括利益の内訳項目の金額

（単位：円）

その他有価証券評価差額金
当期発生額 　　　　　　　　（　　2,450）
組替調整額 　　　　　　　　（△　2,250）（　　200　）
税効果額 　　　　　　　　　　　　　　　（△　80　）
その他の包括利益合計 　　　　　　　　　（　　120　）

〈解説〉

1. 甲社株式

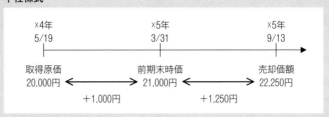

2. 乙社株式

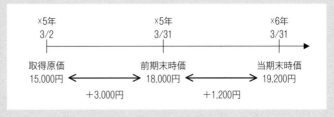

3. その他の包括利益の内訳項目に関する注記（注記表）

	×4年度	×5年度
当 期 発 生 額	+4,000*1	+2,450*2
組 替 調 整 額	0	△2,250*3
税 効 果 調 整 前	+4,000	+200
税 効 果 額(40%)	△1,600	△80
税 効 果 調 整 後(60%)	+2,400	+120

* 1　1,000円(甲社株式) + 3,000円(乙社株式) = +4,000円
* 2　1,250円(甲社株式) + 1,200円(乙社株式) = +2,450円
* 3　当期純利益を構成する売却益2,250円のうち、過去または当期のその他の包括利益に含まれていた部分2,250円（= 前期に含まれていた部分1,000円 + 当期に含まれている部分1,250円）

CHAPTER 11

参 考

ここでは、CHAPTER 01からCHAPTER 10までの内容のうち、発展的な内容のものについて説明します。

本試験での出題はあまりなく、また難易度が高い内容ですので、余裕がある人だけ読んでおいてください。

1 独立処理 （関連テーマ…CHAPTER 07 外貨換算会計）

I 独立処理とは

外貨換算会計において、取引発生後に為替予約を付した場合の処理については振当処理で学習しましたが、会計基準では原則として独立処理を採用しています。

独立処理とは、ヘッジ対象である外貨建ての営業取引や資金取引と、ヘッジ手段である為替予約を別々の取引として処理する方法です。

為替予約は、本来は先渡取引（予約取引）を利用したヘッジ取引であるため、原則として独立処理を行います。

> **ひとこと**
>
> CHAPTER 07 で学習した振当処理は容認規定で、あくまでも原則は独立処理です。ただし、本試験では振当処理での出題がほとんどです。

II 会計処理

独立処理では、ヘッジ対象となる債権債務については、為替予約をしなかった場合と同様、期末に換算替えをします。

また、ヘッジ手段である為替予約は、デリバティブを使った一種のヘッジ取引なので、期末に時価評価を行い、その評価差額は**為替差損益**として処理します。

そして、決済時には、債権債務の決済と為替予約（先渡取引）の決済を行います。

▼ **例1** ──────────────────────────── **独立処理**

(1) ×2年3月1日　H社に100ドルを貸し付けた（決済日は4月30日）。また、取引と同時に為替予約を行った。取引時の直物為替相場は1ドル95円、先物為替相場は1ドル91円であった。当該為替予約には独立処理を適用し、為替予約の評価差額は切放方式により処理する。

(2) ×2年3月31日（決算日）　期末の直物為替相場は1ドル93円、先物為替相場は1ドル90円である。

(3) ×2年4月30日　H社から貸付金100ドルの返済を受けた。決済時の為替相場は1ドル89円、先物為替相場は1ドル89円である。

例1の仕訳(1)	（貸　付　金）	9,500*1	（現　　　　金）	9,500
(2)	（為 替 差 損 益）	200*2	（貸　付　金）	200
	（為 替 予 約）	100*3	（為 替 差 損 益）	100
(3)	（現　　　　金）	8,900*4	（貸　付　金）	9,300*5
	（為 替 差 損 益）	400*6		
	（為 替 予 約）	100*7	（為 替 差 損 益）	100
	（現　　　　金）	9,100	（現　　　　金）	8,900
			（為 替 予 約）	200*8

* 1　100ドル×@95円＝9,500円
* 2　100ドル×（@95円－@93円）＝200円
* 3　為替予約の時価評価を行います。
　　　100ドル×（@91円－@90円）＝100円
* 4　100ドル×@89円＝8,900円
* 5　9,500円－200円＝9,300円
* 6　9,300円－8,900円＝400円
* 7　為替予約の時価評価を行います。
　　　100ドル×（@90円－@89円）＝100円
* 8　為替予約の決済を行います。
　　　100ドル×（@91円－@89円）＝200円

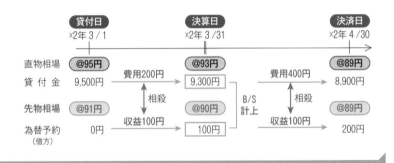

2　予定取引をヘッジ対象とする振当処理 （関連テーマ…CHAPTER 07 **外貨換算会計**）

Ⅰ 予定取引とは

予定取引とは、取引が行われる予定はあるものの、まだ行われていない取引のことをいいます。

　この予定取引が外貨建てで行われる場合、あらかじめ為替予約を付しておくことができます。

Ⅱ 予定取引に為替予約を付した場合の会計処理

　予定取引の取引日が決算日より後にあった場合、決算日時点では債権債務は認識されておらず、為替予約を振り当てる対象がありません。

　しかし、デリバティブ取引の原則どおりにヘッジ手段である為替予約を時価評価すると、ヘッジ手段の損益のみが先に計上されてしまいます。

　そこで、相手勘定を**繰延ヘッジ損益**で処理することにより、ヘッジ手段からのみ損益が計上されないようにします。

図解 予定取引と為替予約

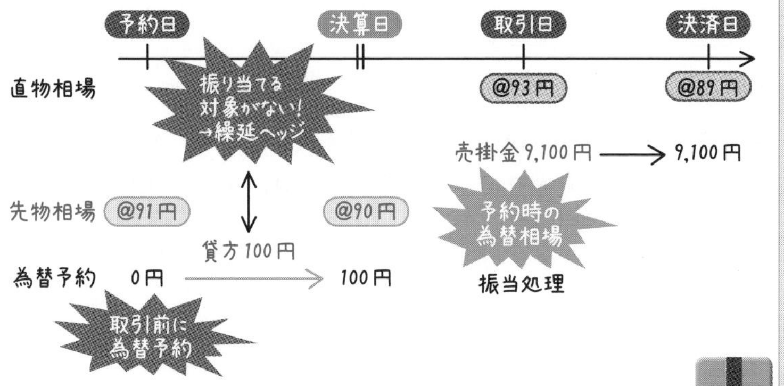
予約日
決算日
取引日
決済日
直物相場
@93円
@89円
振り当てる
対象がない！
→繰延ヘッジ
売掛金 9,100円
9,100円
先物相場
@91円
@90円
予約時の
為替相場
貸方 100円
為替予約
0円
100円
振当処理
取引前に
為替予約

例2 予定取引に為替予約を付した場合

(1) ×2年3月1日 ×2年5月1日にI社との間で予定されている商品の輸入取引によって生じる買掛金100ドルに、為替予約を付した。予約時の先物為替相場は1ドル91円である。なお、当該為替予約には振当処理を適用する。
(2) ×2年3月31日（決算日） 期末の先物為替相場は1ドル90円である。
(3) ×2年4月1日（期首） 再振替仕訳を行う。
(4) ×2年5月1日 I社から商品100ドルを輸入し、支払いは掛けとした。取引時の直物為替相場は1ドル93円である。
(5) ×2年6月1日 I社に買掛金100ドルを支払った。決済時の直物為替相場は1ドル89円である。

例2の仕訳(1)	仕訳なし			
(2)	(繰延ヘッジ損益)	100*1	(為替予約)	100
(3)	(為替予約)	100	(繰延ヘッジ損益)	100
(4)	(仕入)	9,100*2	(買掛金)	9,100
(5)	(買掛金)	9,100	(現金)	9,100

＊1 為替予約を時価評価し、繰延ヘッジを適用します。
100ドル×（@91円－@90円）＝100円
＊2 営業取引に対して取引以前に為替予約を付しているため、予約レートで換算します。
100ドル×@91円＝9,100円

3 外貨建荷為替手形（関連テーマ…CHAPTER 07 **外貨換算会計**）

I 外貨建荷為替手形とは

1 荷為替手形

荷為替手形とは、遠隔地取引等における決済手段として、商品の引換券である貨物代表証券（船荷証券）を担保に、振り出す自己受為替手形のことです。

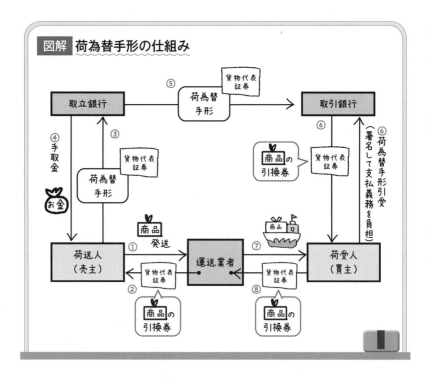

図解 荷為替手形の仕組み

ふむふむ...

> **ひとこと**
>
> 荷為替手形については、教科書1で学習しました。荷為替手形の仕訳を忘れてしまった方は、まず教科書1を復習してから外貨建荷為替手形を勉強しましょう。

2 外貨建荷為替手形

外貨建荷為替手形とは、外貨建てで振り出される荷為替手形のことです。

> **ひ と こ と**
>
> 遠隔地は国内とは限りません。取引相手が海外企業であることも珍しくありません。

Ⅱ 外貨建荷為替手形の会計処理

1 売主の会計処理…p.370 図解 ③・④

外貨建荷為替手形の会計処理については、売主が荷為替手形を銀行で割り引く時に、自己受為替手形の振出と自己受為替手形の割引きを合わせた処理をします。

> **ひ と こ と**
>
> ここまでは、国内で荷為替を取り組んだときの売主側の処理と同じです。

外貨建てである場合、取引発生時の為替相場で換算します。

▼ 例3 ──────── 外貨建荷為替手形（売主の会計処理）

当社は海外のA社に20ドルの商品を発送し、船荷証券を受け取った。そのさいに取引銀行で荷為替手形を取り組み、割引料50円を差し引いた手取金を当座預金とした。荷為替の取り組みをした日の為替相場は1ドル110円である。

例3の仕訳	（当 座 預 金）	2,150*2	（売 上）	2,200*1
	（手 形 売 却 損）	50		

　　＊1　20ドル×110円＝2,200円
　　＊2　20ドル×110円－50円(割引料)＝2,150円

2 買主の会計処理…p.370 図解 ⑥

　荷為替手形を引き受けたときは、支払手形で処理します。また、貨物代表証券を受け取るため、未着品を計上します。その後、貨物代表証券と引き換えに商品を受け取った時に、未着品から仕入に振り替えます。

ひとこと

ここまでは、国内で荷為替を取り組んだときの買主側の処理と同じです。

　外貨建てである場合、取引発生時の為替相場で換算します。

例4 ━━━━━━━━━━━**外貨建荷為替手形（買主の会計処理）**

(1)　当社は海外のB社から20ドルの商品を購入した。当該取引においてB社は荷為替手形を取り組んだ。当社は取引銀行から荷為替手形の呈示を受けたので、これを引き受け、船荷証券を受け取った。なお、船荷証券を受け取った日の為替相場は1ドル120円である。

(2)　当社は、船荷証券と引き換えに商品を受け取り、引取運賃300円を現金で支払った。

例4の仕訳(1)	(未　着　品)	2,400*	(支　払　手　形)	2,400
(2)	(仕　　　入)	2,700	(未　着　品)	2,400
			(現　　　金)	300

＊　20ドル×120円＝2,400円

4　償却性資産を保有する子会社の連結 （関連テーマ…CHAPTER 03 連結会計Ⅰ）

Ⅰ　支配獲得日の連結

　会社が他の会社の株式を取得することによって支配を獲得したとき、子会社が建物のような償却性資産を保有している場合は、（土地などの非償却性資産と同様に）帳簿価額から支配獲得日の時価に評価替えする必要があります。

例5 ━━━━━ 償却性資産を保有する子会社の連結（支配獲得日）

　×6年3月31日　P社はS社の発行済株式の80%を760円で取得し、支配を獲得した。支配獲得日の連結修正仕訳を示しなさい。

　なお、両社の貸借対照表は以下のとおりであり、S社の建物（残存耐用年数5年）の時価は600円である。

　S社が保有する建物は×1年4月1日に一括取得し、同日から使用したもので、定額法（残存価額ゼロ、耐用年数10年）により減価償却を行っている。

[資　料] 貸借対照表

貸　借　対　照　表
×6年3月31日　　　　　　　　　　　（単位：円）

借　　方	P社	S社	貸　　方	P社	S社
諸　資　産	690	1,050	諸　負　債	500	700
建　　物	750	700	資　本　金	800	400
減価償却累計額	△200	△350	利 益 剰 余 金	700	300
S 社 株 式	760	—			
	2,000	1,400		2,000	1,400

例5の仕訳　資産・負債の時価評価の仕訳

（建　　　物）	250*1	（評 価 差 額）	250

投資と資本の相殺消去の仕訳

（資　本　金）	400	（S 社 株 式）	760
（利 益 剰 余 金）	300	（非支配株主持分）	190*2
（評 価 差 額）	250		

　＊1　600円（時価）−350円（簿価）＝250円
　＊2　非支配株主持分割合：100%−80%＝20%
　　　 子会社純資産：400円＋300円＋250円＝950円
　　　 950円×20%＝190円

連 結 貸 借 対 照 表
×6年3月31日　　　　（単位：円）

諸　資　産	1,740	諸　負　債	1,200
建　　物	1,700	資　本　金	800
減価償却累計額	△550	利 益 剰 余 金	700
		非支配株主持分	190
	2,890		2,890

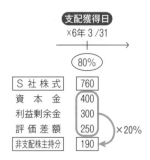

支配獲得日
×6年 3 /31

80%

S 社 株 式	760
資 本 金	400
利益剰余金	300
評 価 差 額	250	×20%
非支配株主持分	190

ひ と こ と

　子会社の資産・負債を評価替えすることによって税務上の資産・負債との間に一時差異が生じるため、税効果会計を適用する場合は、評価差額に対して税効果会計を適用します。

Ⅱ 支配獲得日後２年目以降の連結

　評価替えした償却性資産は、支配獲得日後、発生した評価差額は償却・売却等により実現します。連結上、評価差額の実現額だけ子会社の個別上の損益を修正し、非支配株主持分に相当する部分を非支配株主持分に按分する必要があります。

例6 ━━━━ 償却性資産を保有する子会社の連結（２年目以降）

　例5の翌年となった。必要な連結修正仕訳を示しなさい。

[資　料]
1．損益計算書

損 益 計 算 書
自×6年 4 月 1 日　至×7年 3 月31日　　　　（単位：円）

借　　方	P社	S社	貸　　方	P社	S社
諸　費　用	1,820	730	諸　収　益	2,640	1,100
減価償却費	100	70			
当期純利益	720	300			
	2,640	1,100		2,640	1,100

2. 貸借対照表

貸 借 対 照 表
×7年3月31日　　　　　　　　　（単位：円）

借　方	P社	S社	貸　方	P社	S社
諸 資 産	1,510	1,420	諸 負 債	500	700
建 物	750	700	資 本 金	800	400
減価償却累計額	△300	△420	利 益 剰 余 金	1,420	600
S 社 株 式	760	—			
	2,720	1,700		2,720	1,700

例6の仕訳　資産・負債の時価評価の仕訳

（建　　　　物）	250	（評 価 差 額）	250

投資と資本の相殺消去の仕訳

（資本金当期首残高）	400	（S 社 株 式）	760
（利益剰余金当期首残高）	300	（非支配株主持分当期首残高）	190
（評 価 差 額）	250		

当期における評価差額の実現

（減 価 償 却 費）	50*1	（減価償却累計額）	50

子会社の当期純損益の振替え

（非支配株主に帰属する当期純損益）	50*2	（非支配株主持分）	50

＊1　250円÷5年（残存耐用年数）＝50円
＊2　300円－50円（減価償却費）×（100％－80％）＝50円
〈解説〉
　評価差額は、すべての持分にかかるものなので、その実現額である減価償却費の修正による損益は非支配株主に按分する必要があります。したがって、減価償却費修正後の当期純利益250円（S社個別上の当期純利益300円－50円）を非支配株主に按分します。

（参考）連結修正仕訳後の連結財務諸表は以下になります。

連 結 貸 借 対 照 表

×7年3月31日　　　　（単位：円）

諸　資　産	2,930	諸　負　債	1,200
建　　物	1,700	資　本　金	800
減価償却累計額	△770	利益剰余金	1,620
		非支配株主持分	240
	3,860		3,860

連 結 損 益 計 算 書

自×6年4月1日　至×7年3月31日（単位：円）

諸　費　用	2,550	諸　収　益	3,740
減 価 償 却 費	220		
非支配株主に帰属する当期純利益	50		
親会社株主に帰属する当期純利益	920		
	3,740		3,740

連結株主資本等変動計算書

自×6年4月1日　至×7年3月31日（単位：円）

株主資本	
資本金	
当期首残高	800
当期末残高	800
利益剰余金	
当期首残高	700
当期変動額	
親会社株主に帰属する当期純利益	920
当期末残高	1,620
非支配株主持分	
当期首残高	190
当期変動額	50
当期末残高	240

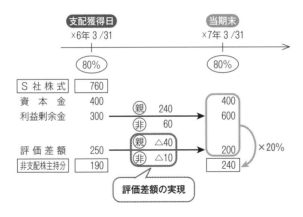

	支配獲得日	当期末
	×6年3/31	×7年3/31

（80%）　　　　　　　　（80%）

S 社 株 式	760			
資 本 金	400		400	
利益剰余金	300	（親）240　（非）60	600	
評 価 差 額	250	（親）△40　（非）△10	200	×20%
非支配株主持分	190		240	

評価差額の実現

ひとこと

　時価評価による簿価修正額および評価差額が減少するため、翌年以降は評価差額の実現分を控除しなければなりません。参考までに**例6**の翌年の開始仕訳を紹介します。

1．資産・負債の時価評価の仕訳

（建　　　　物）	250	（減価償却累計額）	50
		（評 価 差 額）	200*1

2．投資と資本の相殺消去の仕訳

（資本金当期首残高）	400	（S　社　株　式）	760
（利益剰余金当期首残高）	400*3	（非支配株主持分当期首残高）	240*2
（評 価 差 額）	200		

＊1　250円（時価評価による簿価修正額）－50円（減価償却累計額）＝200円
＊2　1,200円（資本合計）×20%（非支配株主持分）＝240円
＊3　300円＋60円＋40円＝400円
　　　または、600円－240円＋40円＝400円

ふむふむ...

Ⅰ 支配獲得日の連結

　支配獲得日に子会社の純資産にその他有価証券評価差額金がある場合、他の純資産項目と同じように、親会社持分に相当する部分は、投資と相殺消去し、非支配株主持分に相当する部分は、非支配株主持分に振り替えます。

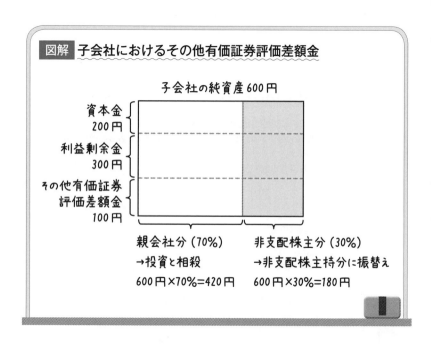

図解 **子会社におけるその他有価証券評価差額金**

子会社の純資産 600円

資本金 200円
利益剰余金 300円
その他有価証券評価差額金 100円

親会社分 (70%)	非支配株主分 (30%)
→投資と相殺	→非支配株主持分に振替え
600円×70%=420円	600円×30%=180円

ひ と こ と

　子会社に計上された為替換算調整勘定や繰延ヘッジ損益についても、同様の会計処理をします。

例7 ――――――――――― 子会社におけるその他有価証券評価差額金

　×1年3月31日　P社はS社の発行済株式の70%を420円で取得し、支配を獲得した。支配獲得日の連結修正仕訳を示しなさい。

　なお、両社の貸借対照表は以下のとおりであり、S社の資産・負債の帳簿価額と時価は一致している。なお、税効果会計は適用しない。

[資　料] 貸借対照表

貸　借　対　照　表
×1年3月31日　　　　　　　　　　　　（単位：円）

借　　方	P社	S社	貸　　方	P社	S社
諸　資　産	1,900	1,600	諸　負　債	400	1,000
S　社　株　式	420	－	資　本　金	800	200
			利 益 剰 余 金	1,120	300
			その他有価証券評価差額金	－	100
	2,320	1,600		2,320	1,600

例7の仕訳

（資　　本　　金）	200	（S　社　株　式）	420
（利 益 剰 余 金）	300	（非支配株主持分）	180*
（その他有価証券評価差額金）	100		

　　　＊　非支配株主持分割合：100%－70%＝30%
　　　　　子会社純資産：200円＋300円＋100円＝600円
　　　　　600円×30%＝180円

連 結 貸 借 対 照 表
×1年3月31日　　　（単位：円）

諸　資　産	3,500	諸　負　債	1,400
		資　本　金	800
		利 益 剰 余 金	1,120
		非支配株主持分	180
	3,500		3,500

ひとこと

　支配獲得時における、子会社のその他有価証券評価差額金は全額、投資と相殺もしくは非支配株主持分へ振り替えられるため、連結貸借対照表に計上されません。

Ⅱ 支配獲得日後の連結

支配獲得日後、子会社のその他有価証券評価差額金に変動がある場合、非支配株主持分に相当する部分は、非支配株主持分に振り替え、親会社持分に相当する部分は、連結貸借対照表の純資産の部にその他有価証券評価差額金として計上します。

▼例8 ——— 子会社におけるその他有価証券評価差額金の変動

例7の翌年となった。(1)開始仕訳と(2)連結修正仕訳を示しなさい。S社の貸借対照表に計上されたその他有価証券評価差額金が150円、諸資産が1,650円となった以外には、前年度と変動はないものとする。なお、税効果会計は適用しない。

例8の仕訳　(1)　開始仕訳

(資本金当期首残高)	200	(S　社　株　式)	420
(利益剰余金当期首残高)	300	(非支配株主持分当期首残高)	180
(その他有価証券評価差額金当期首残高)	100		

(2)　連結修正仕訳

(その他有価証券評価差額金当期変動額)	15	(非支配株主持分当期変動額)	15*1

＊1　その他有価証券評価差額金の変動：150円−100円＝50円
　　　その他有価証券評価差額金の按分：50円×30％＝15円

連結貸借対照表
×2年3月31日　　　　　　　（単位：円）

諸　資　産	3,550	諸　負　債	1,400
		資　本　金	800
		利益剰余金	1,120
		その他有価証券評価差額金	35*2
		非支配株主持分	195*3
	3,550		3,550

＊2　(150円−100円)×70％＝35円
＊3　180円＋15円＝195円
　　　または　(200円＋300円＋150円)×30％＝195円

ひとこと

　子会社が計上しているその他有価証券評価差額金は、利益剰余金と同様に扱います。そのため、支配獲得日後のその他有価証券評価差額金の変動額は、非支配株主持分相当額と親会社持分相当額とに按分し、親会社持分相当額（親会社帰属分）はその他有価証券評価差額金として、連結財務諸表に計上します。

Ⅲ 追加取得

　支配獲得後に子会社株式を追加取得した場合、親会社が新たに取得した子会社株式を連結上、追加取得割合に相当する子会社の非支配株主持分（その他有価証券評価差額金を含む）と相殺消去し、差額があった場合は、資本剰余金として処理します。

ひとこと

　支配獲得後、子会社株式を追加取得（期末取得）した場合は、子会社株式の追加取得時に対応する分のその他有価証券評価差額金は、連結貸借対照表の「その他有価証券評価差額金」としては計上されません。

例9　　　　　　　　　　　　　　　　　　　　　　追加取得

　前期末（×1年3月31日）、P社はS社の発行済株式の70％を420円で取得し、支配を獲得した。

　当期末（×2年3月31日）、P社はS社の発行済株式の10％を100円で取得した。当年度における連結修正仕訳を示しなさい。

　なお、両社の貸借対照表は以下のとおりであり、S社の資産・負債の帳簿価額と時価は一致している。また、税効果会計は適用しない。

1．×1年3月31日の貸借対照表

貸　借　対　照　表

×1年3月31日　　　　　　（単位：円）

借　　方	P社	S社	貸　　方	P社	S社
諸　資　産	1,900	1,600	諸　負　債	400	1,000
S 社 株 式	420	—	資　本　金	800	200
			資本剰余金	420	—
			利益剰余金	700	300
			その他有価証券評価差額金	—	100
	2,320	1,600		2,320	1,600

2．×2年3月31日の貸借対照表

貸　借　対　照　表

×2年3月31日　　　　　　（単位：円）

借　　方	P社	S社	貸　　方	P社	S社
諸　資　産	1,800	1,750	諸　負　債	400	1,000
S 社 株 式	520	—	資　本　金	800	200
			資本剰余金	420	—
			利益剰余金	700	400
			その他有価証券評価差額金	—	150
	2,320	1,750		2,320	1,750

例9の仕訳　(1)　開始仕訳

（資本金当期首残高）	200	（S　社　株　式）	420
（利益剰余金当期首残高）	300	（非支配株主持分当期首残高）	180
（その他有価証券評価差額金 当 期 首 残 高）	100		

(2)　連結修正仕訳

①　子会社の当期純損益の振替え

（非支配株主に帰属する当期純利益）	30	（非支配株主持分当期変動額）	30

②　その他有価証券差額金の按分

（その他有価証券評価差額金 当 期 変 動 額）	15*1	（非支配株主持分当期変動額）	15

*1 その他有価証券評価差額金の変動：150円－100円＝50円
その他有価証券評価差額金の按分：50円×30％＝15円

③ 追加取得

| （非支配株主持分当期変動額） | 75*2 | （S 社 株 式） | 100 |
| （資本剰余金持分の変動） | 25*3 | | |

*2 （200円＋400円＋150円）×10％＝75円
*3 75円－100円＝△25円

連結貸借対照表
×2年3月31日　　　　（単位：円）

諸　資　産	3,550	諸　　負　　債	1,400
		資　　本　　金	800
		資 本 剰 余 金	395*4
		利 益 剰 余 金	770*5
		その他有価証券評価額金	35*6
		非支配株主持分	150*7
	3,550		3,550

*4 420円－25円（追加取得）＝395円
*5 （700円＋100円）－30円＝770円
*6 150円－100円－15円＝35円
　　または（150円－100円）×70％＝35円
*7 180円＋30円＋15円－75円＝150円
　　または（200円＋400円＋150円）×20％＝150円

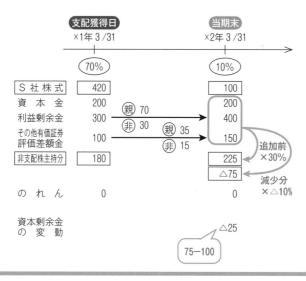

子会社がその他有価証券を保有していた場合

CHAPTER 11　参　考　383

Ⅳ 一部売却

支配獲得後に子会社株式を一部売却した場合には、その他有価証券評価差額金を含む親会社の持分を取り崩し、売却価額との差額は資本剰余金として処理します。

ひ と こ と

ふむふむ…

なお一部売却の際に取り崩したその他有価証券評価差額金は、当期純利益に含められていないため、組替調整の対象とはならず、包括利益には含まれません。

▶例10 ━━━━━━━━━━━━━━━━━━━━━━━━━ 一部売却

前期末（×1年3月31日）、P社はS社の発行済株式の70％を420円で取得し、支配を獲得した。

当期末（×2年3月31日）、P社はS社の発行済株式の10％を100円で売却した。このときの連結修正仕訳を示しなさい。

なお、両社の貸借対照表は以下のとおりであり、S社の資産・負債の帳簿価額と時価は一致している。また、税効果会計は適用しない。

［資　料］

1．×1年3月31日の貸借対照表

貸 借 対 照 表
×1年3月31日　　　　　　　　　　（単位：円）

借　　方	P社	S社	貸　　方	P社	S社
諸　資　産	1,900	1,600	諸　負　債	400	1,000
S　社　株　式	420	－	資　本　金	800	200
			利　益　剰　余　金	1,120	300
			その他有価証券評価差額金	－	100
	2,320	1,600		2,320	1,600

2. ×2年3月31日の貸借対照表

貸 借 対 照 表
×2年3月31日　　　　　　　　　　（単位：円）

借　方	P社	S社	貸　方	P社	S社
諸　資　産	2,000	1,750	諸　負　債	400	1,000
S　社　株　式	360	－	資　本　金	800	200
			利益剰余金	1,160	400
			その他有価証券評価差額金	－	150
	2,360	1,750		2,360	1,750

例10の仕訳　(1)　開始仕訳

（資本金当期首残高）	200	（S　社　株　式）	420
（利益剰余金当期首残高）	300	（非支配株主持分当期首残高）	180
（その他有価証券評価差額金 当 期 首 残 高）	100		

(2)　連結修正仕訳

① 子会社の当期純損益の振替え

（非支配株主持分に帰属する当期純利益）	30	（非支配株主持分当期変動額）	30

② その他有価証券差額金の按分

（その他有価証券評価差額金 当 期 変 動 額）	15*1	（非支配株主持分当期変動額）	15

＊1　その他有価証券評価差額金の変動：150円－100円＝50円
その他有価証券評価差額金の按分：50円×30%＝15円

③ 一部売却

（その他有価証券評価差額金 当 期 変 動 額）	5*2	（非支配株主持分当期変動額）	75
（S　社　株　式）	60	（資本剰余金当期変動額）	30*4
（S社株式売却益）	40*3		

＊2　その他有価証券評価差額金の取崩し：35円（支配獲得後その他有価証券評価差額金）×10%（売却持分）÷70%（売却前保有持分）＝5円
＊3　100円（売却価額）－60円（個別上の簿価）＝40円
＊4　売却価額100円－(75円－5円)＝30円

連結貸借対照表
×2年3月31日　（単位：円）

諸　資　産	3,750	諸　負　債	1,400
		資　本　金	800
		資本剰余金	30
		利益剰余金	1,190[*5]
		その他有価証券評価差額金	30[*6]
		非支配株主持分	300[*7]
	3,750		3,750

* 5　1,160円＋100円－30円－40円＝1,190円
* 6　（150円－100円）－15円－5円＝30円
* 7　180円＋30円＋15円＋75円＝300円
　　または（200円＋400円＋150円）×40％＝300円

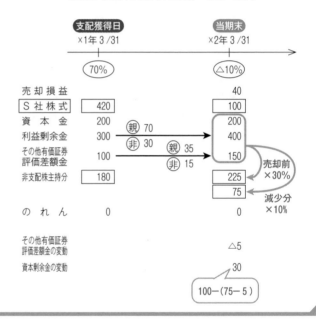

	支配獲得日				当期末
	×1年3/31				×2年3/31
	（70％）				（△10％）
売却損益					40
S社株式	420				100
資　本　金	200	親70			200
利益剰余金	300	非30	親35		400
その他有価証券評価差額金	100		非15		150
非支配株主持分	180				225
					75
の　れ　ん	0				0
その他有価証券評価差額金の変動					△5
資本剰余金の変動					30

売却前×30％
減少分×10％
100－（75－5）

6 連結会計における取得関連費用 （関連テーマ…CHAPTER 03 連結会計 I）

I 支配獲得時

　取得関連費用とは子会社株式を取得する際に外部のアドバイザリー等に支払った報酬・手数料等をいいます。個別上において、取得関連費用は子会社株式の取得原価に含めて処理します。

　一方、連結上における取得関連費用は、子会社株式の取得原価に含めずに、発生時の費用として**支払手数料**などの勘定科目を用いて処理します。

> **ひとこと**
>
> 　支払手数料等は連結損益計算書上において販売費及び一般管理費として表示します。

▶例11 ―――――――――――――――――――――――――――― 支配獲得時

　当期末（×2年 3 月31日）、P社はS社の発行済株式の70％を450円で取得し、支配を獲得した。支配を獲得した際に購入手数料50円が生じている（取得原価500円）。

　なお、両社の貸借対照表は以下のとおりであり、S社の資産・負債の帳簿価額と時価は一致している。

　次の資料にもとづいて、当期末の連結修正仕訳を示しなさい。

［資　料］×1年度貸借対照表

貸 借 対 照 表
×2年 3 月31日
（単位：円）

借　　方	P社	S社	貸　　方	P社	S社
諸　資　産	1,800	1,500	諸　負　債	400	1,000
S 社 株 式	500	—	資　本　金	800	200
			利 益 剰 余 金	1,100	300
	2,300	1,500		2,300	1,500

例11の仕訳　取得関連費用

（支 払 手 数 料）	50	（S 社 株 式）	50

投資と資本の相殺消去

（資　本　金）	200	（Ｓ社株式）	450*1
（利益剰余金）	300	（非支配株主持分）	150*2
（の　れ　ん）	100*3		

＊1　500円－50円＝450円
＊2　（200円＋300円）×30％＝150円
＊3　450円－（200円＋300円）×70％＝100円

II 追加取得

　支配獲得後、追加取得する際に取得関連費用が発生する際は、支配獲得時の取得関連費用と同様の処理を行います。

ひとこと

　発生時の費用として支払手数料等を用いて処理し、連結損益計算書上において販売費及び一般管理費として表示します。

▼**例12** ─────────────────────────── **追加取得**

例11の翌年となった。
　当期末（×3年3月31日）、Ｐ社はＳ社の発行済株式総数の10％を100円で取得した。その際に購入手数料として10円が生じている（取得原価110円）。
　なお、のれんは発生年度の翌年度から10年間で定額法により償却する。
　次の資料にもとづいて、当期末の連結修正仕訳を示しなさい。

［資　料］×2年度貸借対照表

貸 借 対 照 表
×3年3月31日　　　　　　　　（単位：円）

借　　方	Ｐ社	Ｓ社	貸　　方	Ｐ社	Ｓ社
諸　資　産	1,690	1,500	諸　負　債	400	1,000
Ｓ社株式	610	－	資　本　金	800	200
			利益剰余金	1,100	300
	2,300	1,500		2,300	1,500

388

例12の仕訳　開始仕訳①（前期の取得関連費用）

| （利益剰余金当期首残高） | 50 | （S　社　株　式） | 50 |

開始仕訳②（投資と資本の相殺消去）

（資本金当期首残高）	200	（S　社　株　式）	450*1
（利益剰余金当期首残高）	300	（非支配株主持分当期首残高）	150*2
（の　　れ　　ん）	100*3		

* 1　500円－50円＝450円
* 2　（200円＋300円）×30％＝150円
* 3　450円－（200円＋300円）×70％＝100円

のれんの償却

| （のれん償却額） | 10 | （の　　れ　　ん） | 10 |

追加取得の取得関連費用

| （支　払　手　数　料） | 10 | （S　社　株　式） | 10 |

追加取得（投資と資本の相殺消去）

| （非支配株主持分当期変動額） | 50*5 | （S　社　株　式） | 100*4 |
| （資本剰余金持分の変動） | 50*6 | | |

* 4　110円－10円＝100円
* 5　（200円＋300円）×10％＝50円
* 6　50円－100円＝△50円

Ⅲ　一部売却

　子会社株式を売却した場合、個別上における取得関連費用は子会社株式の取得原価に含めるので、個別上における付随費用は売却分の帳簿価額に含まれていますが、連結上における取得関連費用は発生時に費用処理し、子会社株式の取得原価に含まれていないので、連結上の取得関連費用は売却持分には含まれていません。

　個別上の売却帳簿価額に含まれている付随費用のうち売却した持分に対応する額については、連結上、子会社株式売却損益の修正として取り扱います。

例11の翌年となった。

当期末（×3年3月31日）、P社はS社の発行済株式総数の14%を150円で売却した。なお、のれんは発生年度の翌年度から10年間で定額法により償却する。

次の資料にもとづいて、当期末の連結修正仕訳を示しなさい。

[資　料] ×2年度貸借対照表

貸　借　対　照　表
×3年3月31日　　　　　（単位：円）

借　　方	P社	S社	貸　　方	P社	S社
諸　資　産	1,950	1,500	諸　負　債	400	1,000
S　社　株　式	400	−	資　本　金	800	200
			利　益　剰　余　金	1,150	300
	2,350	1,500		2,350	1,500

例13の仕訳　開始仕訳①（前期の取得関連費用）

（利益剰余金当期首残高）	50	（S　社　株　式）	50

開始仕訳②（投資と資本の相殺消去）

（資本金当期首残高）	200	（S　社　株　式）	450*1
（利益剰余金当期首残高）	300	（非支配株主持分当期首残高）	150
（の　　れ　　ん）	100		

のれんの償却

（のれん償却額）	10	（の　　れ　　ん）	10

子会社株式の一部売却

（S　社　株　式）	100*3	（非支配株主持分当期変動額）	70*2
（子会社株式売却益）	50*4	（資本剰余金持分の変動）	80*5

＊1　500円−50円＝450円
＊2　（200円＋300円）×14%＝70円
＊3　500円×$\frac{14\%}{70\%}$＝100円
＊4　150円−100円＝50円
＊5　150円−500円×14%＝80円

〈解説〉

子会社の一部売却の仕訳は以下のように分解して考えると導くことができます。

① 個別上の処理

| (現 金 預 金) | 150 | (S 社 株 式) | 100*¹ |
| | | (子会社株式売却益) | 50 |

＊1　個別上S社株式500円×売却割合$\frac{14\%}{70\%}$＝100円

② 連結上あるべき仕訳

| (現 金 預 金) | 150 | (非支配株主持分当期変動額) | 70*² |
| | | (資本剰余金持分の変動) | 80 |

＊2　(200円＋300円)×14％＝70円

Ⅳ 段階取得

　株式の段階取得により支配を獲得する場合、支配獲得前に保有していた株式の取得原価に含まれている付随費用は「段階取得に係る差損益」に含めて処理します。

ひとこと

　段階取得において取得関連費用が生じている場合は「段階取得に係る差損益」の金額の求め方がポイントです。
　「連結上の取得原価－個別上の取得原価」によって「段階取得に係る差損益」が求めることができることを例題で確認しましょう。

例14 ───────────────────────────── **段階取得**

　P社は×2年3月31日にS社の発行済株式総数500株の10％（50株）を515円（@10.3円）で取得し、その際に購入手数料として5円が生じている（取得原価520円）。

　当期末（×3年3月31日）、P社はS社の発行済株式総数の70％（350株）を5,250円（@15円）で追加取得し、その際に購入手数料50円が生じている（取得原価5,300円）。

　なお、支配獲得日以前よりS社の資産・負債の帳簿価額と時価は一致している。

　次の資料にもとづいて、当期末の連結修正仕訳を示しなさい。

貸 借 対 照 表

×3年 3 月31日　　　　　　　（単位：円）

借　　方	P社	S社	貸　　方	P社	S社
諸　資　産	30,880	20,500	諸　負　債	23,500	15,000
S 社 株 式	5,820	－	資　本　金	7,500	3,000
			利 益 剰 余 金	5,700	2,500
	36,700	20,500		36,700	20,500

例14の仕訳　①　取得関連費用

（利 益 剰 余 金）	50	（S　社　株　式）	50

　　　　支払手数料

②　S社株式の評価替え

（S　社　株　式）	230*1	（利 益 剰 余 金）	230

　　　　　　　　　　　　　　段階取得に係る差損益

③　投資と資本の相殺消去

（資　　本　　金）	3,000	（S　社　株　式）	6,000*2
（利 益 剰 余 金）	2,500	（非支配株主持分）	1,100*3
（の　　れ　　ん）	1,600		

＊1　連結上の取得原価10％分（支配獲得時時価@15円×50株）－個別上の取
　　　得原価520円＝230円
＊2　支配獲得時時価@15円×（50株＋350株）＝6,000円（連結上の取得原価）
＊3　（3,000円＋2,500円）×20％＝1,100円

〈解説〉

　②のS社株式の評価替えは以下のように分解して考えると導くことができ
ます。

ⅰ．支配獲得前付随費用の修正

（利 益 剰 余 金）	5*4	（S　社　株　式）	5

　　　段階取得に係る差損益

　　＊4　支配獲得前付随費用

ⅱ．S社株式の評価替え

（S　社　株　式）	235*5	（利 益 剰 余 金）	235

　　　　　　　　　　　　　　段階取得に係る差損益

　　＊5　（支配獲得時時価@15円－10.3円）×50株＝235円
　　　　または　支配獲得時時価@15円×50株－（個別上の取得原価520
　　　　円－5円 (*4)）＝235円

Ⅴ 持分法

　持分法を適用する関連会社については、持分法の適用に際して付随費用は投資原価に含めます。したがって、取得関連費用に関して持分法適用時に特段の処理は行いません。

7　株式交換の連結上の処理 （関連テーマ…CHAPTER 03 連結会計Ⅰ）

　CHAPTER 02では株式交換の個別上の処理を学習しました。しかし、株式交換によって、親会社・子会社の関係が生じるということは、連結財務諸表を作成しなければなりません。そこで、株式交換が行われた際の、連結上の処理を学習します。

ひとこと

　個別上の処理が、あいまいな方は、一度CHAPTER 02に戻って復習しましょう。

Ⅰ 連結上の処理

　株式交換で取得した子会社株式の取得原価（完全親会社の投資）と完全子会社の資本を相殺消去し、貸借差額をのれん（または負ののれん）とします。

ひとこと

　要するに、支配獲得日に行う投資と資本の相殺消去を行うだけです。支配獲得日の投資と資本の相殺消去は、CHAPTER 03で学習しましたね。

次の場合のＡ社における株式交換の仕訳および連結修正仕訳を示しなさい。
なお、税効果会計は無視する。

(1) Ａ社とＢ社は株式交換を行い、Ａ社が完全親会社となった。なお、取得企業はＡ社である。

(2) 交換比率は0.5であり、Ａ社およびＢ社の発行済株式数はそれぞれ400株および200株であった。

(3) 株式交換日におけるＡ社の株価は600円であった。

(4) 増加すべき払込資本は全額、資本金とする。

(5) 株式交換日におけるＢ社の土地の時価は20,000円であった。

[資　料] 株式交換日の前日の両社の貸借対照表

貸 借 対 照 表　　　　　　　　　(単位：円)

借　　方	Ａ　社	Ｂ　社	貸　　方	Ａ　社	Ｂ　社
諸　資　産	480,000	42,000	諸　負　債	120,000	12,000
土　　　地	－	12,000	資　本　金	120,000	24,000
			資本剰余金	48,000	7,200
			利益剰余金	192,000	10,800
	480,000	54,000		480,000	54,000

例15の仕訳　株式交換の仕訳（個別上の処理）

(子 会 社 株 式)	60,000[*1]	(資　　本　　金)	60,000

＊1　600円×200株×0.5＝60,000円

（参考）株式交換後の個別貸借対照表は以下になります。

貸 借 対 照 表　　　　　　　　　(単位：円)

借　　方	Ａ　社	Ｂ　社	貸　　方	Ａ　社	Ｂ　社
諸　資　産	480,000	42,000	諸　負　債	120,000	12,000
土　　　地	－	12,000	資　本　金	180,000	24,000
子会社株式	60,000	－	資本剰余金	48,000	7,200
			利益剰余金	192,000	10,800
	540,000	54,000		540,000	54,000

連結修正仕訳（連結上の処理）

資産・負債の時価評価

| （土　　　　地） | 8,000*2 | （評　価　差　額） | 8,000 |

＊2　20,000円－12,000円＝8,000円

投資と資本の相殺消去

（資　　本　　金）	24,000	（子 会 社 株 式）	60,000
（資 本 剰 余 金）	7,200		
（利 益 剰 余 金）	10,800		
（評　価　差　額）	8,000		
（の　　れ　　ん）	10,000*3		

＊3　貸借差額

（参考）連結修正仕訳後の連結貸借対照表は以下になります。

連 結 貸 借 対 照 表　　　　　（単位：円）

諸　資　産	522,000	諸　　負　　債	132,000
土　　　地	20,000	資　　本　　金	180,000
の　れ　ん	10,000	資 本 剰 余 金	48,000
		利 益 剰 余 金	192,000
	552,000		552,000

8 株式移転の連結上の処理 （関連テーマ…CHAPTER 03 連結会計Ⅰ）

株式移転も移転後の親子会社関係にもとづいて、連結上の処理が必要になります。

Ⅰ 連結上の処理

1 投資と資本の相殺消去

❶ 取得企業の株式（完全子会社株式）に関する処理

株式移転により取得した子会社株式の取得原価と完全子会社（取得企業）の資本を相殺消去します。なお、消去する投資と資本はともに帳簿価額なので、のれんは生じません。

ひとこと

取得企業の資産および負債については、時価評価を行わないため、評価差額は生じません。

❷ 被取得企業の株式（他の完全子会社株式）に関する処理

完全親会社の株式移転により取得した子会社株式の取得原価と完全子会社（被取得企業）の資本を相殺消去し、貸借差額をのれん（または負ののれん）とします。

ひとこと

被取得企業の株式は、通常の支配獲得日の投資と資本の相殺消去と同じ処理の流れになります。

2 取得企業の資産および負債の引継ぎ

連結上、完全親会社は、取得企業の資産および負債の適正な帳簿価額を原則として引き継ぎます。

また、取得企業の利益剰余金を引き継ぐために資本剰余金を利益剰余金へ振り替えます。

ひとこと

なお、連結上の資本金は完全親会社の資本金とするので、引継ぎはありません。

▼ **例16** ━━━━━━━━━━━━━━━━━━━ **株式移転の連結上の処理**

次の場合のＣ社における株式移転の仕訳および連結修正仕訳を示しなさい。
なお、税効果会計は無視する。

(1) Ａ社とＢ社は株式移転により、完全親会社Ｃ社を設立した。取得企業は
Ａ社と判定された。

(2) 交換比率は0.5であり、Ａ社の株主にはＡ社株式１株当たりＣ社株式１
株が、Ｂ社の株主にはＢ社株式１株当たりＣ社株式0.5株が交付された。
なお、Ａ社とＢ社の発行済株式数はそれぞれ400株および200株であった。

(3) 株式移転日におけるＡ社の株価は600円であった。

(4) 増加する払込資本のうち２分の１ずつを資本金と資本剰余金とする。

(5) 株式移転日におけるＢ社の土地の時価は20,000円であった。

［資 料］株式移転日の前日の両社の貸借対照表

貸 借 対 照 表 (単位：円)

借　方	Ａ　社	Ｂ　社	貸　方	Ａ　社	Ｂ　社
諸　資　産	480,000	42,000	諸　負　債	120,000	12,000
土　　地	－	12,000	資　本　金	120,000	24,000
			資 本 剰 余 金	48,000	7,200
			利 益 剰 余 金	192,000	10,800
	480,000	54,000		480,000	54,000

例16の仕訳　株式移転の仕訳（個別上の処理＝完全親会社Ｃ社の処理）

（Ａ　社　株　式）	360,000[*1]	（資　　本　　金）	210,000[*3]
（Ｂ　社　株　式）	60,000[*2]	（資 本 剰 余 金）	210,000[*3]

＊1　120,000円＋48,000円＋192,000円＝360,000円（帳簿価額）
＊2　600円×200株×0.5＝60,000円（時価）
＊3　（360,000円＋60,000円）÷2＝210,000円

（参考）株式移転後の個別貸借対照表は以下になります。

貸 借 対 照 表　　　　　　　（単位：円）

借　　方	C　社	A　社	B　社	貸　　方	C　社	A　社	B　社
諸　資　産	－	480,000	42,000	諸　負　債	－	120,000	12,000
土　　地	－	－	12,000	資　本　金	210,000	120,000	24,000
A 社 株 式	360,000	－	－	資本剰余金	210,000	48,000	7,200
B 社 株 式	60,000	－	－	利益剰余金	－	192,000	10,800
	420,000	480,000	54,000		420,000	480,000	54,000

連結修正仕訳（連結上の処理＝完全親会社C社の処理）

① 取得企業（A社）の株式に関する処理

(i) 資産・負債の時価評価

仕 訳 な し*4

＊4　取得企業の資産および負債については、時価評価を行いません。

(ii) 投資と資本の相殺消去

（資　　本　　金）	120,000	（A　社　株　式）	360,000
（資 本 剰 余 金）	48,000		
（利 益 剰 余 金）	192,000		

② 被取得企業（B社）の株式に関する処理

(i) 資産・負債の時価評価

（土　　　　　地）	8,000*5	（評 価 差 額）	8,000

＊5　20,000円－12,000円＝8,000円

(ii) 投資と資本の相殺消去

（資　　本　　金）	24,000	（B　社　株　式）	60,000
（資 本 剰 余 金）	7,200		
（利 益 剰 余 金）	10,800		
（評 価 差 額）	8,000		
（の　　れ　　ん）	10,000*6		

＊6　貸借差額

③ 取得企業（A社）の利益剰余金の引継ぎ

（資 本 剰 余 金）	192,000	（利 益 剰 余 金）	192,000*7

＊7　取得企業A社個別B/S利益剰余金

398

（参考）連結修正仕訳後の連結貸借対照表は以下になります。

連結貸借対照表　　　　（単位：円）

諸 資 産	522,000	諸 負 債	132,000
土 地	20,000	資 本 金	210,000
の れ ん	10,000	資本剰余金	18,000
		利益剰余金	192,000
	552,000		552,000

完全親会社 C社の資本金 ←

取得企業 A社の利益剰余金 ←

9　事業分離の連結上の処理（関連テーマ…CHAPTER 05 連結会計Ⅲ）

　事業分離も事業分離後の親子会社関係にもとづいて、連結上の処理が必要になります。

> **ひとこと**
>
> 　事業分離の処理は、「対価の種類」や「事業分離前後の持分比率」などによって複数の処理方法があります。本書では、「①対価が現金で分離先企業が子会社である場合」「②対価が株式で分離先企業が新規に子会社となる場合」「③対価が株式で分離先企業が元々子会社であった場合」の３パターンを学習します。

Ⅰ 対価が現金で分離先企業が子会社である場合の連結上の処理

1 投資と資本の相殺消去と利益剰余金の按分

　事業分離を行う前から分離元企業は分離先企業を子会社としているので、投資と資本の相殺消去と支配獲得後の利益剰余金の按分の連結修正仕訳を行います。

2 移転損益の修正

　個別上の処理で生じた移転損益は連結上、未実現損益の消去と同じように処理します。したがって、個別上の処理によって子会社の個別貸借対照表に計上されているのれんと相殺消去します。

分離先が子会社の場合（対価：現金）

次の場合の事業分離の仕訳および連結修正仕訳を示しなさい。なお、P社はS社が設立された前期末（資本金50,000円）よりS社株式を60％保有している。

(1) ×2年3月31日、P社は子会社S社にX事業を移転した。

(2) P社におけるX事業の諸資産の適正な帳簿価額は90,000円（時価92,000円）、諸負債の適正な帳簿価額は30,000円、X事業の時価は63,000円であった。

(3) P社はS社より現金63,000円を受け取った。

(4) 事業分離直前（×2年3月31日）における両社の貸借対照表は以下のとおりである。

貸 借 対 照 表
×2年3月31日 （単位：円）

借　　方	P　社	S　社	貸　　方	P　社	S　社
現　　　　金	100,000	120,000	諸　負　債	430,000	320,000
諸　資　産	720,000	260,000	資　本　金	300,000	50,000
S　社　株　式	30,000	—	資本剰余金	50,000	—
			利益剰余金	70,000	10,000
	850,000	380,000		850,000	380,000

例17の仕訳　事業分離の仕訳（個別上の処理・共通支配下の取引）

(1) P社

（現　　　　金）	63,000	（諸　資　産）	90,000
（諸　負　債）	30,000	（利益剰余金）	3,000[*1]
		移転利益	

(2) S社

（諸　資　産）	90,000[*2]	（諸　負　債）	30,000[*2]
（の　れ　ん）	3,000[*3]	（現　　　　金）	63,000

＊1 63,000円−（90,000円−30,000円）＝3,000円
＊2 移転前に付された適正な帳簿価額
＊3 63,000円−（90,000円−30,000円）＝3,000円

〈解説〉

(1) P社：分離元企業が対価として受け取った現金は、移転前に付された適正な子会社の帳簿価額で計上します。そして、移転した事業に係る株主資本相当額との差額は、移転利益とします。

(2) S社：企業グループ内を移転する資産・負債は、移転前に付された適正な帳簿価額で計上します。

（参考）事業分離後の個別貸借対照表は以下になります。

貸 借 対 照 表

×2年3月31日 （単位：円）

借　　方	P 社	S 社	貸　　方	P 社	S 社
現　　　金	163,000	57,000	諸　負　債	400,000	350,000
諸　資　産	630,000	350,000	資　本　金	300,000	50,000
S 社 株 式	30,000	—	資本剰余金	50,000	—
の　れ　ん	—	3,000	利益剰余金	73,000*	10,000
	823,000	410,000		823,000	410,000

＊　70,000円＋3,000円（移転利益）＝73,000円

連結修正仕訳（連結上の処理）

(1)　投資と資本の相殺消去

（資　本　金）	50,000	（S 社 株 式）	30,000
		（非支配株主持分）	20,000*1

(2)　支配獲得後利益剰余金の按分

（利 益 剰 余 金）	4,000	（非支配株主持分）	4,000*2

非支配株主に帰属する当期純損益

(3)　移転損益の修正

（利 益 剰 余 金）	3,000	（の　　れ　　ん）	3,000

移転利益

＊1　50,000円（支配獲得時S社資本合計）×（100％−60％）＝20,000円
＊2　10,000円×（100％−60％）＝4,000円
〈解説〉
(3)　移転損益の修正
　　　連結上、移転損益は未実現損益の消去と同じように処理します。したがって、子会社側で計上したのれんと相殺消去します。

（参考）連結修正仕訳後の連結貸借対照表は以下になります。

連 結 貸 借 対 照 表

×2年3月31日 （単位：円）

現　　　金	220,000	諸　負　債	750,000
諸　資　産	980,000	資　本　金	300,000
		資 本 剰 余 金	50,000
		利 益 剰 余 金	76,000*
		非支配株主持分	24,000
	1,200,000		1,200,000

＊　73,000円（P社）＋10,000円（S社）−4,000円（非支配株主に帰属する当期純損益）
　　−3,000円（移転損益の修正）＝76,000円

事業分離の連結上の処理

　事業分離によって株式を得たことで分離先企業への支配を獲得し子会社とした場合、通常の投資と資本の相殺消去の他に、移転事業に係る投資と資本の相殺消去の連結修正仕訳が必要になります。

▼ 例18 ———————— 分離先が新規に子会社となる場合（対価：株式）

　次の場合の事業分離の仕訳および連結修正仕訳を示しなさい。なお、P社は事業分離以前にS社株式を保有しておらず、今回S社株式の60％を取得したため、S社はP社の子会社となった。

(1)　×2年3月31日、P社はX事業をS社（発行済株式数64株）へ移転した。

(2)　P社におけるX事業の適正な諸資産の帳簿価額は90,000円（時価92,000円）、適正な諸負債の帳簿価額は30,000円、X事業の時価は100,800円であった。

(3)　P社はS社より新規発行の株式96株（@1,050円）を受け取った。S社は払込資本の全額を資本金とする。

(4)　×2年3月31日におけるS社の土地の時価は25,000円であった。

(5)　事業分離直前（×2年3月31日）における両社の貸借対照表は以下のとおりである。

貸　借　対　照　表
×2年3月31日
（単位：円）

借　　方	P　社	S　社	貸　　方	P　社	S　社
現　　　　金	100,000	80,000	諸　負　債	400,000	280,000
諸　資　産	720,000	240,000	資　本　金	300,000	50,000
土　　　　地	—	20,000	資本剰余金	50,000	—
			利益剰余金	70,000	10,000
	820,000	340,000		820,000	340,000

例18の仕訳　事業分離の仕訳（個別上の処理）

(1)　P社（投資の継続）

（諸　負　債）	30,000	（諸　資　産）	90,000
（S　社　株　式）	60,000*1		

(2) S社（逆取得）

（諸　資　産）	90,000*2	（諸　負　債）	30,000*2
		（資　本　金）	60,000

＊1　移転した事業に係る株主資本相当額
＊2　移転前に付された適正な帳簿価額

〈解説〉
(1) P社（投資の継続）

　　X事業を移転した後も、新規に子会社となったS社の支配を通じてX事業を支配しているため、投資の継続になります。したがって、分離元企業が受け取った株式は移転した事業に係る株主資本相当額になります。

(2) S社（逆取得）

　　S社では、逆取得になるため、企業グループ内を移転する資産・負債は、移転前に付された適正な帳簿価額で計上します。

（参考）事業分離後の個別貸借対照表は以下になります。

貸　借　対　照　表
x2年3月31日　　　　　　　　　　（単位：円）

借　　方	P　社	S　社	貸　　方	P　社	S　社
現　　金	100,000	80,000	諸　負　債	370,000	310,000
諸　資　産	630,000	330,000	資　本　金	300,000	110,000
土　　地	—	20,000	資本剰余金	50,000	—
S 社 株 式	60,000	—	利益剰余金	70,000	10,000
	790,000	430,000		790,000	430,000

連結修正仕訳（連結上の処理）

(1) 子会社の土地の時価評価

（土　　地）	5,000	（評　価　差　額）	5,000*1

(2) 通常の投資と資本の相殺消去

（資　本　金）	50,000	（S　社　株　式）	40,320*2
（利 益 剰 余 金）	10,000	（非支配株主持分）	26,000*3
（評　価　差　額）	5,000		
（の　れ　ん）	1,320*4		

(3) 移転事業に係る投資と資本の相殺消去

（資　本　金）	60,000*5	（S　社　株　式）	19,680*6
		（非支配株主持分）	24,000*7
		（資 本 剰 余 金）	16,320*8

＊1　25,000円－20,000円＝5,000円
＊2　@1,050円×64株（事業分離前Ｓ社発行済株式数）＝67,200円（Ｓ社時価）
　　　67,200円×60％＝40,320円（Ｓ社へのみなし投資額）
＊3　65,000円（事業分離前・Ｓ社資本合計）×40％＝26,000円
＊4　貸借差額
＊5　事業分離により増加したＳ社資本金
＊6　60,000円（Ｓ社株式取得原価）－40,320円（Ｓ社へのみなし投資額）
　　　＝19,680円
＊7　60,000円（Ｘ事業の株主資本相当額）
　　　×40％（Ｘ事業に係るＰ社持分減少比率）
　　　＝24,000円（移転事業に係るＰ社の持分減少額）
＊8　(60,000円－19,680円)－24,000円＝16,320円
　　　　　　　みなし移転事業額

〈解説〉
(1)　子会社の土地の時価評価
　　　支配獲得日のＳ社の土地の時価と帳簿価額の差額を評価差額として計上
　　します。
(2)　通常の投資と資本の相殺消去
　　　移転前の資本の金額にもとづいて、投資と資本の相殺消去を行います。
(3)　移転事業に係る投資と資本の相殺消去
　　　Ｐ社の事業が移転されたとみなされる額と移転事業に係るＰ社の持分減
　　少額との差額は資本剰余金とします。

（参考）連結修正仕訳後の連結貸借対照表は以下になります。

連 結 貸 借 対 照 表
×2年3月31日　　　　　　（単位：円）

現　　　　金	180,000	諸　負　債	680,000
諸　資　産	960,000	資　本　金	300,000
土　　　地	25,000	資本剰余金	66,320
の　れ　ん	1,320	利益剰余金	70,000
		非支配株主持分	50,000＊
	1,166,320		1,166,320

＊　26,000円＋24,000円＝50,000円
　　または　125,000円（Ｓ社資本合計）×40％＝50,000円

Ⅲ 対価が株式で分離先企業が元々子会社であった場合の連結上の処理

1 投資と資本の相殺消去と利益剰余金の按分

　事業分離を行う前から分離元企業は分離先企業を子会社としているの
で、投資と資本の相殺消去と支配獲得後の利益剰余金の按分の連結修正仕
訳を行います。

2 事業分離による追加取得

すでに子会社であった会社に対して事業を譲渡し、対価として株式を取得した場合には、子会社株式の追加取得の処理と移転事業に係る投資と資本の相殺消去に分解して考えます。

▼ **例19** ─────────── **分離先が子会社の場合**（対価：株式）

次の場合の事業分離の仕訳および連結修正仕訳を示しなさい。なお、P社はS社が設立された前期末（資本金50,000円）にS社株式60株（@500円）を取得し子会社とした。今回の事業分離によりP社の持分比率は15%増加して75%となった。

(1) ×2年3月31日、P社はX事業を子会社S社（発行済株式数100株）に移転した。P社におけるX事業の適正な諸資産の帳簿価額は90,000円（時価92,000円）、適正な諸負債の帳簿価額は30,000円、X事業の時価は63,000円であった。

(2) P社はS社より株式60株（@1,050円）を受け取った。S社では払込資本の全額を資本金とする。

(3) ×2年3月31日におけるS社の土地の時価は25,000円であった。

(4) 事業分離直前（×2年3月31日）における両社の貸借対照表は以下のとおりである。

貸 借 対 照 表
×2年3月31日 （単位：円）

借　　方	P　社	S　社	貸　　方	P　社	S　社
現　　　　金	100,000	80,000	諸　負　債	430,000	280,000
諸　資　産	720,000	240,000	資　本　金	300,000	50,000
土　　　地	—	20,000	資本剰余金	50,000	—
S 社 株 式	30,000	—	利益剰余金	70,000	10,000
	850,000	340,000		850,000	340,000

──────────────────────────

例19の仕訳　事業分離の仕訳（個別上の処理）

(1) P社（投資の継続）

（諸　　負　　債）	30,000	（諸　資　産）	90,000
（S　社　株　式）	60,000[*1]		

(2)　S社（共通支配下の取引）

（諸　資　産）	90,000*2	（諸　負　債）	30,000*2
		（資　本　金）	60,000

＊1　移転した事業に係る株主資本相当額
＊2　移転前に付された適正な帳簿価額

〈解説〉
(1)　P社（投資の継続）

　　X事業を移転した後も、子会社であるS社の支配を通じてX事業を支配しているため、投資の継続になります。したがって、分離元企業が受け取った株式は移転した事業に係る株主資本相当額になります。

(2)　S社（共通支配下の取引）

　　企業グループ内を移転する資産・負債は、移転前に付された適正な帳簿価額で計上します。

（参考）事業分離後の個別貸借対照表は以下になります。

貸 借 対 照 表
x2年 3 月31日　　　　　　　　　　　　（単位：円）

借　　　方	P 　社	S 　社	貸　　　方	P 　社	S 　社
現　　　金	100,000	80,000	諸　負　債	400,000	310,000
諸　資　産	630,000	330,000	資　本　金	300,000	110,000
土　　　地	―	20,000	資本剰余金	50,000	―
S 社 株 式	90,000	―	利益剰余金	70,000	10,000
	820,000	430,000		820,000	430,000

連結修正仕訳（連結上の処理）
(1)　投資と資本の相殺消去（原始取得60％）

（資　本　金）	50,000	（S 社 株 式）	30,000
		（非支配株主持分）	20,000*1

(2)　支配獲得後利益剰余金の按分

（利 益 剰 余 金）	4,000	（非支配株主持分）	4,000*2

非支配株主に帰属する当期純損益

(3)　事業分離による追加取得

（資　本　金）	60,000	（S 社 株 式）	60,000
（資 本 剰 余 金）	6,000	（非支配株主持分）	6,000*3

＊1　50,000円（支配獲得時S社資本合計）×（100％−60％）＝20,000円
＊2　10,000円×（100％−60％）＝4,000円
＊3　P社持分増加額（移転事業を除く）：
　　　（50,000円＋10,000円）×15％（追加取得比率）＝9,000円

移転事業に係るP社持分減少額：

60,000円×25%＝15,000円

9,000円－15,000円＝△6,000円

〈解説〉

(1) 投資と資本の相殺消去（原始取得60％）

移転前に子会社としているため、移転前の資本の金額にもとづいて投資と資本の相殺消去を行います。なお、評価差額は、支配獲得日の時価にもとづいて計上するため、移転日時点で評価差額が生じていたとしても評価替えをする必要はありません。

(3) 事業分離による追加取得

事業分離前に支配を獲得しているため、追加取得で生じる差額は資本剰余金とします。また、移転事業に係る投資と資本の相殺消去による差額も資本剰余金とします。

なお、(3)の仕訳は以下のように分解できます。

① 追加取得

（非支配株主持分）	9,000*1	（S 社 株 式）	15,750*2
（資 本 剰 余 金）	6,750*3		

② 移転事業に係る投資と資本の相殺消去

（資 本 金）	60,000*4	（S 社 株 式）	44,250*5
		（非支配株主持分）	15,000*6
		（資 本 剰 余 金）	750*7

＊1 （50,000円＋10,000円）×15%（P社追加取得比率）＝9,000円

＊2 @1,050円×100株（分離前S社発行株式数）＝105,000円（S社時価）

105,000円×15%

＝15,750円（S社へのみなし投資額＝みなし移転事業額）

＊3 貸借差額

＊4 X事業の株主資本相当額

＊5 60,000円（S社株式取得原価）－15,750円（S社へのみなし投資額）

＝44,250円

＊6 60,000円（X事業の株主資本相当額）×25%（P社持分減少比率）

＝15,000円

＊7 貸借差額

（参考）連結修正仕訳後の連結貸借対照表は以下になります。

連 結 貸 借 対 照 表

×2年3月31日　　　　　　　　　　（単位：円）

現　　　　金	180,000	諸　負　債	710,000
諸　資　産	960,000	資　本　金	300,000
土　　　地	20,000	資本剰余金	44,000
		利益剰余金	76,000
		非支配株主持分	30,000*
	1,160,000		1,160,000

＊ 20,000円＋4,000円＋6,000円＝30,000円

または 120,000円（S社資本合計）×25%＝30,000円

10 持分法適用会社から連結子会社への移行 (関連テーマ…CHAPTER 06 持分法)

　持分法適用会社の株式を追加取得することにより支配を獲得して連結子会社となった場合、従来の持分法による評価額から支配獲得日の時価に評価替えし、支配獲得日の子会社の資本にもとづいて投資と資本の相殺消去を行います。

　このとき、持分法上の評価額や投資差額は、連結上で新たに評価替えされるため、計算し直す必要があります。

　また、被投資会社株式の時価と持分法上の帳簿価額との差額は**段階取得に係る差益**として処理します。

▶ 例20 ──────────────────────── **段階取得に係る差益**

　P社は前期末（×1年3月31日）にA社の発行済株式総数の30％を1,500円で取得し、持分法を適用することとした。P社はさらに当期末（×2年3月31日）において、A社の発行済株式総数の30％を2,000円で買い増し、A社の支配を獲得した。

　次の資料にもとづいて、当期の連結財務諸表に計上される段階取得に係る差益とのれんの金額を計算しなさい。

[資　料]
(1)　A社の純資産と保有する土地（帳簿価額500円）の時価の推移

	資　本　金	利益剰余金	土地の時価
×1年3月31日	4,000円	800円	600円
×2年3月31日	4,000円	1,000円	700円

(2)　のれんおよび投資差額は、発生年度の翌年から10年で均等償却する。

例20の解答　　段階取得に係る差益：**443円**[*1]

　　　　　　　のれん：**880円**[*3]

　　＊1　2,000円(30%分株式の時価)－1,557円[*2](持分法上の簿価)＝443円
　　＊2　1,500円＋(60円－3円)＝1,557円
　　＊3　4,000円[*4]－(4,000円＋1,000円＋200円)×60％＝880円
　　＊4　1,557円＋443円＋2,000円＝4,000円
　　　　または　2,000円÷30％×60％＝4,000円

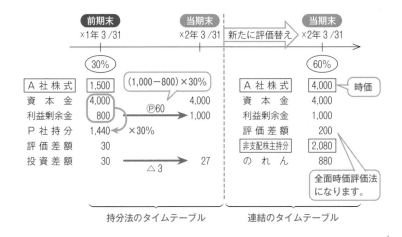

持分法適用会社から連結子会社への移行

11 連結財務諸表における退職給付会計 （関連テーマ…CHAPTER 10 包括利益）

平成24年5月に「退職給付に関する会計基準」が公表され、主に連結財務諸表における退職給付の会計処理が一部変更されました。

ここでは、未認識数理計算上の差異と未認識過去勤務費用の会計処理の変更についてみていきます。

I 退職給付に関する会計基準

1 平成24年改正のポイント

連結財務諸表における取扱いを中心に用語と会計処理が変更されました。主な改正点は、次のとおりです。

> ● **主な改正点**
>
> ◆用語の変更
>
> | 改正前 | | 改正後 | |
> | --- | --- | --- | --- |
> | 退職給付引当金 | → | 退職給付に係る負債 | ★ |
> | 前払年金費用 | → | 退職給付に係る資産 | ★ |
> | 過去勤務債務 | → | 過去勤務費用 | |
> | 期待運用収益率 | → | 長期期待運用収益率 | |
>
> ◆未認識数理計算上の差異と未認識過去勤務費用の処理
>
> | 遅延認識 | → | その他の包括利益としてB/S上即時認識 | ★ |
> | --- | --- | --- | --- |
>
> ◆退職給付見込額の計算方法
>
> | 期間定額基準 | → | 期間定額基準または給付算定式基準 |
> | --- | --- | --- |
>
> ★で示した箇所は当面、連結財務諸表にのみ適用され、個別財務諸表は従来と同様の処理を行います。

Ⅱ 連結における退職給付の会計処理

1 当期の会計処理

　個別財務諸表では、未認識数理計算上の差異や未認識過去勤務費用が発生しても貸借対照表には計上しませんでした（**オフバランス**）。

　しかし、連結財務諸表では、これらを**退職給付に係る負債（退職給付に係る資産）**として貸借対照表に計上します（**オンバランス**）。

　つまり、個別財務諸表では未認識となっていた部分を退職給付費用とはせず、**退職給付に係る調整額**（その他の包括利益）として処理します。

これならわかる!!

　期末の退職給付債務の見積額が25,000円、実績額が26,000円、年金資産の時価は20,000円で、当期以前に差異等はなく、数理計算上の差異1,000円は発生した年度から10年間で均等償却したと仮定すると、個別上と連結上ではそれぞれ次のように処理されます。

① 個別上

　見積額をもとに「退職給付引当金」を計算し、数理計算上の差異は償却された部分のみを貸借対照表上で認識します。

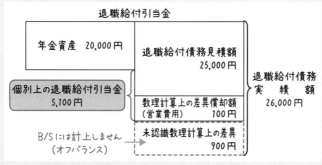

② 連結上

　連結上は、実績額をもとに「退職給付に係る負債」を計算するので、退職給付に係る負債には数理計算上の差異が全額含まれます。つまり、連結上では、未認識部分についても退職給付に係る調整額（その他の包括利益）として計上されます。

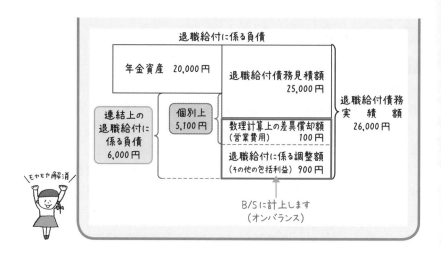

退職給付に係る負債

年金資産 20,000円	退職給付債務見積額 25,000円	退職給付債務実績額 26,000円

連結上の退職給付に係る負債 6,000円

個別上 5,100円

数理計算上の差異償却額（営業費用） 100円

退職給付に係る調整額（その他の包括利益） 900円

B/Sに計上します（オンバランス）

モヤモヤ解消

ひとこと

　未認識差異は退職給付に係る負債として即時に認識されますが、相手勘定科目は退職給付費用（営業費用）ではなく退職給付に係る調整額（その他の包括利益）となります。営業費用は純利益に含まれますが、その他の包括利益は含まれない点で大きく異なります。

　連結財務諸表は、基本的に個別財務諸表を合算し、連結修正仕訳で金額を加減算することで作成します。したがって、**退職給付に係る負債**についても連結修正仕訳として処理します。

ひとこと

　「退職給付に係る調整額」は連結包括利益計算書のその他の包括利益に記載されるとともに、残額は連結貸借対照表の純資産の部のその他の包括利益累計額に「退職給付に係る調整累計額」として記載されます。この「退職給付に係る調整累計額」は連結貸借対照表の純資産の部の科目であり、連結株主資本等変動計算書にも記載されます。このことから、本書では、当期の変動額は連結株主資本等変動計算書の科目である「退職給付に係る調整累計額当期変動額」を使用します。

▆ 例21 ━━━━━━━━━━━━━━━━━ 連結修正仕訳による方法

　次の資料にもとづいて、当期（×1年度）の退職給付に係る個別上の仕訳と連結修正仕訳を示しなさい。なお、税効果会計は適用しない。

［資　料］
(1)　期首退職給付債務　10,000円
(2)　期首年金資産の時価　3,000円
(3)　割引率　5％
(4)　長期期待運用収益率　4％
(5)　当期勤務費用　2,000円
(6)　当期の実際運用収益率は3％であった。数理計算上の差異は発生年度から10年間で毎期均等額を償却する。
(7)　期首において差異は発生していない。

例21の仕訳

個別上の仕訳　　退職給付費用の計上

（退 職 給 付 費 用）	2,380*¹	（退職給付引当金）	2,380

　　　　　　　　　　数理計算上の差異の償却

（退 職 給 付 費 用）	3*²	（退職給付引当金）	3

連結修正仕訳　　勘定科目の変更・数理計算上の差異の認識

（退職給付引当金）	9,383*³	（退職給付に係る負債）	9,410
（退職給付に係る調整累計額） 当 期 変 動 額 退職給付に係る調整額	27*⁴		

* 1　利息費用：10,000円×5％＝500円
　　　期待運用収益：3,000円×4％＝120円
　　　2,000円＋500円－120円＝2,380円
* 2　実際運用収益：3,000円×3％＝90円
　　　数理計算上の差異：120円－90円＝30円(不利差異)
　　　当期の償却額：30円÷10年＝3円
* 3　期首退職給付引当金：10,000円－3,000円＝7,000円
　　　7,000円＋2,380円＋3円＝9,383円(個別B/S上の退職給付引当金)
* 4　30円－3円＝27円(未認識数理計算上の差異)

〈解説〉
　期首の退職給付引当金は、10,000円(期首退職給付債務)－3,000円(期首年金資産)＝7,000円となります。
　個別上、まず、「勤務費用＋利息費用－期待運用収益」で退職給付費用を求めます。
　本問では長期期待運用収益率と実際運用収益率に差があるため、ここで数

理計算上の差異を把握します。

　次に、期待運用収益と実際運用収益の差額で数理計算上の差異を求め、償却します。

　連結上では「退職給付引当金」ではなく「退職給付に係る負債」という科目を使うので、連結修正仕訳で振り替えます。さらに、個別上で未認識となっていた数理計算上の差異27円を「退職給付に係る調整累計額」として認識します。

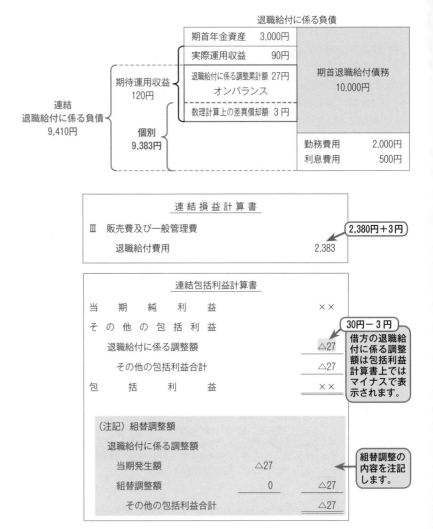

退職給付に係る負債

期首年金資産　3,000円	
実際運用収益　90円	期首退職給付債務 10,000円
退職給付に係る調整累計額 27円 オンバランス	
数理計算上の差異償却額　3円	

期待運用収益
120円

連結
退職給付に係る負債
9,410円

個別
9,383円

| | |
| 勤務費用　2,000円 |
| 利息費用　500円 |

連 結 損 益 計 算 書

Ⅲ　販売費及び一般管理費

　　退職給付費用　　　　　　　　　　　　2,383

2,380円＋3円

連結包括利益計算書

当　期　純　利　益	××
その他の包括利益	
退職給付に係る調整額	△27
その他の包括利益合計	△27
包　括　利　益	××

30円－3円

借方の退職給付に係る調整額は包括利益計算書上ではマイナスで表示されます。

（注記）組替調整額		
退職給付に係る調整額		
当期発生額	△27	
組替調整額	0	△27
その他の包括利益合計		△27

組替調整の内容を注記します。

414

連結貸借対照表

⋮

Ⅱ　固定負債
　　　退職給付に係る負債　　　9,410　　← 7,000円＋2,380円＋30円

⋮

純資産の部

⋮

Ⅱ　その他の包括利益累計額
　　　退職給付に係る調整累計額　　△27

なお、最初から連結財務諸表の会計処理を想定して仕訳を行うことで、連結修正仕訳を経ないで連結財務諸表の数値を直接求めることもできます。

ひとこと

この方法では、便宜上連結財務諸表の作成プロセスを無視して、連結財務諸表を直接作成すると仮定して処理しています。

実際に、例題をみていきましょう。

例22　━━━━━━━━━━━━━━ 連結の数値を直接求める方法

次の資料にもとづいて、連結財務諸表を前提として当期（×1年度）の退職給付に係る仕訳を示しなさい。なお、税効果会計は適用しない。

［資　料］
(1)　期首退職給付債務　10,000円
(2)　期首年金資産の時価　3,000円
(3)　割引率　5％
(4)　長期期待運用収益率　4％
(5)　当期勤務費用　2,000円
(6)　当期の実際運用収益率は3％であった。数理計算上の差異は発生年度から10年間で毎期均等額を償却する。
(7)　期首において差異は発生していない。

例22の仕訳　退職給付費用の計上

| （退 職 給 付 費 用） | 2,380[*1] | （退職給付に係る負債） | 2,380 |

数理計算上の差異の償却

| （退 職 給 付 費 用） | 3[*2] | （退職給付に係る負債） | 3 |

数理計算上の差異の計上

| （退職給付に係る調整累計額）
当 期 変 動 額
_{退職給付に係る調整額} | 27[*3] | （退職給付に係る負債） | 27 |

* 1　利息費用：10,000円× 5 ％＝500円
　　期待運用収益：3,000円× 4 ％＝120円
　　2,000円＋500円－120円＝2,380円
* 2　実際運用収益：3,000円× 3 ％＝90円
　　120円－90円＝30円
　　30円÷10年＝ 3 円
* 3　30円－ 3 円＝27円
〈解説〉
　期首の退職給付に係る負債は、10,000円（期首退職給付債務）－3,000円（期首年金資産）＝7,000円となります。
　退職給付費用は個別と同様に、勤務費用＋利息費用－期待運用収益で計算します。
　本問では長期期待運用収益率と実際運用収益率に差があるため、ここで数理計算上の差異を把握します。このとき、連結では発生年度に償却した額を除いた数理計算上の差異をいったん退職給付に係る調整累計額として認識します。

2 翌期の会計処理

　未認識の差異を償却して当期の費用とした場合、その他の包括利益の調整（**組替調整**）を行います。

　具体的には、差異を償却した場合、連結上は退職給付に係る調整累計額を減少させ、退職給付費用を認識します。

ひとこと

ふむふむ…

　この処理のように、一度その他の包括利益に計上した金額を、後に純利益の構成要素として振り替える方法を**組替調整**といいます。

例23 ── 翌期の会計処理（連結修正仕訳による方法）

例21の翌年度における退職給付に係る個別上の仕訳と連結修正仕訳を示しなさい。なお、税効果会計は適用しない。

[資 料]

(1) 期首の退職給付引当金 9,383円

(2) 当期の勤務費用は1,900円、利息費用は500円、期待運用収益は90円であった。

(3) 前年度において数理計算上の差異（不利差異）が30円発生している。数理計算上の差異は発生年度から10年で均等償却する。

(4) 当期において差異は発生していない。

例23の仕訳

個別上の仕訳　退職給付費用の計上

| （退 職 給 付 費 用） | 2,310*1 | （退職給付引当金） | 2,310 |

数理計算上の差異の償却

| （退 職 給 付 費 用） | 3*2 | （退職給付引当金） | 3 |

連結修正仕訳

| （退職給付引当金） | 11,696*3 | （退職給付に係る負債） | 11,720 |
| （退職給付に係る調整累額 当 期 首 残 高） | 27*4 | （退職給付に係る調整累額 当 期 変 動 額） | 3 |

退職給付に係る調整額

* 1　1,900円＋500円－90円＝2,310円
* 2　30円÷10年＝3円
* 3　9,383円＋2,310円＋3円＝11,696円
* 4　30円－3円＝27円

〈解説〉

　連結財務諸表は、毎期の個別財務諸表の合算に連結修正仕訳を加えることで作成されるため、前期以前の連結修正仕訳は考慮せず、当期の未認識の差異をもとに新たに連結修正仕訳を行う点に注意しましょう。

　なお、連結貸借対照表には、固定負債として退職給付に係る負債11,720円、その他の包括利益累計額として退職給付に係る調整累額24円（借方残高）を計上します。

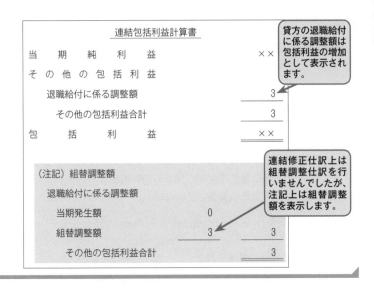

連結包括利益計算書

当 期 純 利 益		××
その他の包括利益		
退職給付に係る調整額		3
その他の包括利益合計		3
包 括 利 益		××

> 貸方の退職給付に係る調整額は包括利益の増加として表示されます。

（注記）組替調整額

退職給付に係る調整額		
当期発生額	0	
組替調整額	3	3
その他の包括利益合計		3

> 連結修正仕訳上は組替調整仕訳を行いませんでしたが、注記上は組替調整額を表示します。

▶ 例24 ━━━━━━━━ **翌期の会計処理**（連結の数値を直接求める方法）

例22の翌年度における退職給付に係る仕訳を示しなさい。なお、税効果会計は適用しない。

［資 料］
(1) 期首の退職給付に係る負債 9,410円
(2) 当期の勤務費用は1,900円、利息費用は500円、期待運用収益は90円であった。
(3) 前年度において数理計算上の差異（不利差異）が30円発生している。数理計算上の差異は発生年度から10年で均等償却する。
(4) 当期において差異は発生していない。

例24の仕訳　退職給付費用の計上

（退 職 給 付 費 用）	2,310*1	（退職給付に係る負債）		2,310
（退 職 給 付 費 用）	3*2	（退職給付に係る調整累計額 当 期 変 動 額）		3
		退職給付に係る調整額		

＊1　1,900円＋500円−90円＝2,310円　　＊2　30円÷10年＝3円
〈解説〉
　この方法では連結財務諸表作成プロセスを無視して処理を行っているため、前期に計上した退職給付に係る調整累計額を当期にも引き継ぎ、そのまま償却します。

3 税効果会計を加味した会計処理

退職給付に係る負債や退職給付費用は、基本的に税務上認められないため、退職給付会計に税効果会計が適用されます。

▼ 例25 ─ 税効果会計を加味した会計処理（連結修正仕訳による方法）

次の資料にもとづいて、当期（×1年度）の退職給付に係る個別上の仕訳と連結修正仕訳を示しなさい。なお、税効果会計（実効税率40%）を適用する。

[資 料]
(1) 期首退職給付債務　15,000円
(2) 期首年金資産の時価　10,000円
(3) 期首繰延税金資産　2,000円
(4) 勤務費用は2,500円、利息費用は400円、期待運用収益は600円であった。
(5) 当期の実際運用収益率は500円であった。数理計算上の差異は発生年度から10年間で毎期均等額を償却する。
(6) 期首において差異は発生していない。

例25の仕訳

個別上の仕訳　退職給付費用の計算

（退職給付費用）	2,300*1	（退職給付引当金）	2,300

（繰延税金資産）	920	（法人税等調整額）	920

数理計算上の差異の償却

（退職給付費用）	10*2	（退職給付引当金）	10

（繰延税金資産）	4	（法人税等調整額）	4

連結修正仕訳

（退職給付引当金）	7,310*3	（退職給付に係る負債）	7,400
(退職給付に係る調整累計額) 当期変動額 退職給付に係る調整額	90*4		

（繰延税金資産）	36	(退職給付に係る調整累計額) 当期変動額 退職給付に係る調整額	36

* 1 2,500円＋400円－600円＝2,300円
* 2 数理計算上の差異：600円－500円＝100円（不利差異）
　　　100円÷10年＝10円
* 3 期首退職給付引当金：15,000円－10,000円＝5,000円
　　　5,000円＋2,300円＋10円＝7,310円
* 4 100円－10円＝90円

〈解説〉
　税効果の適用対象が損益項目の場合、法人税等調整額を用いて仕訳を行います。一方、退職給付に係る調整累計額は損益項目ではなくその他の包括利益項目であるため、税効果対象とするときの相手項目は退職給付に係る調整累計額を用いて仕訳を行います。その他有価証券評価差額金に関する税効果の処理と同様です。

連 結 損 益 計 算 書
　　　　　⋮
Ⅲ　販売費及び一般管理費
　　退職給付費用　　　　　　　2,310　　←2,300円＋10円
　　　　　⋮
　　　　税金等調整前当期純利益　　　××
　　　　法人税、住民税及び事業税　　××　←920円＋4円
　　　　法 人 税 等 調 整 額　　△924

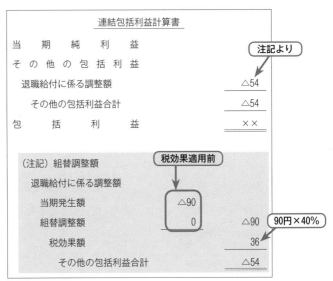

連結包括利益計算書
当 期 純 利 益
そ の 他 の 包 括 利 益
　退職給付に係る調整額　　　　　　△54　←注記より
　　その他の包括利益合計　　　　　△54
包 　 括 　 利 　 益　　　　　　　　××

（注記）組替調整額　　　税効果適用前
　退職給付に係る調整額
　　当期発生額　　　　　△90
　　組替調整額　　　　　　0　　　△90　←90円×40%
　　税効果額　　　　　　　　　　　36
　　　その他の包括利益合計　　　△54

420

連 結 貸 借 対 照 表

15,000円－10,000円
＋2,300円＋10円＋90円

Ⅱ　固定資産
　　繰延税金資産　　2,960

Ⅱ　固定負債
　　退職給付に係る負債　　7,400

期首計上額と当期計上額の合計
2,000円＋920円＋4円＋36円だけ
でなく、期末退職給付に係る負
債に税率を掛けて、7,400円×40
％で求めることもできます。

純資産の部

Ⅱ　その他の包括利益累計額
　　退職給付に係る調整累計額　　△54

例26 ── 税効果会計を加味した処理（連結の数値を直接求める方法）

　次の資料にもとづいて、連結財務諸表を前提として当期（×1年度）の退職
給付に係る仕訳を示しなさい。なお、税効果会計（実効税率40％）を適用する。

［資　料］
(1)　期首退職給付債務　15,000円
(2)　期首年金資産の時価　10,000円
(3)　期首繰延税金資産　2,000円
(4)　勤務費用は2,500円、利息費用は400円、期待運用収益は600円であった。
(5)　当期の実際運用収益は500円であった。数理計算上の差異は発生年度か
　　ら10年間で毎期均等額を償却する。
(6)　期首において差異は発生していない。

例26の仕訳　退職給付費用の計上

（退職給付費用）　2,300*1　（退職給付に係る負債）　2,300

（繰延税金資産）　920　（法人税等調整額）　920

数理計算上の差異の償却

（退職給付費用）　10*2　（退職給付に係る負債）　10

（繰延税金資産）　4　（法人税等調整額）　4

数理計算上の差異の発生

(退職給付に係る調整累計額) 当 期 変 動 額 _{退職給付に係る調整額}	90*3	(退職給付に係る負債)	90

(繰 延 税 金 資 産)	36	(退職給付に係る調整累計額) 当 期 変 動 額 _{退職給付に係る調整額}	36

* 1 2,500円＋400円－600円＝2,300円
* 2 600円－500円＝100円
　　　100円÷10年＝10円
* 3 100円－10円＝90円

12 概念フレームワーク

I 概念フレームワークとは

　概念フレームワークとは、企業会計の基礎にある前提や概念を体系化したものです。

　概念フレームワーク自体は特定の会計処理について定めたものではありません。しかし、基礎的な前提や概念が明らかになることで、会計基準の理解や解釈を助け、将来の会計基準開発における指針となると期待されています。

●概念フレームワークの役割

◆現行の企業会計の基礎にある前提や概念の体系化
◆将来の基準開発の指針

Ⅱ 財務報告の目的

概念フレームワーク　第1章　2
　（前略）財務報告の目的は、投資家の意思決定に資するディスクロージャー制度の一環として、投資のポジションとその成果を測定して開示することである。

　概念フレームワークの第1章では、財務報告制度を検討するうえで、まず財務報告の目的を明確にしています。

　財務報告の主要な目的は（株や債券を売り買いする）**投資家の意思決定に資する情報**を開示することであり、債権者や株主の利害調整や税務申告は副次的な利用であるとされています。

　投資家の意思決定に資する情報とは、企業がどのように資金を使い（投資し）、どれだけ成果をあげているかについての情報とされています。

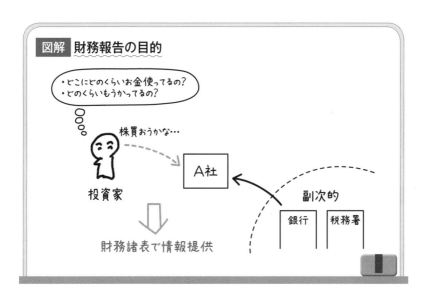

連結財務諸表における退職給付会計／概念フレームワーク

CHAPTER 11 参考 423

　概念フレームワークでは、会計情報に求められるもっとも重要な質的特性は**意思決定有用性**であり、これを**意思決定との関連性**と**信頼性**が支え、さらにこの３つを**内的整合性**と**比較可能性**が必要条件として基礎から支えているとしています。

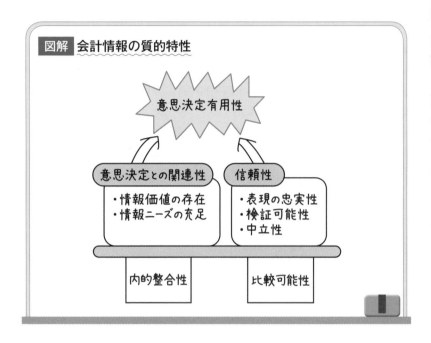

図解 会計情報の質的特性

1 意思決定有用性

　投資家の意思決定に役立つ情報を提供するという目的を達成するためには、なにより会計情報が投資家の意思決定に役立つこと、つまり企業の将来の成果を予測するのに有用であることが必要です。

　概念フレームワークではこれを**意思決定有用性**とよび、もっとも重要で基本的な特性としています。

2 意思決定との関連性

　意思決定有用性を支える特性として**意思決定との関連性**があります。こ

れは、会計情報が投資家の行う成果の予測に関連していることを意味しています。

●意思決定との関連性の内容

◆情報価値の存在：情報が投資家の意思決定の改善に役立つこと
◆情報ニーズの充足：投資家のニーズに応える情報を与えること

---

3 信頼性

　意思決定有用性を支えるもうひとつの特性が、**信頼性**です。いくら意思決定に役立ちそうな情報でも、正しいかどうか信頼できない情報は意味がないからです。

●信頼性を支える特性

◆中　　立　　性：一部の利害関係者に偏っていないこと
◆検 証 可 能 性：事実にもとづく財務報告であること
◆表現の忠実性：事実を会計データにするうえで、事実と会計項目に明確な対応
　　　　　　　　関係があること

---

4 内的整合性

　意思決定有用性・意思決定との関連性・信頼性の3つの特性を基礎から支える特性として、**内的整合性**があります。これは、個別の会計基準が、会計全体の基本的な考え方と整合しているという意味です。

5 比較可能性

　3つの特性を基礎から支えるもうひとつの特性が、**比較可能性**です。比較可能性は、ひとつの企業を複数の期間で比較する場合と、ひとつの時点で複数の企業を比較する場合の両方の障害とならないことを要請しています。

Ⅳ 財務諸表の構成要素

概念フレームワークでは、財務諸表の構成要素として、**資産・負債・純資産・株主資本・包括利益・純利益・収益・費用**を定めています。

> ### ひとこと
>
> これら8つの要素によって財務諸表が作られているということです。
> なお、平成25年の会計基準の改正により、少数株主は「非支配株主」とよぶことになる等、いくつかの変更が行われましたが、概念フレームワークの内容は変更されていないため、旧基準の名称のままとなっていることに注意してください。

1 資産・負債

概念フレームワーク　第3章

4．資産とは、過去の取引または事象の結果として、報告主体が支配している経済的資源をいう。

5．負債とは、過去の取引または事象の結果として、報告主体が支配している経済的資源を放棄もしくは引き渡す義務、またはその同等物をいう。

概念フレームワークでは、資産や負債を上記のように定義していますが、この定義は「過去の取引または事象の結果」「報告主体が支配している」「経済的資源」という3つがポイントとなります。

●資産・負債の定義におけるポイント

◆過去の取引または事象の結果

　資産の対象はあくまで過去のなんらかの取引や事象にもとづくものでなければならず、将来の計画や予想にすぎないものは資産にできないということ

◆報告主体が支配している

　支配とは、法律的な所有権とは限らず、報告主体が利用でき、そこから生み出される便益を受けられる状態のこと

◆経済的資源

　キャッシュの獲得に貢献する便益の源泉

2 純資産・株主資本

概念フレームワーク　第3章

6. 純資産とは、資産と負債の差額をいう。
7. 株主資本とは、純資産のうち報告主体の所有者である株主（連結
　財務諸表の場合には親会社株主）に帰属する部分をいう。

　純資産は、単純に、資産と負債の差額とされています。つまり、まず資産と負債の定義を定め、それにしたがう形で純資産の定義を定めています。

　一方、株主資本は「株主に帰属する部分」という積極的な意味をもって

おり、株主との直接的な取引による部分（新株を発行して払い込まれた資本金など）と、投資のリスクから解放された部分（純利益の積み重ねである利益剰余金）の2つからできています。

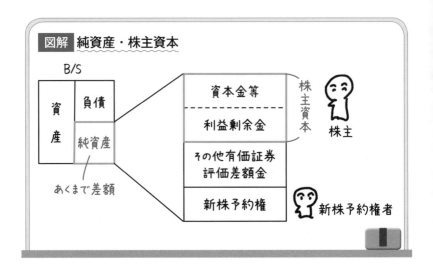

3 包括利益・純利益

概念フレームワーク 第3章

8．包括利益とは、特定期間における純資産の変動額のうち、報告主体の所有者である株主、子会社の少数株主、及び将来それらになり得るオプションの所有者との直接的な取引によらない部分をいう。

9．純利益とは、特定期間の期末までに生じた純資産の変動額（報告主体の所有者である株主、子会社の少数株主、及び前項にいうオプションの所有者との直接的な取引による部分を除く。）のうち、その期間中にリスクから解放された投資の成果であって、報告主体の所有者に帰属する部分をいう。純利益は、純資産のうちもっぱら株主資本だけを増減させる。

　両方の定義に登場する「報告主体の所有者である株主、子会社の少数株主、及び将来それらになり得るオプションの所有者との直接的な取引」とは、新株・新株予約権の発行、配当といった資本等取引を指しています。

これは、利益に資本等取引を含めない、という資本取引・損益取引区分の原則を表しています。

　また、純利益は、包括利益の定義に加えて、「リスクから解放された投資の成果」「報告主体の所有者に帰属する部分」という条件が含まれています。

これならわかる!!

　概念フレームワークでは、純利益・収益・費用の定義で「リスクからの解放」という言葉を使っています。

　投資をした時点では、「その投資からキャッシュを得たい」と期待はしていますが、うまくいくかどうかはわかりません。その投資からキャッシュを得た時点で「キャッシュを得たい」という期待が事実になります。

　この「事前の期待が事実に転換した」ということを概念フレームワークでは「投資のリスクからの解放」とよんでいます。

　たとえば、売買目的有価証券は、値上がりを期待して保有していて、売却には何の制約もないので、「値上がりするかどうか」がリスクとなり、価格が上がった時点でリスクから解放され、収益を認識します。一方、その他有価証券は、取引先と持ち合いをしていることも多く、簡単には売却できません。この場合、価格が変動しても売却するまでリスクは残っていると考え、売却した時点でリスクから解放され収益が認識されます。

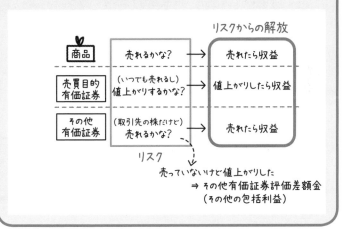

モヤモヤ解消

リスクからの解放という条件により、**その他有価証券評価差額金**や、**繰延ヘッジ損益**が純利益から除かれます。これらは資産・負債の変動ですが、リスクから解放されていないために、損益計算を通さず直接純資産を変動させます。このような、資産・負債の変動であってもリスクから解放されていないために純利益に含まれない項目を**その他の包括利益**といいます。

さらに、「報告主体の所有者に帰属する部分」という条件で、**少数株主損益**が純利益から除かれます。

4 収益・費用

概念フレームワーク　第3章

13. 収益とは、純利益または少数株主損益を増加させる項目であり、特定期間の期末までに生じた資産の増加や負債の減少に見合う額のうち、投資のリスクから解放された部分である。(以下略)

15. 費用とは、純利益または少数株主損益を減少させる項目であり、特定期間の期末までに生じた資産の減少や負債の増加に見合う額のうち、投資のリスクから解放された部分である。(以下略)

概念フレームワークでは、収益と費用について純利益と同じように投資のリスクからの解放という概念を用いています。

収益は資産の増加・負債の減少であってリスクから解放されたもの、費用は資産の減少・負債の増加であってリスクから解放されたものです。

ひとこと

概念フレームワークでは、資産・負債の定義を先に決めて、その変動額をもとに収益・費用や利益を定義しています。

索 引

あ行

アップストリーム ……………………… 161

意思決定との関連性 …………… 424

意思決定有用性 ………………… 424

1計算書方式 …………………… 348

受取配当金 ……………… 213, 307

受取利息 ………………………… 307

営業活動によるキャッシュ・フロー

　………………………… 285, 294, 307

営業資産・営業負債の増減 ……… 299

営業収入 ………………………… 289

営業取引 ………………………… 248

影響力基準 ……………………… 208

オフバランス …………………… 411

親会社 ……………………………… 67

親会社株主に係る包括利益 ……… 352

親会社株主に帰属する当期純利益 … 93

親会社説 …………………………… 69

オンバランス …………………… 411

か行

外貨建荷為替手形 ……………… 371

外国為替相場 …………………… 229

開始仕訳 ………………… 75, 91

会社分割 …………………………… 55

概念フレームワーク …………… 422

貸倒引当金 ……………………… 151

貸倒引当金繰入 ………………… 151

合併 ………………………………… 37

合併相殺仕訳 …………………… 45

合併比率 …………………………… 48

株式移転 …………………… 37, 52

株式交換 …………………… 37, 50

株式市価法 ………………………… 47

株式取得時または取引発生時の為替相場 … 258

株式の割当て ……………………… 50

株主資本等変動計算書 …………… 90

貨幣項目 ………………………… 236

為替換算調整勘定 ………… 258, 263

為替差益 ………………………… 233

為替差損 ………………………… 233

為替差損益 ……… 236, 240, 241, 245, 366

為替相場 ………………………… 229

為替予約 ………………………… 247

為替予約時の先物為替相場 ……… 249

為替レート ……………………… 229

間接法 …………………… 285, 287, 294

完全親会社 …………………… 50, 52

完全子会社 …………………… 50, 52

簡便法 …………………… 318, 319

関連会社 ………………………… 207

関連会社株式評価損 …………… 246

企業結合 …………………………… 37

期中仕訳 ………………………… 75

期中平均為替相場 ……… 241, 253, 258

キャッシュ・フロー計算書 ……… 282

吸収合併 …………………………… 40

吸収分割 ……………………………… 55

組替調整 ……………………………… 416

組替調整額 …………………………… 357

繰延税金資産 …………………… 174, 175

繰延税金負債 …………………… 151, 175

繰延内部利益控除 ……………………… 25

繰延ヘッジ損益 ………………… 368, 430

経済的単一体説 ………………………… 69

結合当事企業 …………………………… 37

決算時の為替相場

　　……… 238, 240, 241, 243, 246, 253, 258

決算日レート法 ……………………… 258

現金及び現金同等物 ………………… 283

現金及び現金同等物に係る換算差額 … 310

現金同等物 …………………………… 284

原材料又は商品の仕入れによる支出 … 290

原則法 …………………………… 318, 319

現物出資 ………………………………… 55

子会社 …………………………………… 67

子会社株式 ……………………………… 77

子会社株式評価損 …………………… 246

子会社の資産・負債の時価評価 ……… 76

さ行

財務活動によるキャッシュ・フロー

　　………………………… 285, 305, 307

先物為替相場 ………………………… 249

直先差額 ……………………………… 251

直直差額 ……………………………… 250

直物為替相場 ………………………… 249

事業譲渡 ………………………………… 55

事業分離 ………………………………… 55

資金取引 ……………………………… 248

支店 ………………………………… 6, 18

支店独立会計制度 ……………………… 5

支店分散計算制度 …………………… 14

支店へ売上 ………………………… 7, 18

支配従属関係 …………………………… 67

支配力基準 ……………………………… 70

支払配当金 …………………………… 307

支払利息 ……………………………… 307

資本金当期首残高 ……………………… 92

資本剰余金 ……………………… 123, 126

資本連結 ………………………………… 75

収益還元価値 …………………………… 47

収益還元価値法 ………………………… 47

取得企業 ………………………………… 37

取得時の為替相場 ……………… 245, 253

純資産額法 ……………………………… 46

少数株主損益 ………………………… 430

消滅会社 ………………………………… 40

剰余金の配当 …………………………… 95

人件費の支出 ………………………… 290

新設合併 ………………………………… 40

新設分割 ………………………………… 55

信頼性 …………………………… 424, 425

税引前当期純利益 …………………… 294

折衷法 …………………………………… 47

全額消去・親会社負担方式 ………… 163

全額消去・持分按分負担方式 ……… 163

全面時価評価法 ………………… 85, 209

総合損益 ………………………………… 23

その他の営業支出 …………………… 292

その他の包括利益 ………… 345, 347, 430

その他の包括利益累計額 ……………… 348

その他有価証券評価差額金 … 243, 245, 430

損益計算書 …………………………… 90

存続会社 ………………………………… 40

た行

退職給付に係る資産 …………………… 411

退職給付に係る調整額 ………………… 411

退職給付に係る負債 …………… 411, 412

ダウンストリーム …………………… 160

抱合株式 ………………………………… 44

段階取得 …………………………… 44, 119

段階取得に係る差益 ……………… 119, 408

段階取得に係る差損 …………………… 119

短期借入金 …………………………… 156

長期借入金 …………………………… 156

直接法 ………………… 285, 287, 288

手許現金 ……………………………… 284

投資 …………………………………… 212

投資活動によるキャッシュ・フロー
…………………………… 285, 302, 307

投資家の意思決定に資する情報 …… 423

投資差額 …………………………… 210

投資消去差額 ………………………… 82

投資と資本の相殺消去 ……………… 76

投資の継続性 ………………………… 56

投資有価証券評価損 …………… 243, 246

独立処理 ……………………………… 366

な行

内的整合性 ……………………… 424, 425

内部利益 ……………………………… 18, 24

荷為替手形 …………………………… 370

2計算書方式 ………………………… 348

のれん ……………………… 38, 58, 82

は行

パーチェス法 ………………………… 38, 51

配当金の支払額 ……………………… 327

比較可能性 ……………………… 424, 425

非資金損益項目 ……………………… 298

非支配株主 …………………………… 80

非支配株主に係る包括利益 ………… 352

非支配株主に帰属する当期純損益 …… 93

非支配株主への配当金の支払額 …… 327

非支配株主持分 …………………… 80, 152

非支配株主持分当期首残高 … 154, 169, 173

非支配株主持分当期変動額 …… 93, 123

被取得企業 …………………………… 37

評価・換算差額等 …………………… 348

非連結子会社 …………………… 70, 207

負ののれん ……………………… 38, 58

負ののれん発生益 ……………… 39, 82

部分時価評価法 ……………………… 209

振替価額 ……………………………… 7

包括利益 ……………………………… 345

法人税等調整額 ……………………… 151

本支店会計 …………………………… 5

本支店合併財務諸表 ………………… 17

本店 …………………………………… 6, 18

本店集中会計制度 …………………… 5

本店集中計算制度 …………………… 14

本店より仕入 ……………………… 7, 18

ま行

未実現利益 …………………………… 158
持分法 ………………………………… 207
持分法による投資損益 …… 208, 211, 212

や行

有価証券評価損益 …………………… 238
要求払預金 …………………………… 284
予定取引 ……………………………… 368

ら行

利益剰余金当期首残高
　　……92, 99, 121, 153, 163, 169, 173, 214

リスクからの解放 …………………… 430
連結会社間取引の相殺消去 ……… 75, 147
連結株主資本等変動計算書 …………… 71
連結キャッシュ・フロー計算書… 71, 318
連結財務諸表 …………………………… 67
連結修正仕訳 ………………………… 74, 75
連結損益及び包括利益計算書 …… 71, 349
連結損益計算書 …………………… 71, 348
連結貸借対照表 ………………………… 71
連結の範囲 …………………………… 70
連結包括利益計算書 ……………… 71, 348

これで全部のモヤモヤが
解消したー♪

● **イラスト：matsu（マツモト ナオコ）**

みんなが欲しかったシリーズ

みんなが欲しかった！
簿記の教科書 日商1級 商業簿記・会計学3
企業結合会計・連結会計ほか編　第9版

2013年4月10日　初　版　第1刷発行	
2021年11月24日　第9版　第1刷発行	
2024年8月30日　　　　　第5刷発行	

監　　修	滝　澤　な　な　み
著　　者	TAC出版　開発グループ
発 行 者	多　田　敏　男
発 行 所	TAC株式会社　出版事業部
	（TAC出版）

〒101-8383
東京都千代田区神田三崎町3-2-18
電話 03（5276）9492（営業）
FAX 03（5276）9674
https://shuppan.tac-school.co.jp

組　　版	有限会社　マーリンクレイン
印　　刷	株式会社　ワ　　コ　　ー
製　　本	東京美術紙工協業組合

© TAC 2021　　　Printed in Japan

ISBN 978-4-8132-9911-0
N.D.C. 336

簿記検定講座のご案内

選べる学習メディアでご自身に合うスタイルでご受講ください!

通学講座
`3級コース` `3・2級コース` `2級コース` `1級コース` `1級上級コース`

教室講座
通って学ぶ

定期的な日程で通学する学習スタイル。常に講師と接することができるという教室講座の最大のメリットがありますので、疑問点はその日のうちに解決できます。また、勉強仲間との情報交換も積極的に行えるのが特徴です。

ビデオブース講座
通って学ぶ / 予約制

ご自身のスケジュールに合わせて、TACのビデオブースで学習するスタイル。日程を自由に設定できるため、忙しい社会人に人気の講座です。

直前期教室出席制度
直前期以降、教室受講に振り替えることができます。

| 無料体験入学 | ご自身の目で、耳で体験し納得してご入学いただくために、無料体験入学をご用意しました。 |
| 無料講座説明会 | もっとTACのことを知りたいという方は、無料講座説明会にご参加ください。 |

無料 / 予約不要※

※ビデオブース講座の無料体験入学は要予約。
無料講座説明会は一部校舎では要予約。

通信講座
`3級コース` `3・2級コース` `2級コース` `1級コース` `1級上級コース`

 ### Web通信講座
スマホやタブレットにも対応 / 見て学ぶ

教室講座の生講義をブロードバンドを利用し動画で配信します。ご自身のペースに合わせて、24時間いつでも何度でも繰り返し受講することができます。また、講義動画はダウンロードして2週間視聴可能です。有効期間内は何度でもダウンロード可能です。
※Web通信講座の配信期間は、お申込月の翌月末までです。

TAC WEB SCHOOL ホームページ
URL https://portal.tac-school.co.jp/

お申込み前に、左記のサイトにて必ず動作環境をご確認ください。

DVD通信講座
見て学ぶ

講義を収録したデジタル映像をご自宅にお届けします。講義の臨場感をクリアな画像でご自宅にて再現することができます。

※DVD-Rメディア対応のDVDプレーヤーでのみ受講が可能です。パソコンやゲーム機での動作保証はいたしておりません。

Webでも無料配信中! スマホ タブレット パソコン

「TAC動画チャンネル」

● 講座説明会
※収録内容の変更のため、配信されない期間が生じる場合がございます。

● 1回目の講義(前半分)が視聴できます

資料通信講座（1級のみ）

テキスト・添削問題を中心として学習します。

詳しくは、TACホームページ「TAC動画チャンネル」をクリック!

`TAC 動画チャンネル 簿記` `検索`

コースの詳細は、簿記検定講座パンフレット・TACホームページをご覧ください。

パンフレットのご請求・お問い合わせは、TACカスタマーセンターまで

`通話無料` **0120-509-117**
ゴウカク イイナ

受付時間　月～金 9:30～19:00　土・日・祝 9:30～18:00
※携帯電話からもご利用になれます。

TAC簿記検定講座ホームページ
`TAC 簿記` `検索`

資格の学校 TAC

簿記検定講座

お手持ちの教材がそのまま使用可能！
【テキストなしコース】のご案内

TAC簿記検定講座のカリキュラムは市販の教材を使用しておりますので、こちらのテキストを使ってそのまま受講することができます。独学では分かりにくかった論点や本試験対策も、TAC講師の詳しい解説で理解度も120％UP！ 本試験合格に必要なアウトプット力が身につきます。独学との差を体感してください。

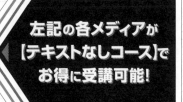

左記の各メディアが
【テキストなしコース】で
お得に受講可能！

こんな人にオススメ！

● テキストにした書き込みをそのまま活かしたい！
● これ以上テキストを増やしたくない！
● とにかく受講料を安く抑えたい！

※お申込前に必ずお手持ちのバージョンをご確認ください。場合によっては最新のものに買い直していただくことがございます。詳細はお問い合わせください。

お手持ちの教材をフル活用!!

合格テキスト

合格トレーニング

TAC出版 書籍のご案内

TAC出版では、資格の学校TAC各講座の定評ある執筆陣による資格試験の参考書をはじめ、資格取得者の開業法や仕事術、実務書、ビジネス書、一般書などを発行しています!

TAC出版の書籍
*一部書籍は、早稲田経営出版のブランドにて刊行しております。

資格・検定試験の受験対策書籍

- ☺日商簿記検定
- ☺建設業経理士
- ☺全経簿記上級
- ☺税 理 士
- ☺公認会計士
- ☺社会保険労務士
- ☺中小企業診断士
- ☺証券アナリスト

- ☺ファイナンシャルプランナー(FP)
- ☺証券外務員
- ☺貸金業務取扱主任者
- ☺不動産鑑定士
- ☺宅地建物取引士
- ☺賃貸不動産経営管理士
- ☺マンション管理士
- ☺管理業務主任者

- ☺司法書士
- ☺行政書士
- ☺司法試験
- ☺弁理士
- ☺公務員試験(大卒程度・高卒者)
- ☺情報処理試験
- ☺介護福祉士
- ☺ケアマネジャー
- ☺電験三種　ほか

実務書・ビジネス書

- ☺会計実務、税法、税務、経理
- ☺総務、労務、人事
- ☺ビジネススキル、マナー、就職、自己啓発
- ☺資格取得者の開業法、仕事術、営業術

一般書・エンタメ書

- ☺ファッション
- ☺エッセイ、レシピ
- ☺スポーツ
- ☺旅行ガイド (おとな旅プレミアム/旅コン)

日商簿記検定試験対策書籍のご案内

TAC出版の日商簿記検定試験対策書籍は、学習の各段階に対応していますので、あなたの
ステップに応じて、合格に向けてご活用ください!

3タイプのインプット教材

❶

簿記を専門的な知識に
していきたい方向け

● **満点合格を目指し
次の級への土台を築く**

「**合格テキスト**」

「**合格トレーニング**」

- ● 大判のB5判、3級～1級累計300万部超の、信頼の定番テキスト&トレーニング!
  TACの教室でも使用している公式テキストです。3級のみオールカラー。
- ● 出題論点はすべて網羅しているので、簿記をきちんと学んでいきたい方にぴったりです!
- ◆3級 □2級 商簿、2級 工簿 ■1級 商・会 各3点、1級 工・原 各3点

❷

スタンダードにメリハリ
つけて学びたい方向け

● **教室講義のような
わかりやすさでしっかり学べる**

「**簿記の教科書**」

「**簿記の問題集**」

滝澤 ななみ 著

- ● A5判、4色オールカラーのテキスト(2級・3級のみ)&模擬試験つき問題集!
- ● 豊富な図解と実例つきのわかりやすい説明で、もうモヤモヤしない!!
- ◆3級 □2級 商簿、2級 工簿 ■1級 商・会 各3点、1級 工・原 各3点

❸

気軽に始めて、早く全体像を
つかみたい方向け

● **初学者でも楽しく続けられる!**

「**スッキリわかる**」
テキスト/問題集一体型

滝澤 ななみ 著 (1級は商・会のみ)

- ● 小型のA5判(4色オールカラー)によるテキスト
  /問題集一体型。これ一冊でOKの、圧倒的に
  人気の教材です。
- ● 豊富なイラストとわかりやすいレイアウト! か
  わいいキャラの「ゴエモン」と一緒に楽しく学
  べます。
- ◆3級 □2級 商簿、2級 工簿
- ■1級 商・会 4点、1級 工・原 4点

「**スッキリうかる本試験予想問題集**」
滝澤 ななみ 監修 TAC出版開発グループ 編著

- ● 本試験タイプの予想問題9回分を掲載
- ◆3級 □2級

書籍の正誤に関するご確認とお問合せについて

書籍の記載内容に誤りではないかと思われる箇所がございましたら、以下の手順にてご確認とお問合せをしてくださいますよう、お願い申し上げます。

なお、正誤のお問合せ以外の**書籍内容に関する解説および受験指導などは、一切行っておりません。**

そのようなお問合せにつきましては、お答えいたしかねますので、あらかじめご了承ください。

1 「Cyber Book Store」にて正誤表を確認する

TAC出版書籍販売サイト「Cyber Book Store」の
トップページ内「正誤表」コーナーにて、正誤表をご確認ください。

CYBER TAC出版書籍販売サイト
BOOK STORE

URL:https://bookstore.tac-school.co.jp/

2 1 の正誤表がない、あるいは正誤表に該当箇所の記載がない
⇒ 下記①、②のどちらかの方法で文書にて問合せをする

★ご注意ください★

お電話でのお問合せは、お受けいたしません。

①、②のどちらの方法でも、お問合せの際には、「お名前」とともに、

「対象の書籍名(○級・第○回対策も含む)およびその版数(第○版・○○年度版など)」
「お問合せ該当箇所の頁数と行数」
「誤りと思われる記載」
「正しいとお考えになる記載とその根拠」

を明記してください。

なお、回答までに1週間前後を要する場合もございます。あらかじめご了承ください。

① ウェブページ「Cyber Book Store」内の「お問合せフォーム」より問合せをする

【お問合せフォームアドレス】

https://bookstore.tac-school.co.jp/inquiry/

② メールにより問合せをする

【メール宛先 TAC出版】

syuppan-h@tac-school.co.jp

※土日祝日はお問合せ対応をおこなっておりません。
※正誤のお問合せ対応は、該当書籍の改訂版刊行月末日までといたします。

乱丁・落丁による交換は、該当書籍の改訂版刊行月末日までといたします。なお、書籍の在庫状況等により、お受けできない場合もございます。

また、各種本試験の実施の延期、中止を理由とした本書の返品はお受けいたしません。返金もいたしかねますので、あらかじめご了承くださいますようお願い申し上げます。

(2022年7月現在)

簿記の教科書
日商1級　商業簿記・会計学　3

別　　冊

○RIRON　〜理論〜
○基本問題答案用紙

　この冊子には、重要な理論を集めた「RIRON 〜理論〜」と、基本問題（ 答案用紙あり の問題）の答案用紙がとじこまれています。

―――――――――――〈別冊ご利用時の注意〉―――――――――――

　別冊は、この色紙を残したままていねいに抜き取り、ご利用ください。
また、抜き取る際の損傷についてのお取替えはご遠慮願います。

別冊の使い方

Step❶ この色紙を残したまま、ていねいに抜き取ってください。色紙は、本体からとれませんので、ご注意ください。

Step❷ 抜き取った用紙を針金のついているページでしっかりと開き、工具を使用して、針金を外してください。針金で負傷しないよう、お気をつけください。

Step❸ アイテムごとに分けて、お使いください。

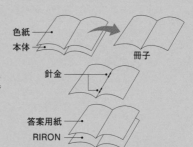

色紙
本体
冊子
針金
答案用紙
RIRON

RIRON

〜理論〜

本試験へ向けて最低限覚えておくべき重要な
理論を厳選しました。
試験直前の復習に活用してください。

理論問題「重要論点○×カード」はスマホ学習に対応しています。
スマホ学習用PDFはTAC出版書籍販売サイト「サイバーブックストア」からダウンロードしてください。

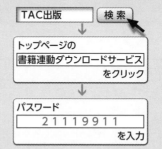

● CHAPTER02 企業結合・事業分離

「取得」と判定された企業結合は、持分
プーリング法によって会計処理を行う。

×
取得における会計処理は、パーチェス法
による。
「企業結合に関する会計基準 17」

重要論点○×カード

■ダウンロードページへのアクセス方法

| TAC出版 | 検索 |

↓

トップページの
書籍連動ダウンロードサービス
をクリック

↓

パスワード
21119911
を入力

※ダウンロードページのアクセスに
は上記のパスワードが必要です。

本支店会計の種類

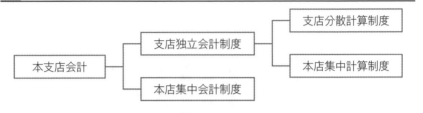

本支店合併財務諸表の作成手順

企業結合

企 業 結 合	ある企業（またはその事業）と他の企業（またはその事業）が１つの報告単位に統合されること
パ ー チ ェ ス 法	被取得企業から受け入れた資産および負債の取得原価を、対価として交付する現金および株式等の時価（公正価値）とする方法。「取得」と判定された企業結合に適用。

企業結合の分類

取 得	ある企業が他の企業またはその事業に対する支配を獲得すること
共同支配企業の形成	契約にもとづいて、複数の独立した企業により共同で支配される企業を形成する企業結合
共通支配下の取引	企業結合の前後で同一の株主により支配され、かつその支配が一時的ではない企業結合

のれん・負ののれんの会計処理と表示

		会計処理	表 示
のれん		20年以内に償却 （重要性に乏しい場合、のれんが生じた事業年度に全額費用処理も可能）	のれん：B/S無形固定資産 のれん償却額：P/L販売費及び一般管理費
負ののれん		負ののれんが生じた事業年度の利益	P/L特別利益

吸収合併の会計処理の流れ

①	取得原価の計算
②	時価による資産・負債の受入れ
③	のれんの計上
④	取得原価の内訳の決定

合併における取得原価及び払込資本

	取得原価	払込資本
①対価として新株を交付する場合	交付株式の時価	交付株式の時価
②対価として自己株式を処分した場合	処分した自己株式を含む交付株式の時価	取得原価－自己株式の帳簿価額
③段階取得の場合	抱合株式の帳簿価額＋交付株式の時価	交付株式の時価

交付株式数の算定の流れ

①	企業評価額の算定
②	合併比率の算定
③	交付株式数の算定

企業評価額の算定

純 資 産 額 法	企業評価額＝総資産－総負債＝純資産額
収 益 還 元 価 値 法	企業評価額＝自己資本×自己資本利益率÷資本還元率 　　　　　＝収益還元価値
株 式 市 価 法	企業評価額＝１株あたりの時価×発行済株式総数
折 衷 法	上記いずれかの複数の方法の平均値

合併比率の算定
CHAPTER 02

$$合併比率＝\frac{消滅会社の１株あたりの企業評価額}{存続会社の１株あたりの企業評価額}$$

交付株式数の算定
CHAPTER 02

交付株式数＝消滅会社の発行済株式総数×合併比率

株式交換と株式移転
CHAPTER 02

株式交換	株式会社がその発行済株式の全部を他の会社に取得させる手法のこと
株式移転	株式会社がその発行済株式の全部を新たに設立する会社に移す手法のこと

事業分離
CHAPTER 02

事業分離	ある会社を構成する事業を他の会社に移転すること

親会社と子会社
CHAPTER 03

親会社と子会社	その会社を支配している株主が他の会社だった場合、支配している会社を親会社、支配されている会社を子会社という。また、このような関係を支配従属関係という。

連結の範囲

原　則	すべての子会社
例　外	連結の範囲から除外する子会社 ・支配が一時的と認められる企業 ・連結することにより利害関係者の判断を著しく誤らせるおそれのある企業

子会社の判断基準（支配力基準）

①	株主総会の議決権の50%超を保有している
②	株主総会の議決権が40%以上50%以下でも、意思決定機関を実質的に支配している　など

連結財務諸表の種類

①	連結損益及び包括利益計算書 　（または連結損益計算書および連結包括利益計算書）
②	連結貸借対照表
③	連結キャッシュ・フロー計算書
④	連結株主資本等変動計算書

連結修正仕訳の分類

連結の基本構造に係る分類	・開始仕訳（前期以前の修正） ・期中仕訳（当期発生分の修正）
仕 訳 対 象 に 係 る 分 類	・資本連結（親会社の投資と子会社の資本の相殺） ・連結会社間取引の相殺消去（親子会社間取引の相殺）

支配獲得日の連結の流れ

①	子会社の資産・負債の時価評価
②	各財務諸表数値の合算
③	投資と資本の相殺消去

非支配株主持分＝（子会社純資産＋評価差額）×非支配株主持分割合
投資消去差額＝（子会社純資産＋評価差額）×親会社持分割合－子会社株式
　　｛借方の投資消去差額：のれん（無形固定資産）
　　　貸方の投資消去差額：負ののれん発生益（特別利益）

支配獲得日後1年目の連結の流れ

①	開始仕訳
②	のれんの償却
③	子会社の当期純損益の振替え

非支配株主に帰属する当期純損益（非支配株主持分当期変動額）
＝子会社当期純損益×非支配株主持分割合

④	子会社の配当金の修正

受取配当金（借方）＝子会社支払配当金総額×親会社持分割合
非支配株主持分当期変動額（借方）
＝子会社支払配当金総額×非支配株主持分割合

CHAPTER 04

資本連結

段 階 取 得	親会社が複数回に分けて子会社株式を取得し、2回目以降の取得で初めて支配を獲得すること
追 加 取 得	支配獲得後に子会社株式を追加で取得すること
一 部 売 却	支配獲得後に子会社株式の一部を売却すること

段階取得

支配獲得前に保有していた株式を支配獲得日の時価で再評価し、支配獲得日の時価にもとづく子会社株式の金額で投資と資本の相殺消去仕訳を行う。

この場合、個別貸借対照表上の帳簿価額と支配獲得日の時価の差額を段階取得に係る差益（差損）として処理。

・相殺消去する子会社株式
　＝支配獲得日に保有している全株式数×支配獲得日の時価

・段階取得に係る差益
　＝支配獲得日の子会社株式数×支配獲得日時価－支配獲得日の子会社株式簿価

追加取得

追加取得した子会社株式と、追加取得割合に相当する非支配株主持分を相殺し、差額があった場合には資本剰余金とする。

一部売却

個別上では、子会社株式の取得原価をもとに、売却原価を算定し、売却損益を計上している。しかし、連結上では、親会社の持分の減少額（売却持分）と売却価額との差額は資本剰余金として処理しなければならない。したがって、連結修正仕訳において、個別上の処理を修正する。

連結会社間取引の相殺消去の処理　　　　　　　　　　　CHAPTER 05

	翌期以降の開始仕訳・税効果会計の適用 非支配株主持分への按分（アップストリームの場合）
内部取引高の相殺消去	しない
債権債務の相殺消去	しない
貸倒引当金の修正	する
手形割引の修正	しない
未実現損益の消去	する

相殺消去する内部取引高・債権債務

内部取引高の相殺消去	
売 上 高 ←→ 売 上 原 価	
受 取 利 息 ←→ 支 払 利 息	
受 取 配 当 金 ←→ 剰余金の配当	

債権債務の相殺消去	
買 掛 金 ←→ 売 掛 金	
支 払 手 形 ←→ 受 取 手 形	
借 入 金 ←→ 貸 付 金	
未 払 費 用 ←→ 未 収 収 益	
前 受 収 益 ←→ 前 払 費 用	

連結会社間の手形の割引

割　引	企業グループが銀行から手形借入を行ったと考えられるため、連結修正仕訳で支払手形を借入金に修正する。

未実現損益の消去

取引の種類	資産の流れ	消去方法
ダウンストリーム	親 → 子	全額消去・親会社負担方式
アップストリーム	子 → 親	全額消去・持分按分負担方式

繰延税金資産・負債の表示

相　殺　表　示	個別財務諸表と同様、繰延税金資産と繰延税金負債は相殺して表示する。 ただし、異なる納税主体に帰属する繰延税金資産・負債を相殺することはできない。

持分法	投資会社が被投資会社の純資産及び損益のうち投資会社に帰属する部分の変動に応じて、その投資額を連結決算日ごとに修正する方法。投資有価証券の額を修正し、投資損益を連結財務諸表に反映する。

原 則	すべての非連結子会社、関連会社
例 外	持分法の適用範囲から除外する会社 ・他の企業の財務及び営業又は事業の方針決定に対する影響が一時的と認められる会社 ・持分法を適用することにより利害関係者の判断を著しく誤らせるおそれのある会社

	判断基準	内容
非連結子会社	支配力基準＋重要性等	子会社と判定されたものの、重要性の基準等により連結の範囲から除かれた子会社
関 連 会 社	影響力基準	ある企業が他の企業の財務および営業または事業の方針決定に重要な影響を与えることができる場合の、子会社以外の他の企業

①	他の企業の株主総会の議決権の20％以上を保有している
②	他の企業の株主総会の議決権の15％以上20％未満を保有している場合で、自社の役員・従業員が他の企業の取締役等に就任している　など

株式取得時の処理

①	被投資会社の資産・負債の時価評価
	・非連結子会社の場合、資産・負債のすべてを時価評価（全面時価評価法） ・関連会社の場合、資産・負債のうち投資会社の持分に応じた部分のみ時価評価（部分時価評価法）
②	投資差額の算定
	・借方の投資差額はのれんとしては計上しない。 ・貸方の投資差額は「持分法による投資損益」により処理（負ののれん発生益と同様）。

株式取得後の持分法の流れ

①	開始仕訳
②	投資差額の償却（持分法による投資損益）
③	被投資会社の当期純利益の計上
	持分法による投資損益＝被投資会社当期純利益×投資会社持分割合
④	被投資会社の配当金の修正
	受取配当金（借方）＝被投資会社支払配当金総額×投資会社持分割合

未実現損益の消去

■未実現損益の消去額

	関連会社	非連結子会社
ダウンストリーム	未実現損益のうち持分相当額	未実現損益の全額
アップストリーム	未実現損益のうち持分相当額	

■期末の未実現損益の修正仕訳

	原則処理	容認処理
ダウンストリーム	（売　　上　　高）/（Ａ　社　株　式） （繰延税金資産）/（法人税等調整額）	（持分法による投資損益）/（Ａ　社　株　式） （繰延税金資産）/（法人税等調整額）
アップストリーム	（持分法による投資損益）/（商　　　　　品） （Ａ　社　株　式）/（持分法による投資損益）	（持分法による投資損益）/（Ａ　社　株　式） （Ａ　社　株　式）/（持分法による投資損益）

＊　商品等の代わりに投資勘定（被投資会社株式勘定）で処理することも認められている。

◆期首の未実現損益の開始仕訳

	原則処理	容認処理
ダウンストリーム	(利益剰余金当期首残高) / (売 上 高) (法人税等調整額) / (利益剰余金当期首残高)	(利益剰余金当期首残高) / (持分法による投資損益) (法人税等調整額) / (利益剰余金当期首残高)
アップストリーム	(利益剰余金当期首残高) / (持分法による投資損益) (持分法による投資損益) / (利益剰余金当期首残高)	

為替相場の種類

	略称
取引発生時の為替相場	HR（ヒストリカル・レート）
決 算 時 の 為 替 相 場	CR（カレント・レート）
期 中 平 均 為 替 相 場	AR（アベレージ・レート）

決算時の換算

貨幣項目に分類されるものを決算時の為替相場（CR）で換算する。換算差額は為替差損益として処理する。

分　類		項　目	換　算
貨 幣 項 目	資産	外国通貨、外貨預金、受取手形、売掛金、 未収入金、貸付金、未収収益など	CRで 換算替え
	負債	支払手形、買掛金、未払金、社債、 借入金、未払費用など	
非貨幣項目	資産	棚卸資産、前払金、前払費用、固定資産など	HRのまま
	負債	前受金、前受収益など	

＊　前受金・前受収益・前払金・前払費用は、為替が変動してもその後の決済額に影響を与えないので、換算替えを行わない。

外貨建有価証券の換算

分　　類	換算方法		換算差額
売　買　目　的	時価×CR		有価証券評価損益
満期保有目的	償却なし	取得原価×CR	為替差損益
	償却あり	償却原価×CR	為替差損益
そ　　の　　他	時価あり	時価×CR	その他有価証券評価差額金*
	市場価格のない株式等	取得原価×CR	（または投資有価証券評価損）
子会社・関連会社	取得原価×HR		なし
減損処理適用時	時価あり	時価×CR	○○評価損
	市場価格のない株式等	実質価額×CR	

*　債券の場合、時価の変動に係る差額はその他有価証券評価差額金とし、それ以外の部分を為替差損益で処理することができる。

為替予約

為　替　予　約	外貨建金銭債権債務について、決済を行う銀行との間であらかじめ支払う為替相場を定めておく契約

為替予約の処理（振当処理）

為替予約時点	取引の種類	換算差額
取引発生以前	営　業　取　引	なし
	資　金　取　引	直先差額を期間按分*
取引発生後	営　業　取　引	直直差額は当期の費用
	資　金　取　引	直先差額は期間按分*

*　決算日の翌日から決済日まで1年以上ある場合は、長期前受収益・長期前払費用として表示

貸借対照表項目			
外国通貨			決算時の為替相場 CR
外貨建金銭債権債務 （外貨預金、未収収益・未払費用を含む）			
貸倒引当金			
外貨建有価証券	売買目的有価証券・満期保有目的の債券・その他有価証券		決算時の為替相場 CR
	子会社株式・関連会社株式		取得時の為替相場 HR
費用性資産 （非貨幣性資産）	棚卸資産	取得原価で記録されているもの	取得時の為替相場 HR
		時価または実質価額が付されているもの	決算時の為替相場 CR
	有形固定資産		取得時の為替相場 HR
本店勘定			本店における支店勘定の金額
損益計算書項目			
前受金・前受収益等の収益性負債の収益化額			負債発生時の為替相場 HR
取得原価で記録されている費用性資産の費用化額		減価償却費	資産取得時の為替相場 HR
		そ の 他	
その他の収益および費用		原則	計上時の為替相場 HR
		容認	期中平均為替相場 AR
本店より仕入勘定			本店における支店へ売上勘定の金額
換算差額の処理	換算によって生じた換算差額は、当期の「為替差損益（為替差益または為替差損）」として処理する		

在外支店の換算の順序

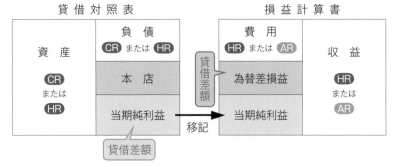

◪原則：本店と同様の換算
　　　棚卸資産に低価法を適用した場合の時価：CR
　　　収益および費用は、ARによることができる
◪例外的な換算に関しては問題文の指示に従う。

在外子会社の換算

貸借対照表項目		
資産および負債		決算時の為替相場 CR
純資産	親会社による株式取得時の純資産項目	株式取得時の為替相場 HR
	親会社による株式取得後に生じた純資産項目	当該項目の発生時の為替相場 HR
貸借対照表の換算差額		為替換算調整勘定 （その他の包括利益累計額）
損益計算書項目		
収益および費用	原則	期中平均為替相場 AR
	容認	決算時の為替相場 CR
	親会社との取引によるもの	親会社が換算に用いる為替相場 HR
当期純利益	原則	期中平均為替相場 AR
	容認	決算時の為替相場 CR
損益計算書の換算差額		為替差損益（営業外損益）

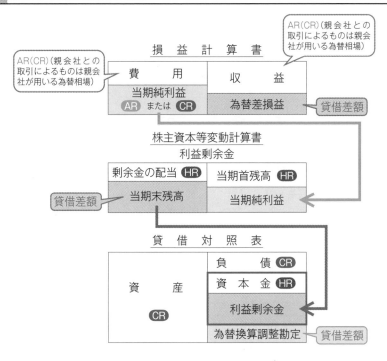

資　　　金 (キャッシュ)	現　　　金	手　許　現　金	
		要 求 払 預 金	普通預金
			当座預金
			通知預金
	現 金 同 等 物	容易に換金が可能で、かつ、価値変動のリスクが僅少な短期の投資	定期預金
			譲渡性預金（CD）
			コマーシャル・ペーパー（CP）
			公社債投資信託
			売戻し条件付現先

	説　明	メリット
直接法	主要な取引ごとに収入総額と支出総額を表示する方法	営業活動によるキャッシュ・フローが総額で表示される
間接法	税引前当期純利益に①小計欄以降のキャッシュ・フローに係る営業外損益・特別損益項目、②非資金損益項目、③営業資産・営業負債の増減を加減して表示する方法	純利益と営業活動によるキャッシュ・フローとの関係が明示される、直接法と比べて作成が簡便である

間接法における調整　　　　　　　　　　　　　　　　CHAPTER 08

Ⅰ	税引前当期純利益
Ⅱ	小計欄以降のキャッシュ・フローに係る営業外損益・特別損益項目を調整して営業利益を算定する。

項　目	調整
営業外収益	減算
特別利益	
営業外費用	加算
特別損失	

＊　営業活動によるキャッシュ・フローに係る営業外損益・特別損益項目（商品評価損、仕入割引、営業資産・営業負債に係る為替差損益など）は調整しない。

Ⅲ	非資金損益項目の調整
Ⅳ	営業資産・営業負債の増減

営業資産・営業負債	項　目		調整
売上債権、棚卸資産、前払費用＊、仕入債務、未払費用＊など	営業資産	増加	減算
	営業負債	減少	
	営業資産	減少	加算
	営業負債	増加	

＊　経過勘定項目は、営業損益計算の対象となった項目のみを営業資産・営業負債の増減として調整する。営業損益計算の対象外の項目は調整しない。

簿記の教科書
日商１級　商業簿記・会計学　３
基本問題　答案用紙

本店の損益勘定

	損		益	（単位：円）
繰 越 商 品		売　　　　　上		
仕　　　　　入		（　　　　　　）		
販売費及び一般管理費		繰 越 商 品		
貸倒引当金繰入		受 取 家 賃		
減 価 償 却 費				
支 払 利 息				
（　　　　　　）				

支店の損益勘定

	損		益	（単位：円）
繰 越 商 品		売　　　　　上		
仕　　　　　入		繰 越 商 品		
（　　　　　　）				
販売費及び一般管理費				
貸倒引当金繰入				
減 価 償 却 費				
支 払 利 息				
（　　　　　　）				

本店の総合損益勘定

	総 合 損 益		（単位：円）
（　　　　　　）		（　　　　　　）	
（　　　　　　）		（　　　　　　）	
（　　　　　　）		（　　　　　　）	

問1　吸収合併

合併後貸借対照表
x3年4月1日　　　　　　　（単位：円）

資　　産	金　額	負債・純資産	金　額
諸　資　産		諸　負　債	
の　れ　ん		資　本　金	
		資 本 準 備 金	
		その他資本剰余金	
		利 益 準 備 金	
		繰越利益剰余金	
		自 己 株 式	

問1 資本連結（100％取得）

連結貸借対照表 （単位：円）

諸　資　産（　　　）	諸　負　債（　　　）
	資　本　金（　　　）
	利 益 剰 余 金（　　　）

問2 資本連結（部分所有）

連結貸借対照表 （単位：円）

諸　資　産（　　　）	諸　負　債（　　　）
	資　本　金（　　　）
	利 益 剰 余 金（　　　）
	（　　　　　）（　　　）

問3 資本連結（のれん）

連結貸借対照表 （単位：円）

諸　資　産（　　　）	諸　負　債（　　　）
（　　　　　）（　　　）	資　本　金（　　　）
	利 益 剰 余 金（　　　）
	非 支 配 株 主 持 分（　　　）

問4 資本連結（資産・負債の時価評価）

連結貸借対照表 （単位：円）

諸　資　産（　　　）	諸　負　債（　　　）
の　れ　ん（　　　）	資　本　金（　　　）
	利 益 剰 余 金（　　　）
	非 支 配 株 主 持 分（　　　）

問5 資本連結（税効果あり）

連 結 貸 借 対 照 表
（単位：円）

諸　資　産（　　）	諸　　負　　債（　　）
の　れ　ん（　　）	（　　　　　）（　　）
	資　本　金（　　）
	利 益 剰 余 金（　　）
	非 支 配 株 主 持 分（　　）

問6 資本連結（支配獲得日後1年目）

連 結 貸 借 対 照 表
（単位：円）

諸　資　産（　　）	諸　　負　　債（　　）
の　れ　ん（　　）	繰 延 税 金 負 債（　　）
	資　本　金（　　）
	利 益 剰 余 金（　　）
	非 支 配 株 主 持 分（　　）

連 結 損 益 計 算 書
（単位：円）

諸　費　用（　　）	諸　　収　　益（　　）
（　　　　　）（　　）	受 取 配 当 金（　　）
法 人 税 等（　　）	
非支配株主に帰属する当期純利益（　　）	
親会社株主に帰属する当期純利益（　　）	

連結株主資本等変動計算書　（単位：円）

資本金
　当期首残高　　　　　（　　　　　）
　当期末残高　　　　　（　　　　　）
利益剰余金
　当期首残高　　　　　（　　　　　）
　当期変動額
　　剰余金の配当　　　（　　　　　）
　　親会社株主に帰属する当期純利益（　　　　　）
　当期末残高　　　　　（　　　　　）
非支配株主持分
　当期首残高　　　　　（　　　　　）
　当期変動額　　　　　（　　　　　）
　当期末残高　　　　　（　　　　　）

5

問7 資本連結（支配獲得日後2年目）

連 結 貸 借 対 照 表 （単位：円）

諸 資 産（　　　）	諸 負 債（　　　）
の れ ん（　　　）	繰 延 税 金 負 債（　　　）
	資 本 金（　　　）
	利 益 剰 余 金（　　　）
	非 支 配 株 主 持 分（　　　）

連 結 損 益 計 算 書 （単位：円）

諸 費 用（　　　）	諸 収 益（　　　）
の れ ん 償 却 額（　　　）	受 取 配 当 金（　　　）
法 人 税 等（　　　）	
非支配株主に帰属する当期純利益（　　　）	
親会社株主に帰属する当期純利益（　　　）	

連結株主資本等変動計算書 （単位：円）

資本金
　当期首残高　　　　　　（　　　　）
　当期末残高　　　　　　（　　　　）

利益剰余金
　当期首残高　　　　　　（　　　　）
　当期変動額
　　剰余金の配当　　　　（　　　　）
　　親会社株主に帰属する当期純利益　（　　　　）
　当期末残高　　　　　　（　　　　）

非支配株主持分
　当期首残高　　　　　　（　　　　）
　当期変動額　　　　　　（　　　　）
　当期末残高　　　　　　（　　　　）

問1　段階取得①

連結貸借対照表
×2年3月31日　　　　　　　　　（単位：円）

諸　資　産	(	)	諸　負　債	(	)
の　れ　ん	(	)	繰延税金負債	(	)
			資　本　金	(	)
			利益剰余金	(	)
			非支配株主持分	(	)
	(	)		(	)

問2　段階取得②

連結貸借対照表
×4年3月31日　　　　　　　　　（単位：円）

諸　資　産	(	)	諸　負　債	(	)
の　れ　ん	(	)	繰延税金負債	(	)
			資　本　金	(	)
			利益剰余金	(	)
			非支配株主持分	(	)
	(	)		(	)

連結損益計算書
自×3年4月1日　至×4年3月31日　　　　（単位：円）

諸　費　用	(	)	諸　収　益	(	)
のれん償却額	(	)	受取配当金	(	)
法　人　税　等	(	)			
非支配株主に帰属する当期純利益	(	)			
親会社株主に帰属する当期純利益	(	)			
	(	)		(	)

問3　追加取得

連結貸借対照表　　　　　　　　（単位：円）

諸　資　産	( )	諸　負　債	( )
の　れ　ん	( )	繰延税金負債	( )
		資　本　金	( )
		資本剰余金	( )
		利益剰余金	( )
		非支配株主持分	( )
	( )		( )

連結損益計算書　　　　　　　　（単位：円）

諸　費　用	( )	諸　収　益	( )
のれん償却額	( )		
法　人　税　等	( )		
非支配株主に帰属する当期純利益	( )		
親会社株主に帰属する当期純利益	( )		
	( )		( )

問4　一部売却

連結貸借対照表　　　　　　　　（単位：円）

諸　資　産	( )	諸　負　債	( )
の　れ　ん	( )	繰延税金負債	( )
		資　本　金	( )
		(　　　　　)	( )
		利益剰余金	( )
		非支配株主持分	( )
	( )		( )

連結損益計算書　　　　　　　　（単位：円）

諸　費　用	( )	諸　収　益	( )
のれん償却額	( )		
法　人　税　等	( )		
非支配株主に帰属する当期純利益	( )		
親会社株主に帰属する当期純利益	( )		
	( )		( )

8

問10　連結総合問題

連結貸借対照表
×6年3月31日　　　　　　（単位：千円）

現 金 預 金		支 払 手 形	
受 取 手 形		買 掛 金	
売 掛 金		短 期 借 入 金	
貸 倒 引 当 金	△	未払法人税等	
商 品		未 払 費 用	
短 期 貸 付 金		繰延税金負債	
前 払 費 用		資 本 金	
未 収 収 益		利 益 剰 余 金	
建 物		非支配株主持分	
建物減価償却累計額	△		
備 品			
備品減価償却累計額	△		
土 地			
繰延税金資産			
の れ ん			

連結損益計算書
自×5年4月1日　至×6年3月31日　　（単位：千円）

売 上 原 価		売 上 高	
販売費及び一般管理費		受 取 利 息	
貸倒引当金繰入		受 取 配 当 金	
減 価 償 却 費		固定資産売却益	
のれん償却額		法人税等調整額	
支 払 利 息			
法 人 税 等			
非支配株主に帰属する当期純利益			
親会社株主に帰属する当期純利益			

問1　一部売却

連 結 損 益 計 算 書　　　　　（単位：円）

借方科目	金　額	貸方科目	金　額
諸　費　用	（　　　　）	諸　収　益	（　　　　）
当 期 純 利 益	（　　　　）	受 取 配 当 金	（　　　　）
		（　　　　　　）	（　　　　）
		A社株式売却益	（　　　　）
	（　　　　）		（　　　　）

連 結 貸 借 対 照 表　　　　　（単位：円）

諸　資　産	（　　　）	諸　負　債	（　　　）
土　　　地	（　　　）	資　本　金	（　　　）
A 社 株 式	（　　　）	利 益 剰 余 金	（　　　）

問3　外貨建取引の換算③

決算整理後残高試算表

×2年3月31日　　　　　（単位：円）

現　　　　　金	（　　　　）	買　掛　金	（　　　　　）
棚　卸　資　産	（　　　　）	未　払　利　息	（　　　　　）
前　払　利　息	（　　　　）	短　期　借　入　金	（　　　　　）
前　払　金	（　　　　）	長　期　借　入　金	（　　　　　）
土　　　　　地	（　　　　）		
支　払　利　息	（　　　　）		
為　替　差　損　益	（　　　　）		

問4　売買目的有価証券の換算

勘定科目	金　額
有価証券評価益	円
為　替　差　損　益	円
売買目的有価証券	円

問5　満期保有目的債券の換算

勘定科目	金　額
有　価　証　券　利　息	円
為　替　差　損　益	円
満期保有目的債券	円

問6　有価証券の換算

貸 借 対 照 表　　　（単位：円）

その他有価証券（　　　　）	その他有価証券評価差額金（　　　　）
子 会 社 株 式（　　　　）	
関 連 会 社 株 式（　　　　）	

問11　在外支店の財務諸表項目の換算

貸 借 対 照 表
×2年3月31日　　　（単位：円）

資　　　　産	金　額	負債・純資産	金　額
現　　　　金		買　掛　金	
売　掛　金		長 期 借 入 金	
商　　　品		本　　　店	
短 期 貸 付 金		当 期 純 利 益	
建　　　物			
減価償却累計額			

損 益 計 算 書
自×1年4月1日　至×2年3月31日　　　（単位：円）

借 方 科 目	金　額	貸 方 科 目	金　額
売 上 原 価		売　上　高	
商 品 評 価 損		その他の収益	
減 価 償 却 費			
その他の費用			
為 替 差 損			
当 期 純 利 益			

問12　在外子会社の財務諸表項目の換算

貸 借 対 照 表
×4年3月31日　　　　　　　（単位：円）

現 金 預 金		買 掛 金	
売 掛 金		長 期 借 入 金	
商 品		資 本 金	
建 物		利 益 剰 余 金	
減価償却累計額		為替換算調整勘定	

損 益 計 算 書
自×3年4月1日　至×4年3月31日（単位：円）

売 上 高	
売 上 原 価	
売 上 総 利 益	
減 価 償 却 費	
そ の 他 の 費 用	
為 替 差 益	
当 期 純 利 益	

株主資本等変動計算書 （利益剰余金のみ）
自×3年4月1日　至×4年3月31日　　　　（単位：円）

剰余金の配当		利益剰余金当期首残高	
利益剰余金当期末残高		当 期 純 利 益	

問1　直接法

キャッシュ・フロー計算書

自×2年1月1日　至×2年12月31日　（単位：円）

I　営業活動によるキャッシュ・フロー

営　業　収　入　（　　　　）

原材料又は商品の仕入れによる支出　（　　　　）

人　件　費　の　支　出　（　　　　）

そ の 他 の 営 業 支 出　（　　　　）

小　　　計　（　　　　）

利息及び配当金の受取額　（　　　　）

利　息　の　支　払　額　（　　　　）

法 人 税 等 の 支 払 額　（　　　　）

営業活動によるキャッシュ・フロー　（　　　　）

問2　間接法

キャッシュ・フロー計算書

自×2年1月1日　至×2年12月31日　（単位：円）

I　営業活動によるキャッシュ・フロー

税 引 前 当 期 純 利 益　（　　　　）

減　価　償　却　費　（　　　　）

貸 倒 引 当 金 の 増 加 額　（　　　　）

有 形 固 定 資 産 売 却 益　（　　　　）

売 上 債 権 の 増 加 額　（　　　　）

棚 卸 資 産 の 減 少 額　（　　　　）

仕 入 債 務 の 減 少 額　（　　　　）

小　　　計　（　　　　）

法 人 税 等 の 支 払 額　（　　　　）

営業活動によるキャッシュ・フロー　（　　　　）

II　投資活動によるキャッシュ・フロー

有形固定資産の売却による収入　（　　　　）

投資活動によるキャッシュ・フロー　（　　　　）

14

問1 原則法

連結キャッシュ・フロー計算書

（単位：円）

営業活動によるキャッシュ・フロー

営 業 収 入	(	)
商 品 の 仕 入 れ に よ る 支 出	(	)
小 計	(	)
利 息 及 び 配 当 金 の 受 取 額	(	)
利 息 の 支 払 額	(	)
営業活動によるキャッシュ・フロー	(	)

投資活動によるキャッシュ・フロー

貸 付 け に よ る 支 出	(	)
投資活動によるキャッシュ・フロー	(	)

財務活動によるキャッシュ・フロー

長 期 借 入 れ に よ る 収 入	(	)
財務活動によるキャッシュ・フロー	(	)

問2　簡便法

連結キャッシュ・フロー計算書

自×1年4月1日　至×2年3月31日　（単位：円）

I　営業活動によるキャッシュ・フロー

税金等調整前当期純利益	(	)
減 価 償 却 費	(	)
の れ ん 償 却 額	(	)
貸 倒 引 当 金 の 増 加 額	(	)
受 取 利 息 及 び 受 取 配 当 金	(	)
支 払 利 息	(	)
持 分 法 に よ る 投 資 利 益	(	)
売 上 債 権 の 増 加 額	(	)
棚 卸 資 産 の 減 少 額	(	)
仕 入 債 務 の 減 少 額	(	)
小 計	(	)
利 息 及 び 配 当 金 の 受 取 額	(	)
利 息 の 支 払 額	(	)
法 人 税 等 の 支 払 額	(	)
営業活動によるキャッシュ・フロー	(	)

連結包括利益計算書

（単位：円）

当期純利益	（　　　　　）
その他の包括利益	
その他有価証券評価差額金	（　　　　　）
その他の包括利益合計	（　　　　　）
包括利益	（　　　　　）

その他の包括利益の内訳項目の金額

（単位：円）

その他有価証券評価差額金		
当期発生額	（　　　　）	
組替調整額	（　　　　）	（　　　　）
税効果額		（　　　　）
その他の包括利益合計		（　　　　）

投資活動によるキャッシュ・フロー

◘固定資産の取得および売却、現金同等物に含まれない短期投資の取得および売却な
どによるキャッシュ・フローを記載する。

投資活動によるキャッシュ・フローに記載する主要項目

①	有形固定資産および無形固定資産の取得による支出
②	有形固定資産および無形固定資産の売却による収入
③	有価証券（現金同等物を除く）および投資有価証券の取得による支出
④	有価証券（現金同等物を除く）および投資有価証券の売却による収入
⑤	貸付けによる支出
⑥	貸付金の回収による収入

財務活動によるキャッシュ・フロー

◘資金の調達および返済によるキャッシュ・フローを記載する。

財務活動によるキャッシュ・フローに記載する主要項目

①	株式の発行による収入
②	自己株式の取得による支出
③	配当金の支払額（中間配当の支払いを含む）
④	社債の発行または借入れによる収入
⑤	社債の償還または借入金の返済による支出

利息および配当金の表示

①損益計算書項目かどうかで区分する方法		②活動によって区分する方法
営業活動によるキャッシュ・フロー	受 取 利 息	投資活動によるキャッシュ・フロー
	受 取 配 当 金	
財務活動によるキャッシュ・フロー	支 払 利 息	財務活動によるキャッシュ・フロー
	支 払 配 当 金	

為替差損益の取扱い

生じた原因	取り扱い
売上債権、仕入債務から生じた為替差損益	（間接法の場合）税引前当期純利益に加減しない。
投資活動、財務活動から生じた為替差損益	（間接法の場合）税引前当期純利益に加減する。
現金および現金同等物の換算から生じた為替差損益	現金および現金同等物に係る換算差額として、他の項目と区別して、キャッシュ・フロー計算書の末尾に表示する。（間接法の場合）税引前当期純利益に加減する。

連結キャッシュ・フロー計算書の作成方法

作成方法	内容	表示方法
原則法	各連結会社の個別キャッシュ・フロー計算書を基礎として、連結キャッシュ・フロー計算書を作成する方法	直接法
		間接法
簡便法	連結財務諸表を基礎として連結キャッシュ・フロー計算書を作成する方法	直接法
		間接法

直接法で相殺消去の対象となる連結会社相互間のキャッシュ・フロー

① 営業収入と仕入支出
② 貸付けによる支出と借入れによる収入
③ 利息の受取額と利息の支払額
④ 有形固定資産の売却による収入と有形固定資産の取得による支出
⑤ 配当金の受取額と配当金の支払額

直接法における持分法適用会社からの配当金

◪相殺消去せず、利息及び配当金の受取額に計上する（投資会社の個別キャッシュ・フロー計算書上の利息及び配当金の受取額に、持分法適用会社からの配当金の受取額がすでに含まれているため）。

簡便法・間接法による連結キャッシュ・フロー計算書の作成　　CHAPTER 09

◪基本的に個別キャッシュ・フロー計算書の間接法と同様に作成する（連結財務諸表
作成手続上、すでに連結会社相互間取引については相殺消去が行われているため）。

簡便法・間接法における連結特有の科目の処理　　CHAPTER 09

非支配株主に帰属する 当 期 純 利 益	税金等調整前当期純利益を計算した後に計上される項目で あるため、間接法における調整項目にはならない
持分法による投資損益	営業活動に関係のない営業外損益項目であるため、税金等 調整前当期純利益に対する調整項目となる ・持分法による投資利益（営業外収益）⇒ 減算 ・持分法による投資損失（営業外費用）⇒ 加算
の れ ん 償 却 額 負ののれん発生益	非資金項目であるため、税金等調整前当期純利益に対する 調整項目となる ・のれん償却額 ⇒ 加算 ・負ののれん発生益 ⇒ 減算
持分法適用会社からの 配 当 金 の 受 取 額	持分法適用会社からの配当金の受取額を、連結P/Lの受取 利息配当金の金額に加え、「利息及び配当金の受取額」に 計上する（連結P/Lの受取利息配当金には持分法適用会社 からの配当金が含まれていないため）

包括利益　　CHAPTER 10

包括利益	ある企業の特定期間の財務諸表において認識された純資産の変動額のう ち、当該企業の純資産に対する持分所有者との直接的な取引によらない 部分

純利益と包括利益の比較

	純 利 益	包 括 利 益
定　　義	純資産の変動のうち、当期にリスクから解放された部分	純資産の変動部分
対　　象	リスクから解放された損益項目	リスクから解放されておらず、純資産を直接変動させる項目も含む（その他有価証券評価差額金など）

包括利益 ＝ 当期純利益 ± その他の包括利益
親会社株主に帰属する当期純利益
＋非支配株主に帰属する当期純利益

その他の包括利益

その他の包括利益	包括利益のうち、当期純利益に含まれない部分

その他の包括利益に含まれる項目

①	その他有価証券評価差額金
②	繰延ヘッジ損益
③	為替換算調整勘定
④	退職給付に係る調整額

包括利益を表示する計算書

名　　称	作成する計算書
2 計 算 書 方 式	連結損益計算書 連結包括利益計算書
1 計 算 書 方 式	連結損益及び包括利益計算書

＊　2計算書方式と1計算書方式は選択適用

その他の包括利益の表示

原　則	税効果控除後の金額で表示
容　認	税効果控除前の金額で表示し、税効果会計による控除額を一括して加減する

包括利益の内訳の付記

親会社株主に 係る包括利益	連結損益計算書の親会社株主に帰属する当期純利益と、親会社の持分に相当するその他の包括利益の合計。 親会社の持分に相当するその他の包括利益は、期首と期末の連結貸借対照表に計上されたその他の包括利益累計額の差額にあたる。
非支配株主に 係る包括利益	連結損益計算書の非支配株主に帰属する当期純利益と、非支配株主の持分に相当するその他の包括利益の合計。 非支配株主の持分に相当するその他の包括利益は、連結貸借対照表上では非支配株主持分に含まれる。

　「取得」と判定された企業結合は、持分プーリング法によって会計処理を行う。

×

　取得における会計処理は、パーチェス法による。

　「企業結合に関する会計基準　17」

　のれん償却額は、連結損益計算書上、営業外費用に計上する。

×

　のれんの当期償却額は販売費及び一般管理費の区分に表示する。

　「企業結合に関する会計基準　47」

　企業結合時に生じたのれんは、資産に計上し、定額法その他の合理的な方法により規則的に償却する。

○

　「企業結合に関する会計基準　32」

　企業結合時に生じた負ののれんは、負債に計上し、定額法その他の合理的な方法により規則的に償却する。

×

　負ののれんが生じた事業年度の利益として処理する。

　「企業結合に関する会計基準　33・(2)」

A社がB社の発行済株式総数の45％を取
得し、A社の役員がB社の取締役会の過半
数を占めている場合、B社はA社の子会社
となり、A社の連結の範囲に含める。

○

「連結財務諸表に関する会計基準　7・
(2)②」

連結貸借対照表において、非支配株主持
分は純資産の部の株主資本の区分に表示す
る。

×

非支配株主持分は、純資産の部の株主資
本以外の区分に表示する。
「貸借対照表の純資産の部の表示に関す
る会計基準　7(2)」

親子会社間で振り出した手形を銀行で割
引いた場合、連結財務諸表上これを借入金
として処理する。

○

「連結財務諸表に関する会計基準（注10)
(2)」

ダウンストリームの場合、期末棚卸資産
に含まれている未実現利益はその全額を商
品から控除し、親会社と非支配株主の持分
比率に応じて親会社持分と非支配株主持分
に配分する。

×

ダウンストリームの場合、消去した未実
現利益は全額親会社に負担させる。
「連結財務諸表に関する会計基準　36,
38」

● CHAPTER05 連結会計Ⅲ

アップストリームの場合、期末棚卸資産に含まれている未実現利益はその全額を商品から控除し、親会社と非支配株主の持分比率に応じて親会社持分と非支配株主持分に配分する。

O

「連結財務諸表に関する会計基準　36、38」

● CHAPTER05 連結会計Ⅲ

連結修正仕訳において減価償却資産に含まれる未実現利益は、その全額を消去する。

O

「連結財務諸表に関する会計基準　36」

● CHAPTER06 持分法

連結財務諸表上、非連結子会社の株式および関連会社株式には、原則として持分法が適用される。

O

「持分法に関する会計基準　6」

● CHAPTER07 外貨換算会計

外貨建取引は、原則として取引発生時の為替相場で円換算する。

O

「外貨建取引等会計処理基準　一・1」

外貨建金銭債権債務の決済による損益
は、為替差損益として処理する。

○

「外貨建取引等会計処理基準　一・3」

外貨建満期保有目的債券は、取得時の為
替相場によって円換算する。

×

　　外貨建の満期保有目的債券は、取得原価
または償却原価を決算時の為替相場により
円換算する。

「外貨建取引等会計処理基準　一・2・
(1)・③」

　外貨建売買目的有価証券は、決算時の外
国通貨による時価を決算時の為替相場で円
換算する。

○

「外貨建取引等会計処理基準　一・2・
(1)・③」

　外貨建その他有価証券は、外国通貨によ
る時価を決算日の為替相場により円換算す
る。

○

「外貨建取引等会計処理基準　一・2・
(1)」

外貨建その他有価証券に強制評価減を適用する場合、評価差額は有価証券評価損と為替差損益に区分して処理しなければならない。

×

外貨建その他有価証券に強制評価減を適用した場合、評価差額は有価証券の評価損として処理する。

「外貨建取引等会計処理基準　一・2 (2)」

外貨建の社債に償却原価法を適用する場合、外国通貨による償却額を決算時の為替相場で円換算する。

×

外貨建の社債に償却原価法を適用する場合、償却額は期中平均相場により円換算する。

「外貨建取引等会計処理基準注解　注9」

外貨建金銭債権債務に為替予約を付し、振当処理を適用した場合、直先差額は予約日の属する期の損益として処理し、直直差額は予約日の属する期から決済日の属する期までの期間にわたって配分する。

×

直直差額は予約日の属する期の損益とし、直先差額は予約日の属する期から決算日の属する期までの期間に配分する。

「外貨建取引等会計処理基準注解　注7」

在外支店において外貨建で保有している棚卸資産に低価法による強制評価減を適用する場合、外国通貨による評価差額を期中平均為替相場により円換算する。

×

在外支店において外貨建の棚卸資産に低価法による強制評価減を適用する場合、外国通貨による取得原価を取得時の為替相場で換算した金額から、外国通貨による時価を決算時の為替相場により換算した金額を差し引いて評価損を計算する。

「外貨建取引等会計処理基準注解　注11」

CHAPTER07 外貨換算会計

在外支店の取引については、原則として本店と同様に発生時の為替相場で換算しなければならないが、本支店合併財務諸表を作成する場合は、収益および費用の換算について決算時の為替相場を用いることができる。

×

収益及び費用の換算については、期中平均相場によることができる。

「外貨建取引等会計処理基準　二・1」

CHAPTER07 外貨換算会計

連結財務諸表の作成に当たり在外子会社の財務諸表を換算する場合、収益及び費用は原則として期中平均相場で換算し、資産、負債及び純資産は原則として決算時の為替相場で円換算する。

×

支配を獲得したときの子会社の純資産は取得時の為替相場で換算し、支配獲得後に生じた純資産項目は、発生時の為替相場で円換算する。

「外貨建取引等会計処理基準　三・2」

CHAPTER08 キャッシュ・フロー計算書

キャッシュ・フロー計算書において営業活動によるキャッシュ・フローの区分を間接法で作成する場合、税引前当期純利益に非資金損益項目、営業活動にかかる資産・負債の増減を加減して表示する。

×

間接法では、税引前当期純利益に、非資金損益項目、営業活動にかかる資産・負債の増減、投資活動および財務活動によるキャッシュ・フローの区分に含まれる損益項目(小計欄以降のキャッシュ・フローに係る営業外損益・特別損益)を加減して表示する。

「連結キャッシュ・フロー計算書等の作成基準　第三・一」

CHAPTER08 キャッシュ・フロー計算書

キャッシュ・フロー計算書の営業活動によるキャッシュ・フローの区分の表示方法には直接法と間接法とがある。

○

「連結キャッシュ・フロー計算書等の作成基準　第三・一」

キャッシュ・フロー計算書において、利息の支払額は「営業活動によるキャッシュ・フロー」の区分に表示しなければならない。

×

利息の支払額は、営業活動によるキャッシュ・フローの区分または財務活動によるキャッシュ・フローの区分に表示することが出来る。

「連結キャッシュ・フロー計算書等の作成基準　第二・二・3」

キャッシュ・フロー計算書において、支払配当金は営業活動によるキャッシュ・フローの区分または財務活動によるキャッシュ・フローの区分に記載する。

×

支払配当金は財務活動によるキャッシュ・フローの区分に記載する。

「連結キャッシュ・フロー計算書等の作成基準　第二・二・3」

キャッシュ・フロー計算書において、利息の支払額は営業活動によるキャッシュ・フローの区分または財務活動によるキャッシュ・フローの区分に記載する。

○

「連結キャッシュ・フロー計算書等の作成基準　第二・二・3」

連結キャッシュ・フロー計算書は、営業活動によるキャッシュ・フロー、投資活動によるキャッシュ・フローおよび財務活動によるキャッシュ・フローの3つに区分される。

○

「連結キャッシュ・フロー計算書等の作成基準　第二・二・1」

CHAPTER09 連結キャッシュ・フロー計算書

連結キャッシュ・フロー計算書において営業活動によるキャッシュ・フローの区分を間接法により作成する場合、当期純利益に資産・負債の増減や損益項目を加減して表示する。

×

連結キャッシュ・フロー計算書において営業活動によるキャッシュ・フローの区分を間接法により作成する場合、税金等調整前当期純利益から開始する。

「連結キャッシュ・フロー計算書等の作成基準 第三・一・2」

CHAPTER10 包括利益

包括利益とは、ある企業の特定期間の財務諸表において認識された純資産の変動額のうち、当該企業の純資産に対する持分所有者との直接的な取引によらない部分をいう。

○

「包括利益の表示に関する会計基準4」

CHAPTER10 包括利益

その他の包括利益とは、包括利益のうち、当期純利益に含まれない部分のことであるが、その他の包括利益に含まれる項目には、その他有価証券評価差額金、繰延売上利益、為替換算調整勘定、退職給付に係る調整額がある。

×

繰延売上利益ではなく、繰延ヘッジ損益である。

「包括利益の表示に関する会計基準7」

CHAPTER10 包括利益

連結包括利益計算書の表示にあたり、包括利益を表示する計算書は、2計算書方式と1計算書方式のいずれかを選択することができるが、1計算書方式とは、1つの計算書で当期純利益と包括利益を表示する方式である。

○

「包括利益の表示に関する会計基準11」